W0076758

BASTEI
LÜBBE
TASCHENBUCH

Über den Autor:

Philipp Möller, Jahrgang 1980, ist Diplom-Pädagoge und lebt als freier Autor in seiner Heimatstadt Berlin. Nach dem Studium der Erwachsenenbildung wagte er den Quereinstieg als Lehrer und unterrichtete zwei Jahre lang an Berliner Grundschulen. Als Pressereferent der Giordano Bruno Stiftung engagiert er sich für Humanismus und Aufklärung. Seit Kurzem stellt er seine pädagogischen Fähigkeiten auch als Vater unter Beweis.

Philipp Möller

ISCH GEH SCHULHOF

Unerhörtes aus dem Alltag
eines Grundschullehrers

BASTEI
LÜBBE
TASCHENBUCH

BASTEI LÜBBE TASCHENBUCH
Band 60696

1. + 2. Auflage: Oktober 2012

Das vorliegende Buch beruht auf Tatsachen.
Zum Schutz der Persönlichkeitsrechte wurden
Namen und Details verändert.

MIX
Papier aus verantwor-
tungsvollen Quellen
FSC® C006701

Dieser Titel ist auch als E-Book erschienen.

Bastei Lübbe Taschenbuch in der Bastei Lübbe GmbH & Co. KG

Sie finden uns im Internet unter
www.luebbe.de
Bitte beachten Sie auch: www.lesejury.de

Der Preis dieses Bandes versteht sich einschließlich
der gesetzlichen Mehrwertsteuer.

Für meine Tochter

INHALT

1

ISCH GEH MIT U-BAHN

Der öffentliche Nahverkehr in Berlin ist immer eine Reise wert. Mit ein bisschen Glück kann man bei einer Fahrt mit den Verkehrsmitteln der Hauptstadt filmreife Szenen erleben. Als ich die U-Bahn betrete, bin ich mit meinen Gedanken jedoch bereits woanders – und zwar in der Schule. Denn heute trete ich meinen neuen Job als Grundschullehrer an.

Zwischen Musikanten, Verkäufern von Straßenmagazinen und Fahrgästen verschiedensten Umfangs, Alters und Milieus suche ich mir einen Sitzplatz und blicke erst wieder auf, als der Hauptdarsteller der nächsten Szene die Leinwand betritt – selbstverständlich mit einem Handy am Ohr.

»Hamoudi, was los? Was machst du?«, ruft er beim Betreten des Waggons lauthals in sein Mobiltelefon. Als er eine aufgebrezelte Blondine entdeckt, glotzt er ihr unverschämt ins Dekolleté und zwinkert ihr dann grinsend zu. Ihr demonstratives Desinteresse kommentiert er mit einem sehr unfeinen Wort und nimmt dann mir gegenüber Platz.

Na prima, denke ich, wieder einmal werde ich unfreiwilliger Zuschauer der endlosen Daily Soap *Willkommen auf dem Planeten Hartz IV*. Drehbuch und Regie: das Leben. Produzenten: die politische Sabotage an der deutschen Bildung, die noch immer andauernde Abwesenheit einer funktionierenden Integrationspolitik und der stetige Abbau unseres Sozialsystems.

Während der Protagonist in voller Lautstärke mit seinem Kumpel quatscht, beobachte ich ihn unauffällig. Auf seinem mit reichlich Haarwachs eingefetteten, glänzenden Haupthaar sitzt ein viel zu eng geschnalltes Basecap, am rechten Handgelenk blitzt eine überdimensionale Proleten-Uhr hervor, und auch die schneeweißen Markenturnschuhe sind für jedermann sichtbar. Eine wenig dezente Goldkette und das passende Armband komplettieren sein Outfit – man muss schließlich zeigen, was man hat!

Das gilt offensichtlich auch für seine Kronjuwelen. Die richtige Körperhaltung ist deshalb von großer Bedeutung für seine Rolle. Um rivalisierenden Männchen und paarungsbereiten Weibchen die eigenen Vorzüge zu präsentieren, spreizt er die Beine beim Sitzen weit auseinander. Den Ellenbogen des Telefonarms stützt er auf dem Oberschenkel ab, mit der freien Hand untermalt unser Held die Konversation mit entschlossen wirkenden Gesten.

»Ja, Mann«, ruft er ins Handy und fuchtelt mit der linken Hand wild in der Luft herum. »Hau ma rein! Sch'ruf sie an jetzt …«

Er legt auf, dann bemerkt er meinen Blick.

»Was guckst du?«, pöbelt er mich an, doch ich schaue schnell weg. Er lässt seine Kieferknochen bedrohlich mahlen, dann widmet er sich wieder seinen eigenen Angelegenheiten.

Weil seine Oberarme wahrscheinlich zu muskulös sind, um das Handy für längere Zeit ans Ohr zu halten, und die Benutzung von Headsets vermutlich als schwul gilt, entscheidet er sich, das folgende Telefonat über den Lautsprecher zu führen. So kommt es also dazu, dass ich und das gesamte Zugabteil den Dialog zwischen Mr. Was-guckst-du und der Frau, die er vorübergehend zu seinem Eigentum erklärt hat, in voller Länge mitverfolgen dürfen. Ein solches Glück wird einem nicht oft zuteil.

»S'los?«, begrüßt sie ihn liebevoll, woraufhin er unvermittelt ins Gespräch einsteigt.

»S'machst du?«

Während die männlichen Vertreter seiner Stilrichtung mindestens eine Silbe ihrer kurzen Satzfragmente stark überbetonen, signalisieren die weiblichen durch Einsilbigkeit und Monotonie gern Desinteresse.

»Sch'bin Solarion«, antwortet sie brav.

»Mit wen bist du?«

»Alleine.«

»Warum gehst du?«

»Vallah, sch'seh aus wie Kartoffel, ieberhässlisch!«

Das scheint ihm zu gefallen. Lächelnd schiebt er den Inhalt seiner Unterhose zurecht.

»S'machst du später?«, will er dann wissen.

»Sch'geh Disco.«

»Was?!«

Diese Nachricht lässt seinen Adrenalinspiegel sichtbar nach oben schnellen. Wie kann sie die Frechheit besitzen, ihn davon erst jetzt in Kenntnis zu setzen?

»Mit wen gehst du?«, fragt er sie eindringlich.

»Züsch, sch'geh nur mit Mehtschin!«

»Seit wann weißt du, dass du gehst?«

Diese Frage scheint sie grammatikalisch zu überfordern, sie gerät ins Schleudern.

»Dings, so halt«, antwortet sie nach einem Moment der Stille.

»Was ziehst du an, wenn du gehst?«

Es rauscht und klickt, die Verbindung ist beendet. Aufgeregt verliert der Held die Nerven und brüllt sein Handy an.

»Hallo? Hallo? Schon wieder keine Netz, vallah, irgendwann isch ficke diesem E-Plus!«

Dann flucht er laut, springt auf und drängelt sich zur Tür. Als der Zug quietschend zum Halten kommt, tritt er auf den Bahnsteig und bleibt dort erst einmal stehen, sodass sich alle anderen Fahrgäste umständlich an ihm vorbeischieben müssen. Mit den Händen in den Hosentaschen sieht er sich auf dem Bahnhof um. Die Bewegungen seiner Kaumuskeln demonstrieren Stärke und Entschlossenheit. Die Luft scheint rein, also setzt er sich in Bewegung und verlässt die Bühne.

Was für ein Auftritt.

Ja – das ist Berlin! Wer sich davon überzeugen möchte, dem seien der Erwerb einer Tageskarte und eine ausgedehnte Tour durch den westlichen Teil des Tarifbereichs B empfohlen. Der Besucher wird schnell feststellen, dass derlei Auftritte nicht nur denjenigen vorbehalten sind, denen Rechtspopulisten gern den Migrantenstempel aufdrücken, nein: Sie sind überall dort ein fester Bestandteil unserer Gesellschaft, wo die gefährliche Mischung aus Bildungsarmut und Perspektivlosigkeit für Frustration, Rücksichtslosigkeit und Gewaltbereitschaft sorgen. Die Schule, an der ich heute meinen neuen Job als

Lehrer antrete, liegt in einer der größten Metropolen des geheimnisvollen Planeten Hartz IV – in einem der zahlreichen Berliner Kieze, die von dieser gefährlichen Mixtur betroffen sind.

Als ich die Bahn wenige Stationen später verlasse, beschleicht mich das Gefühl, die Geschichte mit Hamoudi und der Frau in Solarion könnte erst der Anfang gewesen sein. Noch habe ich nicht die leiseste Ahnung davon, wie es sein wird, Kinder zu unterrichten, deren Schicksale ich bisher hauptsächlich aus dem Fernsehen kenne. Von den vernichtenden Urteilen verschiedener Studien über deutsche Bildungseinrichtungen habe ich zwar gelesen, doch nun stehe ich kurz davor, die Gesichter hinten diesen trockenen Fakten live und in Farbe kennenzulernen.

Um halb neun verlasse ich den U-Bahnhof und trete ins grelle Tageslicht. Bühne frei, es ist so weit: Ich bin Lehrer!

Oder wie die Kids sagen würden: Isch geh Schule.

2

SCHMERZLICH WILLKOMMEN

Als ich durch das Schultor gehe, beschleicht mich ein merkwürdiges Gefühl. Zum ersten Mal durchschreite ich diese Pforte nicht als Assistent der Schulleitung, sondern als Lehrer. Ab heute werde ich meine belegten Graubrote im Kreise meiner lieben Kollegen im Lehrerzimmer verspeisen, hinter dem Pult Prüfungen überwachen, die Tafel mit Zahlen und komplizierten Formeln vollkritzeln und als von allen Schülern geachtete Autoritätsperson in der Pause über den Hof flanieren.

Zumindest in meiner Vorstellung.

Bevor ich das Gebäude betrete, lasse ich meinen Blick noch einmal über die Betonwüste schweifen, die den Schülern hier als Schulhof zugemutet wird – die Achtziger lassen grüßen. Das Schulgebäude hingegen stammt aus einer Zeit, in der Schüler noch mit dem Rohrstock erzogen wurden. Ein frischer Märzwind weht mir ins Gesicht, und durch die nackten Äste der Bäume sehe ich ein Stück des grauen Himmels, der den Eindruck der gesamten Szenerie deprimierend vervollständigt.

Als ich die schwere Eingangstür der Grundschule öffne, schlägt mir der beißende Gestank von altem Urin entgegen. Daran werde ich mich wohl nie gewöhnen. Die Toilette befindet sich in der Eingangshalle, und so ist der Fäkalgeruch das Erste, was Schülern wie Lehrern jeden Morgen entgegenweht, wenn sie eine der wichtigsten Institutionen unserer Gesellschaft betreten. Zum Ambiente des Foyers passt dieser Morgengruß jedoch recht gut: Putz bröckelt von dringend renovierungsbedürftigen Wänden, und durch die verschmutzten Fenster fällt nur wenig Licht.

Der Klang meiner Schritte hallt durchs Treppenhaus. Weil die erste Stunde bereits begonnen hat, herrscht hier eine ungewöhnliche, fast unheimliche Stille. Auf der Hälfte der Treppe angekommen, empfängt mich das lebensgroße, von Kinderhand gemalte Bild eines Kampfhundes. Unweigerlich bleibe ich davor stehen und schaue dem Biest in die Augen. Auf dem Fußweg hierher habe ich wegen eines solchen Köters, der selbstverständlich ohne Leine und Maulkorb ausgeführt wurde, gerade noch die Straßenseite gewechselt.

Ein lauter Knall reißt mich aus den Gedanken, ich zucke zusammen. Die Glastür im ersten Stock wird aufgestoßen. Als ich mich umdrehe, sehe ich zwei Jungs die Treppe hinunterstürmen.

»Ey, du Opfer, wo gehst du?«, brüllt der hintere.

»Isch geh bei Klo, du Bastard«, antwortet der erste, ohne sich dabei umzudrehen.

Er bremst vor mir ab und rotzt mir unvermittelt vor die Füße.

»Was?«, fragt er dann und schaut mich angriffslustig an.

Nicht schlecht für jemanden, der ungefähr fünfzig Kilo leichter und zwei Köpfe kleiner ist als ich!

»Nichts, nichts«, versuche ich ihn zu beruhigen und weiche einen Schritt zurück.

Die Lehrerin der beiden, eine Dame mittleren Alters, betritt das Treppenhaus und ruft den Flüchtigen hinterher.

»Erhan und Raik, ihr kommt sofort ...«

»Mann, Frau Gärtner, sch'ab doch gesagt, wir gehen Klo«, entgegnet ihr der eine, während der andere die Tür zur stinkenden Toilette aufreißt.

Meine Kollegin schließt die Augen und seufzt. Dann macht sie sich auf den Weg, die beiden Ausreißer wieder einzufangen. Mit einem Blick auf die Tür, die sie leise hinter sich geschlossen hat, wird mir klar, dass ich das Schicksal dieser Frau ab heute teilen werde. Denn die beiden Jungs sind offenbar Schüler der 4e – und das ist eine meiner Matheklassen.

Bevor ich meine erste Stunde als Lehrer antrete, statte ich meinem alten und neuen Chef einen Besuch in seinem Büro ab. Es kommt im klassischen Behörden-Look daher: abgewetzter, moosgrüner Teppich zu beigefarbenen Wänden, ausgeblichene Gardinen in zeitlosem Orange und alte Möbel, die Stahl und Holz in charmanter Kombination miteinander verschmelzen lassen. Die Regale sind vollgestopft mit Leitz-Ordnern und pädagogischer Literatur aus Zeiten, in denen Hosen noch Schlag und Telefone noch Wählscheiben hatten. Das Waschbecken voller Kalkspuren weckt bei mir jedes Mal die Vorstellung, ich beträte den Untersuchungsraum des Amtsarztes. Ein bisschen riecht es auch so.

Mitten in diesem Raum sitzt Herr Friedrich am Schreibtisch. Unser Schulleiter ist in den Sechzigern und versucht, mit dem kranzartigen Überrest seines Haupthaars die unvermeidbare Platte zu verdecken. Der Farbton seines Anzugs bewegt sich irgendwo zwischen Sand und Senf und passt sich damit stimmungsvoll seiner Umgebung an – ein typischer Fall von Büro-Camouflage. Die Gesichtsfarbe meines Vorgesetzten weist dagegen eine leicht ungesunde Rötung auf. Kommt die von dem uralten Röhrenmonitor, der wie eine riesige Strahlenkanone auf seinem Schreibtisch steht?

Weit nach vorn gebeugt starrt er mit zusammengekniffenen Augen durch seine Siebzigerjahre-Brille auf den Bildschirm und hackt dabei auf ein und dieselbe Taste der Tastatur. Bing, bing, bing, kommentiert das der Rechner: Fehlermeldung.

»Hach, das ist aber auch was hier! Immer diese …« Friedrich bemerkt mich und blickt auf. »Ach, unser neuer Kollege«, sagt er dann, steht in seiner typisch ungelenken Art, die mir von meinem alten Job noch sehr vertraut ist, auf und streckt mir die Hand entgegen. »Und, schon aufgeregt?«

Ich nicke. Kein Wunder, denn in ungefähr zwei Stunden werde ich als Mathelehrer vor einer vierten Klasse stehen – ohne auch nur eine Minute Unterrichtserfahrung zu haben!

Herr Friedrich klopft mir mit schlecht gespielter Lässigkeit auf die Schulter.

»Machen Sie sich keine Sorgen, das wird schon«, sagt er. »Immerhin kennen Sie die Schule ja schon.«

Das ist ja das Problem! In dem knappen halben Jahr, in dem ich als sein Assistent an der Ludwig-Feuerbach-Schule war, habe ich hin und wieder auch mal bei der Hausaufgabenbetreuung geholfen.

Ich weiß daher, was mich erwartet: Kinder aus deprimierenden Familienverhältnissen, die sich kaum konzentrieren können und deren Schimpfwörter selbst mir als abgehärtetem Berliner die Schamesröte ins Gesicht steigen lassen.

Eigentlich war ich damals ganz froh, dass sich der Assistenzjob, der mir eine Weile die Miete finanziert hat, seinem Ende zuneigte. Doch dann bot mir Herr Friedrich vollkommen unerwartet eine Stelle als Lehrer an. Zu meiner Verwunderung erklärte er mir vor den Winterferien, dass er mich gerne als Quereinsteiger verpflichten wolle. Das Modell, das fachfremden Personen ermöglicht, die pädagogische Verantwortung für Schulkinder zu übernehmen, trägt den sperrigen Namen Personalkostenbudgetierung, kurz PKB. Ich zögerte, das Angebot anzunehmen. Sollte ich etwa doch Grundschullehrer werden, nachdem ich mich jahrelang erfolgreich dagegen gewehrt hatte, in die Fußstapfen meiner Eltern zu treten? Mit gemischten Gefühlen unterzeichnete ich schließlich den Arbeitsvertrag, der mich bis zu den kommenden Sommerferien, also etwas mehr als drei Monate lang, zum Lehrer machen würde.

Friedrich hatte mir damals versichert, dass mich eine erfahrene Lehrkraft in die Geheimnisse des Unterrichtens einführen werde.

»Frau Dremel wartet bereits im Lehrerzimmer auf Sie«, erklärt er mir nun. »Sie wird dann alles Weitere mit Ihnen besprechen.«

Frau Dremel hat die beiden Klassen, denen ich ab heute Mathematik beibringen soll, bislang vertretungsweise unterrichtet. Ab jetzt – mit der Übergabe des pädagogischen Staffelstabs an meine Wenigkeit – kann sie sich wieder verstärkt ihren eigentlichen Aufgaben als Klassenlehrerin widmen.

Die Tür zu Friedrichs Büro wird plötzlich aufgerissen, und zwei Schüler platzen herein.

»Herr Friedrisch«, pöbelt der eine, »er hat misch Hurensohn gesagt!«

»Was redet er, jaaaa? Dein Mutta is eine …«

»Wie oft hab ich euch schon gesagt«, unterbricht der Schulleiter die zwei Jungs ungeduldig, »dass ihr anklopfen sollt?«

»Viermal«, antwortet der kleinere Junge, dessen Jeans an den Knien aufgerissen sind. Seine dunklen Haare sind zu einer wilden Stachelfrisur hochgegelt. Das sprachliche Mittel der rhetorischen Frage kennen die Jungs wohl noch nicht.

»Was?«, fragt Friedrich verdutzt.

»Viermal du hast uns schon gesagt, wir sollen klopfen«, erklärt der Junge.

»Sie! Haben *Sie* uns schon gesagt«, verbessert der Schulleiter mit gequälter Stimme.

»Hä?«

Die Jungs gucken sich ratlos an.

»Na los, raus jetzt! Ich hab hier …«

Die beiden verkrümeln sich lachend. Streit geschlichtet – wenn auch eher aus Versehen. Warum die beiden außerhalb der Unterrichtszeit auf den Fluren herumtoben, scheint Herrn Friedrich nicht weiter zu interessieren.

»Also, wo waren wir?«, fragt er zerstreut.

»Frau Dremel?«

»Richtig! Sie wird Ihnen zeigen, wie weit sie mit den beiden Matheklassen ist. Viel Erfolg.«

Er kehrt mir den Rücken zu, die Audienz ist offensichtlich beendet. Super. Wenn ich es richtig verstanden habe, dann wartet auf mich eine Schulung, die den vielversprechenden Titel *Mathelehrer in neunzig Minuten* tragen könnte. Ich mache mich also auf den Weg, um mir ein paar Patentrezepte einer erfahrenen Frontkämpferin abzuholen – und doch beschleichen mich erste Zweifel. Was andere im Rahmen eines mehrjährigen Studiums lernen, wird mir die gute Dame wohl kaum in wenigen Minuten vermitteln können – oder?

Als ich die Tür zum Lehrerzimmer öffne, sitzt Frau Dremel am großen Konferenztisch und starrt aus dem Fenster. Nach meiner Berüßung nimmt sie noch einen großen Schluck Kaffee und kramt dann zwei Mathebücher hervor.

»Hast du denn schon oft Mathe unterrichtet?«, fragt sie, während sie die richtige Seite heraussucht.

»Nein, noch nie.«

»Ach so?« Sie wirkt verständlicherweise etwas überrascht. »Was sind denn deine Fächer?«

»Gar keins, ich bin gar kein Lehrer.«

Vor Schreck klappt sie das Buch zu und guckt mich mit weit aufgerissenen Augen an. Hätte ich ihr das vielleicht schonender beibringen sollen?

»Wie jetzt?«, fragt sie und sieht mich an, als hätte ich ihr gerade erklärt, ich würde die nächsten Ferien bei meinen Verwandten auf dem Mond verbringen.

»Ich habe Erwachsenenbildung studiert und arbeite bis zu den Sommerferien als Vertretungslehrer.«

»Ist ja verrückt«, sagt sie und kratzt sich am Kopf.

Noch verrückter ist, dass ich in etwa fünfundsiebzig Minuten meine erste Doppelstunde in Mathe halten soll. Hoffentlich kann mir Frau Dremel bis dahin noch etwas beibringen ...

»Also, pass auf«, sagt sie gewichtig, »mit der 4e bin ich auf Seite zweiunddreißig. Am Ende spiele ich mit denen oft Vier-Ecken-Rechnen. Bei der 5b sind wir auf Seite neunundzwanzig, und die hassen Vier-Ecken-Rechnen.«

Es entsteht eine kurze Gesprächspause.

»Hast du sonst noch Fragen?«, will sie dann wissen.

Ob ich sonst noch Fragen habe?

Meine Freundin Sarah, die Sprichwörter gern durcheinanderwürfelt, würde jetzt sagen: Ich glaub mich tritt ein Storch – natürlich hab ich noch Fragen! Vor allem die hier: Was soll ich im Unterricht mit den Schülern machen? Wie geht das, Lehrersein? Was mache ich hier eigentlich? Und wie komme ich wieder raus?!

Während mir tausend Gedanken gleichzeitig durch den Kopf schießen, wird mir klar, dass wir das alles wohl kaum innerhalb der nächsten Stunde besprechen können.

»Ach, eigentlich nicht«, lüge ich Frau Dremel daher an. »Den Rest werd ich schon mitbekommen.«

Sie sieht erleichtert aus, als sie aufsteht und nach ihrer braunen Ledertasche und ihrem Mantel greift.

»Viel Glück«, ruft sie, dann fällt die Tür hinter ihr zu, und ich bin allein.

Die restliche Zeit bis zur großen Pause nutze ich, um mir die Unterrichtsinhalte noch einmal anzuschauen. Als die Pausenglocke klingelt, klappe ich das Buch zu und tröste mich mit der Erkenntnis, dass ich in den ersten Stunden inhaltlich wahrscheinlich sowieso nicht viel schaffen werde. Viel wichtiger ist, dass die Schüler und ich uns erst einmal kennenlernen. Irgendwo habe ich mal gelesen, dass das Verhältnis zwischen denen und mir extrem wichtig für den Verlauf und die Qualität des Unterrichts ist. Diese These habe ich vor ein paar Jahren während eines Jobs als Computertrainer für Grundschulkinder schon mal belegt.

Damals hatte ich so gut wie gar keine Ahnung von Unterrichtsgestaltung – kein Wunder, dass mein erster Versuch in eine Katastrophe ausartete. Mit dem Wunsch, eine entspannte Unterrichtsatmosphäre herzustellen, gab ich mich locker und cool. Wie ich schnell merkte, ist das eine grandiose Art, sich ohne Umwege ins Abseits zu katapultieren. Die Kids legten es mir nämlich als Schwäche aus, dass sie mich duzen durften, und tanzten mir während des Unterrichts gnadenlos auf der Nase herum. Nachdem ich den Schülern das Versenden von E-Mails beigebracht hatte und zum Dank von zwei Sechstklässlerinnen schriftlich gefragt wurde, ob ich schwul sei und schon mal »mit ein Mann gefickt« hätte, versuchte ich die Situation zu retten, indem ich so tat, als würde mich die Frechheit nicht stören – was die Sache nur noch schlimmer machte.

Ich nahm mir vor, es bei meinem nächsten Einsatz besser zu machen. In der zweiten Schule, an die ich als Computertrainer geschickt wurde, ging ich vollkommen anders an die Sache heran. Ich stellte mich als Herr Möller vor und machte der Klasse von Anfang an klar, wer in diesem Computerkurs der Boss war: ich. Diese autoritäre Art fiel mir anfangs überhaupt nicht leicht, aber ich war erstaunt, was sie bewirkte. Zwischen den Schülern und mir entstand ein respektvolles Verhältnis. Vor den Fragen meldeten sie sich ruhig, und schon bald erhielt ich positive Rückmeldungen von den Eltern der Kinder, genauso wie von meinen Vorgesetzten in der Computerschule.

Ob das auch klappt, wenn ich neunzig Minuten lang alleine mit siebenundzwanzig Viertklässlern in einen Raum eingepfercht bin?, denke ich, während ich mein Equipment zusammenpacke und mich auf den Weg zum Klassenzimmer mache.

Los geht's, Möller!, spreche ich mir Mut zu. Du kannst das!

»Guten Morgen«, sage ich laut und deutlich, als ich exakt mit dem Stundenklingeln den Klassenraum betrete. Auf dem grauen und schmutzigen Linoleumboden stehen ungeordnet ein paar Tische und Stühle herum. Aus den Regalen an den Wänden quellen Materialien, Wände und Fenster sind unbeholfen mit den Gemälden der Kids geschmückt. Der Klassenraum der 4e steht der Hässlichkeit des restlichen Schulgebäudes in nichts nach. Im Raum herrscht absolute Anarchie: Fast alle Kids springen wild herum, sitzen oder stehen auf Tischen, essen Süßigkeiten, tauschen Monster-Karten aus, beschimpfen sich oder malen auf der Tafel herum.

»Hä? Was machst du hier, Herr Müller?«, fragt eine Schülerin, die ich aus der Hausaufgabenbetreuung kenne, als sie mich erblickt.

»Ich bin euer neuer Mathelehrer«, erkläre ich ihr, trete hinter den Lehrertisch und stelle meine Tasche darauf ab. Plötzlich habe ich die ganze Aufmerksamkeit der Kids.

»Vallah, Herr Mülla is unser neuer Mathelehrer!«

»Iebergeil, sch'wöre!«

»Endlisch mal eine Mann!«

Ich freue mich zwar über die Begeisterung, aber einige Schüler scheinen jeden Moment auszuflippen – ich muss also eingreifen.

»Wer bei drei nicht sitzt …«, fange ich an, frage mich aber bereits beim Herunterzählen, wie ich den Satz vollenden würde, wenn ich müsste.

Glücklicherweise scheinen die Kids darüber nicht nachzudenken, sondern drängeln sich zu ihren Plätzen durch. Als alle sitzen, stelle ich mich vor die Klasse und warte noch einen kleinen Moment, bis es wirklich leise ist.

»Guten Morgen, liebe Klasse 4e«, sage ich dann feierlich.

»Guten Morgen, Herr Mülla!«, antworten sie im Chor.

Das lief schon mal sehr gut. Doch eines stört mich: Ich heiße Möller und nicht Mülla, also schreibe ich meinen Namen in großen Druckbuchstaben an die Tafel und bitte ein Mädchen, den Namen vorzulesen.

»Herr Mülla«, sagt sie klar und deutlich.

Ich gehe zur Tafel, unterstreiche das Ö und fordere sie auf, es noch einmal zu probieren.

»Herr Mülla«, wiederholt sie unverändert.

»Ach so«, sage ich und deute auf das Ö. »Das hier ist also ein Ü?«

Die anderen fangen an zu kichern, aber weil ich die junge Dame nicht vorführen möchte, wende ich mich wieder der gesamten Klasse zu.

»Ihr seid doch schon in der vierten Klasse und kennt das Alphabet, oder?«

Eifriges Nicken.

»Also du«, ich zeige auf einen Jungen in der zweiten Reihe. »Wie heiße ich?«

Er zögert, sodass ich mich dazu entschließe, ihm eine Hilfestellung zu geben.

»Das hier ist ein Ö, wie in dem Wort Döner«, sage ich deutlich. Aber dieses Beispiel war wohl nicht so klug.

»Herr Mööö-ler?«, fragt er vorsichtig, woraufhin die ganze Klasse laut lacht.

»Nein«, sage ich mit fester Stimme, »mit kurzem Ö. Meinen Nachnamen spricht man: Möller!«

Dabei betone ich das kurze Ö. Eine Schülerin meldet sich.

»Können wir jetzt endlich Mathe machen, Herr *Möller*?«, fragt sie mit gelangweilter Stimme.

»Erst, wenn alle meinen Namen aussprechen können«, entgegne ich ruhig. »Also, jetzt sagen bitte alle gleichzeitig: Möller. Eins, zwei, drei …«

»Möller!«, ruft die ganze Klasse, einige der Jungs brüllen sogar.

»Gut, dann kennt ihr ja jetzt meinen Namen. Damit ich eure Namen möglichst schnell lerne, basteln sich jetzt bitte alle ein Namensschild.«

Noch bevor ich ausgesprochen habe, springen die Kids auf und drängeln sich an ihre Fächer im hinteren Teil der Klasse. Meinen nachgeschobenen Satz »Ihr habt genau eine Minute Zeit!« hört fast niemand mehr.

Memo an mich: Keine Anweisungen geben, die Chaos verursachen könnten!

Ich nehme am Lehrertisch Platz und warte. Dabei kann ich beobachten, dass die Kids meine Anwesenheit ziemlich schnell zu vergessen scheinen. Sie fangen an, sich zu beschimpfen, sich gegenseitig die Stifte wegzunehmen und andere zu schubsen. Offensichtlich muss ich sie kurz an mich erinnern.

»Noch dreißig Sekunden«, rufe ich in die Menge, woraufhin sich das Arbeitstempo etwas erhöht. »Wer fertig ist, setzt sich bitte auf seinen Platz.«

Da ich keine Uhr trage, werfe ich heimlich einen Blick auf mein Handy und stelle fest, dass schon ein Drittel der ersten Stunde vergangen ist. Als alle mit den Namensschildern fertig sind, setze ich endlich den Unterricht fort.

»Nachdem wir nun unsere Namen kennen, können wir ja mit Mathe anfangen.«

Ich schaue das zickige Mädchen an, das vorhin so erpicht darauf war, mit dem Unterricht zu beginnen. Auf dem Schild vor ihr prangt der Name Nina. Ihre blonden Haare sind zu einem strengen Zopf gebunden. Den Kopf hat sie leicht in den Nacken gelegt. Sie hat eine betont aufrechte Körperhaltung und drückt sich gewählt aus. Ihre Lippen presst sie, wenn sie nicht spricht, aufeinander. Ein ganz klarer Fall: Nina ist ein Alphatier. Ihr Outfit scheint den allgemeinen Kleidungsstil in der Klasse vorzugeben. Die mit Plastiksteinchen besetzten Blümchenmuster auf ihrer Jeans und ihrem Oberteil kann ich bei fast allen anderen Mädchen wiederfinden. Mal sehen, was von ihrem Arbeitseifer von eben noch übrig ist.

»Wollen wir dann anfangen, Nina?«

»Hä?« Meine Frage hat sie aus einem Gespräch mit ihrer Banknachbarin gerissen.

»Das heißt: Wie bitte?«, sage ich und ärgere mich noch im selben Moment über diesen Spießerspruch.

Nina verdreht die Augen. »Ist ja gut!«

Hier wird wieder klar, was ich bereits in der Uni gelernt habe: Die Persönlichkeit eines Menschen bildet sich ziemlich früh aus. Mir schwant, dass das auch für die kleine Diva hier gilt – und das wird vermutlich anstrengend.

»Gut, dann holt mal bitte eure Bücher raus«, gebe ich die nächste Anweisung und verursache damit erneutes Chaos, denn die Bücher befinden sich auch in den Fächern am anderen Ende des Klassenraums.

»Okay, das hat jetzt wieder zwei Minuten gedauert«, sage ich, als alle wieder sitzen. »Damit das nicht jede Stunde passiert, erwarte ich, dass ihr beim nächsten Mal eure Bücher am Platz habt, bevor die Stunde losgeht. Können wir dann anfangen?«

Die kleine Fatima meldet sich. Sie trägt ein rosafarbenes Kinderkopftuch, und ihre Körpersprache lässt auf eine sehr aktive Persönlichkeit schließen. »Herr Mülla?«

»Möller! Ja, was gibt's denn?«

»Dieser Kevin, er hat misch Fotze gesagt«, sagt sie und zeigt auf ihren Sitznachbarn.

»Wie bitte? Stimmt das, Kevin?«, frage ich ihn streng.

Er schaut mich traurig an. »Ja, aber sie hat misch Wichser gesagt.«

»Ich möchte hier keine Schimpfworte hören! Von niemandem, klar?«

Die beiden nicken.

»Gut, dann können wir ja jetzt endlich … «

»Noch nicht!«, ruft ein Schüler aus der letzten Reihe, den ich erst jetzt als den Jungen erkenne, der mir heute früh vor die Füße gespuckt hat. »Sie haben mich noch gar nicht richtig kennengelernt. Ich bin Raik, und ich bin der Schlimmste von allen.«

In der Tat: Raik sieht so frech aus, dass ich eine Steinschleuder in seiner hinteren Hosentasche vermute. Die blonden Haare über dem feisten Gesicht stehen zu Berge, er schaut mich grinsend an, und seine Beine bewegen sich unruhig unterm Tisch. Ich halte seinem Blick einen Moment stand und überlege, wie ich auf seine Provokation am besten reagiere.

»Das ist ja interessant«, stelle ich betont unbeeindruckt fest. »Was ist denn so schlimm an dir?«

»Also, ich stör immer den Unterricht, mache nie Hausaufgaben, ich verprügel andere Kinder – auch im Unterricht –, und ich verspreche dir, dass ich dich noch zum Ausrasten bringe!«

»Na, da bin ich aber mal gespannt«, sage ich und will mit dem Unterricht fortfahren.

»Kannst du auch, du Arschloch!«, meint er.

Ich halte inne.

Mit einer plötzlichen Handbewegung schiebt Raik all seine Sachen vom Tisch. Dann legt er die Füße auf seinen Tisch, verschränkt die Arme hinterm Kopf und lächelt mich entspannt an.

»Ist der immer so?«, frage ich in die Klasse.

Einige der Kids nicken so heftig, dass ich Angst habe, sie verrenken sich dabei die Halswirbelsäule.

»Ich hab Frau Dremel schon öfter zum Heulen gebracht. Cool, wa?« Freude macht sich auf Raiks Gesicht breit.

»Geht so«, sage ich, trete langsam zu ihm heran, stütze mich auf seinen Tisch und beuge mich zu ihm herunter. »Was hältst du denn davon, wenn wir dich mal in eine andere Klasse setzen?«

Er erklärt mir, dass das nicht ginge, weil er bereits aus einer anderen Klasse komme. Auf meinen Vorschlag, ihn vom Unterricht auszuschließen, reagiert er ebenfalls lässig: Er freue sich jetzt schon aufs Computerspielen. Seine Mutter, erklärt er mir, würde ständig wegen ihm heulen, und seinen Vater kenne er nicht. Seine Tadel zählt er schon lange nicht mehr.

»Dann hilft vielleicht nur noch ein Schulwechsel«, greife ich zu meiner letzten Waffe.

Doch auf diese Aussage hat Raik offenbar nur gewartet. »Ich hab schon alle Grundschulen im Bezirk durch. Mich nimmt keiner mehr!«

Ich setze mich mit einer Pobacke auf seinen Tisch, verschränke die Arme und schaue ihn einen Moment lang an. Vielleicht drehe ich den Spieß einfach mal um?

»Weißt du was? Ich find dich eigentlich ganz cool. Ich glaube, wir werden uns gut verstehen.«

»Ach ja?«

Seine Augen funkeln. Er kippelt mit seinem Stuhl, stößt sich ohne Vorwarnung vom Tisch ab, fällt rückwärts auf den Boden, springt auf und rennt zum Tafeleimer. Mit einem Fuß auf dem Rand des gefüllten Tafeleimers, in dem siffige, von der Tafelkreide verfärbte Schwämme treiben, sieht er mich mit blitzenden Augen an.

»Und?«, will er von mir wissen. »Findest du mich jetzt immer noch cool?«

»Nein«, brüllen einige der anderen, »nicht schon wieder, Raik!«

»Bitte nicht, Mann!«

»Züüüüüsch, er is verrückt!«

Als ein paar Jungs aufstehen, um ihn von der Überflutung des Klassenzimmers abzuhalten, geht Raik auf den ersten los und boxt ihm brutal in den Magen. Ich komme gerade noch rechtzeitig, um ihn von weiteren Schlägen abzuhalten. Als ich ihn am Oberarm packe, reißt er sich los.

»Fass mich nicht an, du Wichser!«, brüllt er panisch. »Oder ich zeig dich an, klar?«

Eine plötzliche Stille entsteht. Alle sind auf meine Reaktion gespannt. Auch ich.

Nach einem Moment hat sich mein Puls wieder so weit beruhigt, dass ich Raik fragen kann, ob er mit dem Theater fertig sei.

»Das war gerade der Anfang«, sagt er giftig. »Und jetzt fang endlich mit deinem Scheißmatheunterricht an, du Idiot!«

Er macht auf dem Absatz kehrt und lässt mich stehen.

Na gut, erst mal ignorieren. Im Umgang mit ihm brauche ich auf jeden Fall professionelle Hilfe. Aber jetzt muss ich erst mal mit dem Unterricht beginnen.

Wie eigentlich? Mir fällt wieder ein, dass ich eigentlich gar kein Grundschullehrer bin. Immerhin weiß ich, dass ein guter Pädagoge seine Schüler dort abholt, wo sie gerade stehen. Wie wäre es also, wenn ich erst einmal den Leistungsstand der Kinder überprüfe?

Dem Mathebuch habe ich entnommen, dass die Schüler der vierten Klasse die Grundrechenarten im Tausenderbereich beherrschen sollten – allerdings nur schriftlich. Also mache ich mich erst mal ans kleine Einmaleins, damit kann man eigentlich nichts falsch machen.

Eigentlich.

»Wie viel ist vier mal fünf?«, frage ich die Klasse.

»Zwanzig«, ruft Florian, ohne sich zu melden.

»Richtig, aber reingerufen. Zählt nicht!«

Schon der kleinste Anlass reicht aus, um die bedrohliche Gruppendynamik der 4e in Gang zu setzen. Erneut droht Chaos auszubrechen. Wie soll ich mir hier Gehör verschaffen?

Schnell, Philipp, lass dir was einfallen!

Ich entscheide mich dazu, die Kinder in voller Lautstärke zur Ordnung zu rufen.

»Ruhe bitte!«, belle ich etwas brachial, aber zielführend.

Na also. Dann stelle ich die nächste Aufgabe.

»Sechs mal sechs?«

Jason aus der ersten Reihe meldet sich blitzschnell. Er ist ein kleiner untersetzter Junge ohne Migrationshintergrund, der ziemlich traurig aus der Wäsche schaut.

»Sechsundsechzig?«, fragt er unsicher.

»Nein, leider falsch, Jason«, gebe ich zurück. »Weiß es jemand anders?«

So viele Gesichter, so viel Ratlosigkeit.

»Niemand? Sechs mal sechs?«

Nina meldet sich und schaut mich dabei langsam blinzelnd an. »Zwölf?«, fragt sie.

»Nein. Möchte es noch jemand probieren?«, frage ich und kann den verzweifelten Unterton meiner Stimme kaum noch verbergen. Ich atme tief durch und rufe mir in Erinnerung, dass ich hier vor einer vierten Klasse stehe. Die pure Ratlosigkeit der Schüler ist einem betretenen Schweigen gewichen.

»Okay, dann rechnen wir zusammen«, schlage ich vor, denn von der Uni habe ich noch vage in Erinnerung, dass dort mal die Rede vom sogenannten Lehrgespräch war, einer Dialogform des Frontalunterrichts. Mein Dozent bezeichnete diese Form damals wenig schmeichelhaft als Osterei-Pädagogik: Der Lehrer versteckt das Wissen, und die Kinder müssen es finden. Er fand das weder innovativ noch zeitgemäß, aber weil mir im Moment keine bessere Lösung einfällt, beschließe ich, dass es für den Anfang in Ordnung ist. Ich schnappe mir also ein Stück Kreide und schreibe sechs Sechsen an die Tafel.

»Welches Zeichen muss ich denn dazwischenschreiben, um auf das richtige Ergebnis zu kommen?«

Immer noch Stille. Die Kids weichen meinem fragenden Blick aus.

»Also«, fahre ich fort, »um das Ergebnis von sechs mal sechs zu errechnen, muss ich die sechs Sechsen miteinander ...«

Ein Junge im Mittelfeld des Klassenraums meldet sich. Ranjad steht auf seinem Namensschild – ich kann nur vermuten, wie man das ausspricht. Ranjad hat dunkle Haut, und bei seinem Namen liegt die Vermutung nahe, dass seine Eltern aus Indien stammen. Er ist ordentlich gekleidet und wirkt trotz seiner vorbildlichen Körperhaltung sehr schüchtern.

»Ja, Ranjad. Was muss ich mit den Sechsen machen?«

»Plus rechnen«, sagt er unsicher.

Während ich fünf Pluszeichen zwischen die Zahlen schreibe, steigt der Lärmpegel hinter mir so rasant an, dass ich meine liebe Mühe habe, mich auf die Kreidekreuze zu konzentrieren.

»Richtig«, sage ich in den Tumult hinein, als ich mich wieder umgedreht habe. »Kannst du mir auch sagen, was dann rauskommt?«

Ranjad überlegt einen Moment, während er mit starrem Blick auf die Tafel die Sechsen zusammenzählt. Dabei bewegt er stumm die Lippen.

»Sechsunddreißig.«

»Sehr gut«, lobe ich ihn und blicke dann in die Runde. »Elf mal acht?«

»Ohaaaaa …«, entfährt es Michelle, während die anderen Kinder angestrengt und nicht gerade leise Zahlen zusammenrechnen. Schließlich meldet sie sich. Aufgrund ihrer Kleidung vermute ich, dass sie aus einer Familie stammt, die über keine nennenswerten finanziellen Mittel verfügt. Anders als viele ihrer Mitschülerinnen trägt sie keine glitzernden Accessoires, hat keine bunte Prinzessin-Lillifee-Schulmappe, und ihre Schuhe sehen so aus, als ob sie einmal ihrem größeren Bruder gehört hätten. Ihre dunkelblonden Haare sind zu einem langen Zopf geflochten.

»Neunzehn?«

»Nein, Michelle, das ist elf plus acht. Ich hab aber nach elf *mal* acht gefragt. Ranjad, du warst schon dran«, kommentiere ich sein eifriges Melden. »Sonst jemand? Elf mal acht?«

Ich komme mir vor wie ein Marktschreier, der versucht, faule Früchte zu verkaufen. Der Lärmpegel im Klassenraum steigt, aber es meldet sich niemand.

»Michelle, komm doch bitte mal an die Tafel und schreib elf mal die Acht an die Tafel.«

Sie kommt widerwillig nach vorn, nimmt sich ein Stück Kreide und beginnt, verschieden große Gebilde an die Tafel zu malen, die ich mit etwas Fantasie als Achten identifiziere. Dabei fängt sie mit einem unteren Kreis an und malt dann einen zweiten darüber. Bis sie fertig ist, kann es noch dauern. Ich werfe also einen Blick in ihr Matheheft.

Ordnung war zwar noch nie meine Stärke, und auch meine Handschrift gilt bis heute eher als einzigartig denn leserlich – aber das hier? Sämtliche Seiten sind durch intensives Radieren zerknittert, das Papier ist teilweise zerrissen, es gibt keine Überschriften, kein Datum, und die Karos wurden auch konsequent ignoriert. Mir schießt durch den Kopf, dass Michelles Zahlen so aussehen, als wäre sie als Linkshänderin zur Rechtshänderin umerzogen worden. Irgendwo habe ich mal gelesen, dass das früher durchaus üblich war, weil Linkshänder angeblich im Bund mit dem Teufel standen und wie Homosexuelle als abnormal galten. Da soll mir noch mal jemand sagen, früher wäre alles besser gewesen …

Während Michelle noch mit dem Malen beschäftigt ist, steigert sich der Lärmpegel in der Klasse erneut. Ich muss eingreifen.

»Welche Zeichen gehören zwischen die Achten?«

Außer Ranjad meldet sich niemand. Die Schüler sehen vollkommen verwirrt aus.

»Das hatten wir vor zwei Minuten! Kann sich wirklich niemand mehr erinnern?«

Offensichtlich nicht. Verzweiflung macht sich in mir breit.

»Okay, Ranjad, sag es bitte laut und deutlich für alle!«

Michelle malt nach seiner Antwort zehn Kreuze zwischen ihre kopflosen Schneemänner und ist sichtlich erleichtert, als sie sich setzen kann. Ich schreibe ein Gleichzeichen hinter das Gebilde.

»Wer kann das ausrechnen? Acht plus acht plus acht plus acht … und so weiter.«

Als die Antworten auf mich einprasseln, steigt ein mulmiges Gefühl in mir auf.

»Hundertsiebzehn?«

»Einundzwanzig!«

»Achttausend?«

Die Pausenglocke läutet eine kleine Unterbrechung ein, die wir alle gut gebrauchen können. Während ich aus dem Fenster starre und überlege, wie ich weitermachen könnte, muss ich mehrmals um Ruhe bitten. Vorsichtshalber werfe ich noch einmal einen Blick ins Mathebuch, um sicherzugehen, dass ich wirklich den richtigen Schwierigkeitsgrad gewählt habe. Kein Zweifel: Das kleine Einmaleins muss in der vierten Klasse sitzen, schriftlich sollten Addition und Subtraktion mit niedrigen Tausenderwerten klappen. Dazu kommen Kenntnisse über Maßeinheiten in Länge, Geldwert, Zeit und Masse. Ich muss mir dringend einen Überblick verschaffen, wie es bei den Kindern um diese Basics bestellt ist, und schreibe daher an die Tafel: *Bitte am Ende der Stunde die Mathehefte bei mir abgeben!* Und weil ich gerade dabei bin, füge ich noch hinzu: *Noch eine Minute Pause!*

Einige der Kids haben den Hinweis wahrgenommen. Der Großteil scheint in den letzten Minuten allerdings komplett vergessen zu haben sich in der Schule zu befinden.

Als ich gerade dazu ansetzen will, den Sinn und Zweck der hier und heute stattfindenden Veranstaltung ins Gedächtnis zu rufen, springt mir Fatima zur Seite.

»Herr Mülla, du musst an diese Glocke klingeln!«

Dabei zeigt sie auf eine Art Müslischale aus Messing, die auf meinem Pult steht. Fatima bringt mir bei, wie man dem Metalltopf mit dem Holzstab einen Glockenklang entlockt.

»Das ist also eure Klassenglocke, ja?«, beginne ich den zweiten Teil der Doppelstunde.

»Das ist eine Klangschale«, korrigiert mich Nina. »Wenn Frau Gärtner die verwendet, müssen wir leise sein und uns hinsetzen.«

»Danke, Nina. Dann machen wir jetzt mit Mathe weiter. Ihr habt ja schon gesehen, dass ich etwas an die Tafel geschrieben habe. Was steht denn da?«

Ich bin zwar nicht als Deutschlehrer hier, aber neugierig, ob die Kinder genauso gut lesen können, wie sie rechnen.

»Erhan«, rufe ich einen Jungen auf, den ich bereits kenne, weil ich an diesem Morgen mit Raik und ihm zusammengetroffen bin. Er gehört zu den Jungs, die bereits in der Grundschule einen Schnurrbartschatten haben. Seine Augenbrauen sind über der Nase zu einer Monobraue zusammengewachsen, die seinen grimmigen Blick unterstreicht. Auf seinem T-Shirt steht *Hausaufgaben gefährden meine Gesundheit*.

»Lies mir doch bitte mal vor, was an der Tafel steht«, fordere ich ihn auf.

Obwohl er in der ersten Reihe sitzt, kneift er die Augen zusammen und setzt eine angestrengte Miene auf. Hat er Probleme mit dem Lesen? Oder sollte er mal zum Augenarzt?

»Biehtee amendeder ... Suten?«

»Stunde«, helfe ich ihm.

»Stuhnde dei ...«

»Die.«

»Die ... isch kenne diese nächste Wort nisch.«

»Okay, war doch schon ganz gut«, sage ich, setze ein, wie ich hoffe, ermutigendes Lächeln auf, schüttele innerlich jedoch verzweifelt den Kopf. »Will jemand weiterlesen? Ja, bitte, Shanice.«

»Wir sollen alle unsere Mathehefte bei dir abgeben«, sagt sie stolz.

Na gut, stimmt wenigstens sinngemäß. Ich atme einmal durch und überlege kurz, ob ich noch einmal erklären soll, dass Lehrer in der Sie-Form angesprochen werden, aber nach Mülla-Möller, Einmaleins und Vorleseübung wird das jetzt wohl zu viel. Lieber konzentriere ich mich auf das, wofür ich hier bin: Mathematik. Mit der PISA-Studie im Hinterkopf, die unserem Schulsystem vor allem im Bereich der praktischen Anwendung des Gelernten unterirdische Leistungen bescheinigt, schlage ich im Buch das Kapitel *Längen und Größen* auf und beginne mit einer einfachen Frage.

»Bei der ersten Aufgabe sollt ihr schätzen: Wie hoch ist diese Tür ungefähr?«

Ich stelle mich in den Rahmen der Klassentür und zeige auf den oberen Rand.

»Zwei Zentimeter, zwei Meter oder zweihundert Meter?«

Mal wieder blicke ich in ratlose Gesichter.

»Na gut«, beginne ich, »dann gehen wir die Antworten mal durch. Ist diese Tür zwei Zentimeter hoch?«

»Nein, Herr Mülla«, meldet sich ein Junge namens Ümit ungefragt zu Wort, »nischmal ein Maus er konnte einem Tür gehen der zwei Zentimeter hoch ist!«

Die Klasse ist mit diesem besonderen Sprachstil offensichtlich gut vertraut, denn die Kids biegen sich vor Lachen. Ich bemühe die Klangschale und warte darauf, dass Ruhe einkehrt. Fehlanzeige. Noch ein Schlag, immer noch keine Ruhe. Die Schüler sind von der Idee einer winzigen Mäusetür derart entzückt, dass niemand auf die Glocke hört.

»Ruhe!«, rufe ich laut.

Das scheint zu wirken.

»Zwei Zentimeter sind es also nicht«, sage ich in die entstandene Stille hinein. »Wisst ihr, wie lang ein Meter ist?«

Die Kids nicken und erklären mir, dass ein großer Schritt eines Erwachsenen ungefähr so lang ist.

»Und wie hoch ist diese Tür dann ungefähr in Schritten gemessen: zwei Zentimeter, zwei Meter oder zweihundert Meter? Vincent?«

Als Vincent seinen Namen hört, fährt er zusammen und setzt einen Gesichtsausdruck auf, als sei er gerade aus dem Bett gefallen.

»Zwei Zentimeter?«

Ich schließe kurz die Augen und überlege, ob ich schreiend aus dem Raum rennen soll.

»Jemand anders? Fatima?«

»Zwei Meter!«

»Sehr gut, danke!« Endlich erlöst.

Mein Blick ruht einen Augenblick auf Fatima,

die sich über das Lob zu freuen scheint. An ihrem Namen, vor allem aber an der Kopfbedeckung erkenne ich ihren Migrationshintergrund. Ihr Kinderkopftuch ist nicht aufwendig mit Nadeln gesteckt, sondern mit einem Gummizug befestigt. Beim Anblick der verhüllten Viertklässlerin frage ich mich einmal mehr, was ich von dieser Kopfbedeckung halten soll.

Einerseits gehört es natürlich zu den Grundrechten eines jeden Menschen, die Wahl der Kleidung selbst zu treffen. Ein einfaches Kopftuchverbot käme in meinen Augen einer Bevormundung gleich, die mit meinen Vorstellungen von persönlicher Freiheit nicht zu vereinbaren ist. Angesichts der Rolle, die Frauen in islamisch geprägten Gesellschaften oft einnehmen, erscheint mir die Verhüllung jedoch als klares politisches Symbol der Unterdrückung – und das kann ich unmöglich gutheißen.

Menschen, die das Tuch befürworten, werden jetzt vielleicht dagegenhalten, dass sich Kopftuchträgerinnen dieses Kleidungsstück als religiöses Symbol freiwillig auferlegen. Aber selbst wenn sie nicht mit körperlicher Gewalt dazu gezwungen werden, sondern wenn Mädchen von Geburt an lernen, dass Männer und Jungs ihnen überlegen sind, dass sie Eigentum ihres Vaters und später ihres Ehemannes sind und nur diesen ihre Haare zeigen dürfen – ist es dann verwunderlich, wenn sie später behaupten, sie würden sich ihrem Mann gern unterordnen und auch das Kopftuch mit Stolz tragen? Vor diesem Hintergrund scheint mir der Begriff *freiwillig* ziemlich deplatziert.

Als die Stunde zu Ende ist, verlassen die Kids brüllend die Klasse. Einen Moment lang sitze ich wie benommen am Lehrertisch. Ich bin, gelinde gesagt, geschockt. Die meisten der Kids beherrschen weder das Einmaleins noch sind sie in der Lage, einfache Rechenoperationen im Kopf durchzuführen. Das Verständnis für Längenmaße ist bei kaum einem Kind vorhanden. Ich habe sogar festgestellt, dass sie simple Verhältnisangaben wie größer, kleiner, über, hinter, mehr oder weniger ständig durcheinanderbringen. Die sprachlichen Kompetenzen sind ohnehin bei vielen eine Katastrophe. Und kaum einer meiner neuen Schüler kann sich länger als zwei Minuten auf eine Aufgabe konzentrieren. Sie lenken sich gegenseitig ab, fluchen, beschimpfen sich und mich, springen über Tische und Bänke, sobald man nicht hinsieht, und einige der Kids wirken regelrecht verwahrlost.

Erschöpft verlasse ich den Klassenraum und stoße fast mit einer dunkelblonden Frau mittleren Alters zusammen: meine Kollegin aus der Nachbarklasse. Sie reicht mir die Hand und stellt sich mir als Chrissi vor.

»Na, wie war dein erster Einsatz?«, fragt sie mich, als ein Horde brüllender Schüler an uns vorbeirennt. Schwere Glastüren fliegen scheppernd auf, ein kleiner Junge stürzt und kommt nur schwer wieder auf die Beine. Ein wenig erinnert mich das Ganze an die Filialeröffnung eines gigantischen Elektronikmarkts am Berliner Alexanderplatz – nur dass hier noch mehr Schimpfworte fallen.

»Ist das hier immer so?«, frage ich, als die Kinder an uns vorbei sind und man sein eigenes Wort wieder versteht.

»Ja«, sagt sie und zuckt mit den Schultern. »Nach den Ferien ist es allerdings noch schlimmer als sonst.«

»Versteh ich nicht ... Die Kids müssten doch erholt sein.«

»Nicht wirklich«, meint Chrissi, und erzählt mir dann, was ihre Schüler in der vergangenen Unterrichtsstunde über ihr schönstes Ferienerlebnis berichtet haben. Zwei von ihnen waren verreist, alle anderen haben die gesamte Zeit in Berlin verbracht. Ein Mädchen hat erzählt, dass sie mit ihrem erwachsenen Bruder im Tierheim war, wo er sich einen Kampfhund ausgesucht hat. Als dieser dann aber zu Hause ihre kleine Schwester biss, mussten sie das Tier wieder zurückbringen. Auf die Frage, wie seine Ferien gewesen seien, behauptete ein anderer Junge, gar nichts gemacht zu haben. Nach einer Weile fiel ihm das Highlight dann doch wieder ein.

»Sch'ab mit meine Kuseng Mäckdonnilz gegeht«, imitiert Chrissi den Jungen. »Ist das nicht traurig? Was wir hier mühsam mit den Händen aufbauen, stoßen viele Eltern zu Hause mit dem Hintern wieder um. Ich muss meine Schüler jetzt erst mal wieder auf Schule einstellen. Und wie war dein erster Einsatz?«

Ich berichte ihr, was ich in der Mathestunde erlebt habe. Als ich die größten Schoten losgeworden bin, lächelt Chrissi mich aufmunternd und ein wenig mitleidig an.

»Keine Panik«, sagt sie, »daran gewöhnst du dich. Das, was du heute erlebt hast, ist der ganz normale Praxisschock.«

3

GEIERCHEN

Im Lehrerzimmer lasse ich mich erschöpft auf einen der moosgrünen Stühle fallen, die vermutlich älter sind als ich. Wenn mich schon die ersten beiden Stunden so fertiggemacht haben, frag ich mich, wie ich bloß den Rest der Woche überstehen soll?

Mir gegenüber entdecke ich einen Kollegen, den ich aus meiner Assistenzzeit bereits kenne. Er ist klein und weitestgehend durchtrainiert, gute fünfzig, hat eine stramme Wampe, schulterlange blonde Haare und strahlend blaue Augen. An einer Goldkette hängt eine 2,99-Euro-Brille von Woolworth in Rosa. Ich lächele ihn etwas unsicher an und ernte ein fettes Grinsen seinerseits.

»Guten Morgen«, sage ich.

»Jut? Wat soll denn daran jut sein? Jeden Tach die gleiche Scheiße hier ... Dit wirste noch früh jenug merken! Rauchste?«

Meine Antwort wartet er nicht ab, sondern schiebt seinen Stuhl beiseite und stiefelt breitbeinig um den Tisch herum.

»Na los, wir jehn eene quarzen, bevor dit Elend hier weiterjeht. Ick bin Rolf, och Herr Geier jenannt. Tach.«

Er zermalmt mir zur Begrüßung die Hand. Dann

geht er zu seiner Jacke, die am Haken neben der Tür hängt, zieht sie sich über und greift in die Innentasche, aus der er ein Päckchen Zigaretten mit der Aufschrift *Palenie powoduje Raka* holt.

»Ick koof die Dinger immer in Polen, weeßte?«, erklärt er mir. »Bin doch nich blöde und schmeiß dem Scheißstaat mein Jeld in Rachen. Diese Arschlöcher. Quatschen, dit könnse, die Politiker, aber 'ne ordentliche Schulpolitik kannste verjessen!«

Gut, dass ich als Berliner mit seinem Slang vertraut bin, denn so schnell, wie er spricht, hätte ich als Unkundiger vermutlich echte Schwierigkeiten, ihn zu verstehen. Geier öffnet die Tür, und so habe ich kaum eine andere Wahl, als ihm zu folgen. Auf einem Schleichweg führt er mich nach draußen zu einem kleinen Platz hinter dem Schulgebäude. Dort angekommen, steckt er sich eine Zigarette an und inhaliert tief.

»Du warst doch der Kopierjunge vom Friedrich«, sagt er grinsend. »Biste jetzt vom Assi zum Lehrer befördert worden, oder wat?«

»Ja«, antworte ich ordnungsgemäß und leiere die kleine Geschichte meines beruflichen Werdegangs herunter. Ich erzähle ihm, wie ich nach dem Abschluss meines Studiums in den Job als Assistent der Schulleitung gestolpert bin, dort aber nur selten kopiert, sondern vor allem zwischen Herrn Friedrich und dem Kollegium vermittelt habe. Ich berichte auch von meinen Einsätzen in der Hausaufgabenbetreuung, wo ich erste Erfahrungen mit den Schülern sammeln durfte und dass mir Herr Friedrich schließlich den Job als Lehrer angeboten hat. Dann beende ich meine kleine Geschichte mit den Worten: »Ich bin also Quereinsteiger und unterrichte hauptsächlich Mathe.«

Eine Mischung aus Verzweiflung und Erstaunen steht ihm in sein gebräuntes Gesicht geschrieben.

»Biste verrückt?«, ruft er mit aufgerissenen Augen. »Tust dir dit hier freiwillig an?«

»Na ja. Ich hab gute Arbeitszeiten, das Gehalt ist, sagen wir: okay – und ich lern was fürs Leben.«

Er sieht mich wie jemand an, der im Winter barfuß über die Straße läuft.

»Wat willste denn hier lernen? Dit is hier Hartz IV pur! Die spinnen alle!«, ruft er. »Und die Kolleginnen erst. Wenn ick die schon sehe, diese alten frustrierten Schachteln – bäh! Früher war Schule noch jut. Aber heute? Kannste allet verjessen …«

Er schüttelt angewidert den Kopf und schnipst seine Kippe auf die andere Straßenseite. Dann dreht er sich um und stapft davon. »Komm, wir jehn rinn!«

Auf dem Rückweg durch die Flure treffen wir einen Schüler, der beim Anblick von Herrn Geier breit lächelt. Der Junge trägt ein ausgewaschenes Kapuzen-Sweatshirt und hat einige Pfunde zu viel auf den Rippen.

»Herr Geier, Herr Geier«, ruft er laut, doch mein neuer Kollege unterbricht ihn schnell.

»Wat, Herr Geier? Haste keen Klassenlehrer, den de vollquatschen kannst? Außerdem hab ick dir schon tausendmal jesacht, du sollst nicht so viel futtern, wirst immer fetta! Und nu hau ab, ick unterhalte mich gerade.«

Er tätschelt ihm die Wange.

»Okay, Herr Geier, danke«, entgegnet der dicke Junge und läuft fröhlich davon.

Geiers rüder Umgangston schockiert mich. In diesem Gebäude scheinen die Regeln des freundlichen Umgangs miteinander außer Kraft gesetzt zu sein.

»Wat kickste denn wie 'n Auto?«, raunzt er mich an, grinst aber dabei. »So läuft dit hier! Mit denen musste so sprechen, die verstehen dit sonst nich!«

»Äh ... hast du denn nie Ärger für solche Kommentare bekommen, von Eltern oder der Schulleitung oder so?«, frage ich ihn verwundert.

»Wat?« Er baut sich vor mir auf und hebt den Zeigefinger. »Ick erklär dir jetz ma wat. Erstens: Ick würde nie – nie! – een Kind valetzn. Zweetens: Friedrich, diese Pfeife, der hat mir janüscht zu sagen! Ick bin viel länger hier wie er! Der soll erstma die Vertretungspläne richtig schreiben, denn sehn wa weiter! So. Und zu die Eltern hab ick schon jesacht: Kommse her ...«

Er zieht mich am Schlafittchen zu sich herunter. Unser Größenunterschied von mindestens einem Kopf scheint ihn dabei nicht zu stören.

»Kommse her! Sie halten Ihre Klappe, und ick halte meine, klar?«

Ich bin erleichtert, als er mich wieder loslässt, und bringe meinen Hemdkragen in seine Ausgangsposition.

»Wat meinste, wat bei manchen zu Hause los is?«, fährt Geier in normalem Ton fort. »Ick bin ja der Einzije hier, der zu die Eltern nach Hause jeht, wenn die Kinder nich zur Schule kommen. Oder immer ohne Essen und so. Ick fahr da hin – ohne Vorwarnung! – und denn sag ick: Sie müssen sich um Ihren Sohn kümmern! Der schwänzt, prügelt sich ständig, macht keene Hausaufgaben, hat keen Sportzeug mit – wat is da los? Wat soll aus dem werden? Wat meinste, wie die kieken, wenn de da vor der Tür stehst. Bude sieht aus wie 'n Saustall, zu acht in een Zimmer und so. Wundert dich nüscht mehr!«

Ich weiß nicht, was ich darauf erwidern soll. Geier klopft mir wohlwollend auf die Schulter.

»Nu hau ma rinn«, sagt er kumpelhaft, »große Pause jehn wa Kaffe trinken.«

»Aber ich hab Aufsicht ...«

»Mann, verstehst du denn janüscht? Die schlagen sich doch eh die Köppe ein – ob de nu dabei bist oder nicht!«

Er lässt mich stehen und taucht in der Masse der Kinder unter. Nur das Klimpern seines riesigen Schlüsselbunds ist noch zu hören, bis er in seiner Klasse verschwindet.

4

KONTRASTPROGRAMM

Nachdem Geier weg ist, muss ich mich beeilen, um rechtzeitig in meiner nächsten Klasse zu sein. So eine Pause ist schnell rum, und mein zweiter Auftritt geht bereits in einer Minute los. Diesmal in der 5b, wieder Mathe. Ob das noch schlimmer werden kann?

Als ich eintrete, begeben sich die Schüler unaufgefordert auf ihre Plätze. Ich gehe langsam zum Lehrertisch, lege meine Sachen ab und begrüße die Klasse.

Die Kinder antworten mir mit einem gut gelaunt klingenden »Guten Morgen, Herr Möller!«.

Wow. Die kennen meinen Namen bereits. Und können ihn sogar aussprechen! Nach ein paar Sekunden des Erstaunens habe ich mich rasch an die neue Situation gewöhnt. Schon nach kurzer Zeit sind wir mitten im Unterricht und lösen gemeinsam einige Aufgaben aus dem Mathebuch. Ich merke, dass es in dieser fünften Klasse ebenfalls viele leistungsschwache Schüler gibt, aber der große Unterschied zur 4e nebenan besteht in der Lernatmosphäre: Niemand feindet sich offen an, die Kinder stören den Unterricht nur sehr selten durch Zwischenrufe und lassen ihre Klassenkameraden ausreden, wenn diese dran sind.

Doch auch hier gibt es natürlich Problemkinder. Pasquale ist eines davon. Er sitzt in der ersten Reihe, direkt vor dem Lehrertisch, und hat auffällig mehr Fragen an mich als seine Mitschüler. Pasquale ist ungefähr einen Kopf größer als die anderen Jungs, hat eine tiefere Stimme und viele Pickel im Gesicht. Seine Bewegungen wirken etwas unbeholfen, und seine Mimik zeugt von wenig Selbstbewusstsein und jeder Menge Kummer.

»Herr Mülla«, jammert er, als ich in seine Nähe komme. »Isch versteh dis alles nich.«

Beim Anblick seiner müden Augen vergesse ich den Hinweis auf meinen richtigen Namen schnell und nehme mir etwas Zeit für ihn, da der Rest der Klasse gerade mit Rechnen beschäftigt ist. Nachdem ich ihm die erste Aufgabe mühsam erklärt habe, verrät er mir den Grund für seine Müdigkeit.

»Sch'war bis ölf wach jewesen«, sagt er kleinlaut und pult dabei am blutigen Nagelbett seines Daumens herum.

Seine Mutter sei schon vor ihm ins Bett gegangen, ohne sich darum zu scheren, dass er noch auf war. Auf die Frage nach seinem Vater fängt er vor Wut fast an zu heulen. Ich bin ratlos. Was soll ich dazu sagen? Immerhin habe ich genug damit zu tun, ohne Ausbildung als Mathelehrer zu arbeiten, aber ohne entsprechendes jugendpsychologisches Rüstzeug angemessen auf die Sorgen eines Frühpubertären einzugehen – das ist dann doch ein bisschen viel. Allerdings kann ich ihn jetzt auch nicht einfach so sitzen lassen, also wage ich einen Versuch. Ich erkläre ihm, dass Erwachsene eben arbeiten gehen müssten und sein Vater sicherlich lieber bei ihm wäre.

»Mein Vater hasst misch!«, schleudert mir Pasquale entgegen. »Und isch hasse ihn! Dieser …«

»Hey, schon gut«, beruhige ich ihn und lege ihm beschwichtigend eine Hand auf die Schulter. Dann erzähle ich ihm, dass ich mich in seinem Alter auch immer mit meinem Vater gestritten hätte.

»Wie alt bist du eigentlich?«, frage ich, um ihn etwas abzulenken.

»Dreizehn.«

Auch bei mir, erkläre ich, fing in diesem Alter der Pubertätsstress mit meinen Eltern an – dass ich zu diesem Zeitpunkt bereits in der siebten Klasse war, behalte ich aber besser für mich.

»Nach dem Unterricht reden wir noch mal in Ruhe, okay?«, schlage ich vor. »Bis dahin hilft dir Angelina bestimmt mit den Aufgaben.«

Seine Sitznachbarin nickt verständnisvoll. In der restlichen Stunde gehe ich mit den Schülern die Lösungen der Aufgaben durch und versuche Unklarheiten nach Möglichkeit von den Kids klären zu lassen. Insgesamt läuft der Unterricht in der 5b so gut, dass ich neuen Mut schöpfe – vielleicht ist der Lehrerberuf ja doch nicht so anstrengend, wie ich noch vor einer Stunde vermutet habe …

Als die Glocke klingelt und Pasquale mit den anderen in die Pause rennen will, rufe ich ihn noch einmal zu mir. Er beteuert, dass es ihm schon besser gehe, ich weise ihn aber noch einmal darauf hin, dass er früher ins Bett gehen müsse.

»Klar, Herr Mülla«, verspricht er und rennt in die Pause.

Als ich aus dem Klassenraum trete, warten drei Mädchen aus der Klasse, die ich eben unterrichtet habe, auf mich: Nesrin, Gülem und Büşra. Alle drei tragen moderne Kleidung, die weit vom Kopftuch-Look der kleinen Fatima aus der 4e entfernt ist. Im Gegenteil: Wahrscheinlich gehen sie regelmäßig shoppen und legen sich dabei den neusten Trend glitzernd-bunter Klamotten zu – selbstverständlich hauteng. Es wird wohl noch ein paar Jahre dauern, bis die Mädels verstehen, dass für einen solchen Look auch die richtige Figur vorhanden sein sollte. Nesrin und Büşra sind pummelig, Gülem dagegen stark übergewichtig. Die drei sitzen zusammen im hinteren Teil der Klasse und sind wahrscheinlich BFF – *Best friends forever.*

»Herr Möller«, fängt Nesrin an, während die anderen beiden hinter vorgehaltener Hand kichern. »Hamm Sie ein Freundin?«

Büşrsa und Gülem platzen fast vor Lachen und beginnen miteinander zu tuscheln.

»Ja, habe ich. Wieso?«

Jetzt können sich die beiden anderen nicht mehr am Riemen reißen und lachen lauthals los.

»Was ist deine Freundin?«, fragt Nesrin weiter.

»Was meinst du damit?«, entgegne ich irritiert. »Sie ist eine Frau.«

Nesrin schüttelt energisch den Kopf. »Nein, isch meine: Welsche Sprache ist sie?«

Dass die Verständigung mit einem Kind in ihrem Alter so schwer werden könnte, hätte ich nicht erwartet. Ihr holpriges Deutsch bereitet mir ernsthafte Probleme. Mit dem Tempo einer Wegbeschreibung für Touristen erkläre ich ihr, dass meine Freundin aus Deutschland stammt und sogar Deutsch spricht.

»Und wo kommt ihr drei her?«, möchte ich von ihnen wissen.

»Wir sind Türkei«, unterbricht Büşra plötzlich ihren Lachanfall und schaut mich stolz an.

Auf die Frage, wo sie denn geboren seien, sagt Gülem: »Ja, okay, Dings, Deutschland – aber wir sind trotzdem Türkei!«

Dabei legt sie ihre dicke Hand aufs Herz.

Ich versichere den Mädels, dass ich meine Freundin lieben würde – egal, wo ihre Familie ursprünglich herkäme. Den irritierten bis ablehnenden Blicken der drei Grazien entnehme ich jedoch, dass in ihren Familien vermutlich andere Regeln gelten.

Auf meiner Heimfahrt mit der U-Bahn überkommt mich schlagartig eine bleierne Müdigkeit. Um kurz vor zwei erreiche ich mit einem Bärenhunger meine WG, bin aber so müde, dass die Nahrungsaufnahme warten muss. Ich kann gerade noch die Wohnungstür hinter mir schließen und meine Tasche in die Ecke pfeffern, dann lasse ich mich auf mein Bett fallen und schlafe augenblicklich ein.

Als ich wach werde, setzt draußen bereits die Dämmerung ein. Auf dem Sessel in meinem Zimmer sitzt meine Freundin Sarah. Sie hat sich die Leselampe angemacht und schmökert in einem Roman. Eine dunkelblonde Strähne hat sich aus ihrem Zopf gelöst und fällt ihr ins Gesicht. Immer wieder, auch nach all der gemeinsamen Zeit, erfreue ich mich an ihrem Anblick. Wir leben beide in Berlin, allerdings nicht in einer gemeinsamen Wohnung. Gerade warten wir darauf, dass Sarah einen Studienplatz zugewiesen bekommt. Sie möchte Grundschullehrerin werden – eine Wahl, die ich spätestens seit heute eindeutig mit gemischten Gefühlen betrachte.

»Na, wie war dein erster Tag in meinem zukünftigen Job?«, fragt sie, als sie bemerkt, dass ich wach bin, und streicht sich die widerspenstige Haarsträhne aus dem Gesicht.

»Es war ...« Ich suche nach dem richtigen Begriff, während ich mich strecke. »... interessant. Trinken wir 'n Kaffee? Ich muss erst mal wieder wach werden.«

Wir gehen in die Küche, wo ich die Mokkakanne vorbereite und ihr währenddessen von der Katastrophenstunde in der 4e, den übermüdeten und überdrehten Schülern, den Isch-bin-Türkei-Mädels und Herrn Geier erzähle, über dessen schroffe Art wir uns gemeinsam amüsieren. Spontan verleihen wir ihm den Spitznamen Geierchen.

»Vielleicht sollte ich mir das mit dem Lehramtsstudium doch noch mal überlegen«, meint Sarah auf einmal nachdenklich.

»Was ich da heute erlebt habe, muss ja nicht überall so sein«, sage ich und gebe ihr einen Kuss. »Ist bestimmt ein echt toller Job – aber eben nur an der richtigen Schule.«

Nach mehr als drei Jahren Beziehung mit Sarah kann ich mit großer Sicherheit sagen, dass sie gut in diesen Beruf passt. Obwohl sie eher zierlich ist, kann sie sich verdammt gut durchsetzen. Außerdem mangelt es ihr nicht an Einfühlungsvermögen. Und nach dem heutigen Tag kann ich mit Sicherheit sagen: Ohne das geht's nicht.

Am frühen Abend trudelt mein Mitbewohner Bernd ein, und wenig später ruft unsere Freundin

Nuray an, die sich überreden lässt, auf ein Bier vorbeizukommen. Zusammen stoßen wir auf meinen ersten Tag als Lehrer an. Plötzlich fällt mir die Geschichte von Mr. Was-guckst-du aus der U-Bahn ein.

»Oh Mann, diese Proleten«, sagt Nuray kopfschüttelnd und seufzt. Sie ist als Tochter türkischer Einwanderer in Berlin geboren und aufgewachsen. Wegen ihrer dunklen Locken wird sie oft für eine Spanierin oder Italienerin gehalten. Probleme hatte sie wegen der Herkunft nur sehr selten. Ihre Schönheit und ihr gewinnendes Lächeln sind wahrscheinlich ihre stärksten Waffen im Kampf gegen Diskriminierung – was vielleicht ein bisschen schade, aber doch irgendwie tröstlich ist. Außerdem haben Nurays Eltern immer großen Wert auf Bildung gelegt, und so hat sie nach ihrem Abitur direkt mit dem Studium begonnen.

»Manchmal ist es mir richtig peinlich, dass manche meiner Landsleute sich so verhalten«, erklärt sie.

»Nur weil deren Eltern aus dem gleichen Land wie deine stammen?«, fragt Bernd entrüstet und stellt sein Bier lautstark auf den Tisch.

Bernds Eltern kommen aus Korea und sind in der ersten Generation in Deutschland. Den Spitznamen Bernd haben wir ihm damals nur verpasst, weil niemand seinen koreanischen Namen aussprechen konnte. Er selbst bedient ein uraltes Klischee, das Asiaten gegenüber oft vorherrscht: Er spricht besser Deutsch als die meisten Deutschen, hat eine tadellose Schullaufbahn vorzuweisen und sein Informatikstudium mit Leichtigkeit und Bestnote abgeschlossen.

»Ich schäme mich doch auch nicht für alle Koreaner, wenn sich mal einer danebenbenimmt!«

Wir beschließen, dass Idiotie keine Ländergrenzen kennt und es überall auf der Welt nette Menschen gibt und auch solche, mit denen wir keine fünf Minuten verbringen wollen. Außerdem ist unsere Heimat immer noch Berlin – ganz egal, wo unsere Eltern zur Welt gekommen sind. Eine Stadt, die vor allem wegen der vielen Freaks so wunderbar bunt und vielfältig ist.

Aber ebenso eine Stadt, in deren Bildungssystem, wie ich heute gelernt habe, einiges im Argen liegt. Es ist so marode, dass Typen wie Mr. Was-guckstdu? sowie ein Großteil der Kids an meiner Schule nur geringe Chancen haben, sich eine bessere Zukunft zu erarbeiten, als die, die sie zu Hause erleben. Damit sich das für die Kinder in meiner Klasse wenigstens ein bisschen ändert, muss ich da anpacken, wo ich sie erreichen kann: in der Schule.

Immerhin ist mir damit klar, warum ich mir das Chaos morgen wieder antue.

5

DAS TAFELLINEAL

Nach ein paar Wochen als Lehrer habe ich mich an das Schlimmste gewöhnt: Schüler, die verspätet oder gar nicht in den Unterricht kommen, Sprachsalat apokalyptischen Ausmaßes, Zickenkrieg unter Mitschülerinnen und gewalttätige Ausbrüche von kleinen Paschas im Unterricht, zähflüssiges Begreifen der Lerninhalte bei einem Großteil der Kids und überforderte, genervte oder resignierte Kollegen, die sich ein ganzes Schuljahr lang nach den Sommerferien sehnen.

Die größte Herausforderung ist nach wie vor meine Matheklasse 4e, in der es in den seltensten Fällen wirklich darum geht, den Kindern Mathematik zu vermitteln. Stattdessen leiste ich hier eher Nachhilfe in den Grundregeln des friedlichen Zusammenlebens. Ich bringe ihnen bei, wie Konflikte mit Worten gelöst werden, statt sich regelmäßig die Köpfe einzuschlagen, erkläre wiederholt, dass andere nicht beleidigt werden dürfen, und schärfe den Schülern ein, wann man Bitte und Danke sagt. Und das jeden Tag aufs Neue. Die meisten von ihnen sind permanent unruhig und legen ein wahrhaft bestürzendes Sozialverhalten an den Tag.

Manchmal läuft der Unterricht – vor allem in der

5b – zwar so gut, dass ich mit den Kindern scherze und versucht bin, mich ihnen als Philipp vorzustellen, doch an anderen Tagen treibt mich das Schulleben fast in den Wahnsinn, und ich überlege ernsthaft, den Job einfach hinzuschmeißen.

Heute ist ein Tag der letzteren Sorte. Schon morgens in der U-Bahn kriege ich die volle Breitseite unseres gesellschaftlichen Dilemmas ab.

»Vallah, isch ficke dein Mutter! Geh ma jetzt weg, du Opfer, ja? Is' meine Platz!«

Der Halbstarke, der seinen Kumpel gerade lautstark vom Platz verscheuchen will, trägt eine glänzende Sportjacke mit dem riesigen Logo einer Edelmarke auf dem Rücken. Seine Haare sind an den Seiten abrasiert und auf dem Kopf penibel zu einer Art Bürste geformt.

»Was, meine Mutter?«, zetert der andere, deutlich Schmächtigere der beiden. »Weg gegeht, Platz vergeht. Also halt ma jetzt dein Fresse, du Missgeburt, ja?«

Obwohl die beiden offensichtlich Kumpels sind, beschimpfen sie sich so lange und ungeniert, bis mir unwillkürlich der Kragen platzt.

»Ey, Jungs«, entfährt es mir. »Ihr seid hier nicht alleine!«

Toll, Möller, den Lehrerton hast du dir ja schon gut angewöhnt – nun sieh mal zu, wie du aus der Nummer wieder herauskommst!

»Ich hab keine Lust, mir am frühen Morgen eure ekelhaften Sprüche anzuhören«, versuche ich mich zu erklären.

»Wer bist du, vallah? Was quatschst du misch an, ja?«, sagt der Bürstenkopf und geht langsam auf mich zu. Demonstrativ rotzt er mir vor die Füße, woraufhin die anderen Fahrgäste betreten wegschauen.

»Ist doch egal, wer ich bin«, sage ich und schlucke die Angst runter, die in mir aufsteigt. Wer weiß, ob die Jungs bewaffnet sind. »Ich will mir bloß dein Gelaber nicht …«

»Bist du lebensmüde?«, mischt sich der andere ein und steht auf. »Weißt du nisch, wer wir sind?«

Zwei rücksichtslose Vollidioten? Ich beiße mir auf die Lippe, bevor mir aus Versehen eine Beleidigung rausrutscht.

»Nein, weiß ich nicht«, sage ich betont ruhig. »Ist mir auch egal.«

Bis vor Kurzem hätte ich mich niemals freiwillig in eine solche Situation begeben, aber seitdem ich als Lehrer arbeite, bin ich deutlich konfliktfähiger geworden. Außerdem habe ich in der Schule gelernt, dass ein solcher Disput körpersprachlich entschieden wird. Deshalb spanne ich den Oberkörper an, ziehe die Schultern leicht zurück, gehe einen kleinen Schritt vor und schaue dem Kräftigeren der beiden fest in die Augen.

»Wollt ihr mir etwa drohen?«, frage ich leise und spiele danach sichtbar mit meinen Kaumuskeln.

Die beiden sind höchstens dreizehn Jahre alt. Trotzdem führen sie sich auf, als ob ihnen die ganze Welt gehört. Mein mulmiges Gefühl weicht langsam der Empörung. Lebensmüde? Ich glaub, ich spinne! Ich bin ja immerhin Berliner und plage mich daher schon seit Jahren mit solchen Spinnern herum – und dabei ist es mir auch vollkommen egal, ob es sich um Russen, Deutsche, Türken oder Araber handelt.

»Komm jetzt, Emirhan«, sagt der Kleinere und

zieht seinen Kumpel weg, der jeden Moment in die Luft zu gehen droht. »Wir müssen raus, lass diesem Schwuchtel jetzt! Wenn wir ihn noch mal sehen, wir machen ihm kaputt, Lan.«

Als die Bahn in die Haltestelle einfährt, lässt sich Emirhan wutschnaubend nach draußen zerren und durchbohrt mich dabei mit tödlichem Blick. Kurz bevor sich die Tür hinter ihm schließt, spuckt er noch einmal in meine Richtung, und als der Zug losfährt, dreht er vollkommen durch. Er boxt mehrmals gegen die Scheibe und brüllt dann, so laut er kann: »Sch'wöre, isch bringe diese Schwuchtel um! Du hast jetzt U-Bahn-Verbot, du schwule Sau!«

Wie üblich tun nach diesem Zwischenfall alle verbliebenen Fahrgäste so, als wäre nichts passiert. Ich dagegen erlebe einen Anflug rasender Wut, den ich nur in den Griff bekomme, indem ich mir vor Augen halte, unter welchen Umständen Jungs wie dieser U-Bahn-Spucker aufgewachsen sein könnten. Aber trotz meines Versuchs, mich in die Lage solcher Typen hineinzuversetzen, werde ich den Ärger in mir nicht gänzlich los.

Im Lehrerzimmer angekommen, platzt es dann aus mir heraus. Zwei Kolleginnen, die gerade am Konferenztisch ihre Unterlagen sortieren und eine Tasse Kaffee trinken, reagieren mit resigniertem Kopfschütteln. In der Zeitung und im Fernsehen war in letzter Zeit zu häufig von U-Bahn-Schlägern die Rede, die erwachsene Männer vor den Augen anderer Fahrgäste ins Koma prügeln.

Auf dem Weg in die 4e, die ich an diesem Morgen als Erstes unterrichten soll, höre ich schon von Weitem den Lärm, der bis ins Treppenhaus zu hören ist. Ich beschleunige meine Schritte. Was ist da bloß los?

Ich reiße die Tür auf. Mein Blick fällt auf Max und Jason, die sämtliche Stühle von den Tischen treten, sodass diese laut krachend auf dem Boden landen. Ansonsten ist im Raum, nur Fatima, die in der Ecke steht und sich die Ohren zuhält. Ich verschränke die Arme, lehne mich in den Türrahmen und warte mit ausdrucksloser Mine darauf, dass die beiden mich bemerken. Als Max sich umdreht und sieht, dass ich keineswegs amüsiert bin, fängt er sofort an zu weinen.

»Oh, Scheiße!«, entfährt es Jason, als er bemerkt, dass er auf frischer Tat ertappt wurde.

Einen Moment lasse ich die plötzliche Ruhe auf uns alle wirken und warte ab, bis Max sich beruhigt hat. Dann schicke ich Fatima nach draußen, den Blick fest auf die Jungs gerichtet.

»Bitte, Herr Mülla«, wimmert Max, als das Mädchen die Tür hinter sich geschlossen hat. »Wir wollten nur ...«

»... ein riesiges Chaos anrichten?«, unterbreche ich ihn ruhig.

»Nein«, schaltet sich Jason ein. »Wir wollten die anderen nur das Arbeit wegnehmen ...«

Jason ist ein kleiner dicklicher Junge, der auch ohne Migrationshintergrund erschreckend schlecht Deutsch spricht. Trotzdem habe ich verstanden, dass er allen Ernstes behauptet, seinen Klassenkameraden die Stühle herunterstellen zu wollen. Diese offensichtliche Lüge und sein panischer Gesichtsausdruck lassen ihn dabei so drollig aussehen, dass ich große Mühe habe, meine ernsthafte Miene beizubehalten.

»Das glaubst du doch wohl selbst nicht«, sage ich.

»Nö«, gibt er kleinlaut zu.

»Also gut«, beginne ich meine Anweisungen. »Die Stunde geht in einer Minute los, bis dahin ist hier alles aufgeräumt. Alles andere bespreche ich mit eurer Klassenlehrerin, wenn sie wieder da ist.«

Die beiden machen sich eifrig an die Arbeit und stellen alle Stühle hinter die Tische. Doch wann bekomme ich Frau Gärtner wohl endlich mal wieder zu Gesicht? Die Klassenlehrerin der 4e ist seit mehr als drei Wochen krankgeschrieben, die muss doch irgendwann mal wiederkommen!

Als Max und Jason fertig sind, lasse ich die anderen herein. Zuerst kontrolliere ich, wer seine Hausaufgaben gemacht hat. Drei Kinder heben die Hand, aber eines davon gibt zu, nur die Hälfte geschafft zu haben.

»Und was ist mit den anderen?«, frage ich streng. »Vergessen, keine Lust oder nicht verstanden?«

Niemand traut sich zu antworten, es herrscht betretenes Schweigen. Die Klasse weiß ganz genau, dass ich stinksauer bin.

»Na gut, dann machen wir die Hausaufgaben jetzt gemeinsam. Holt bitte eure Hefte heraus!«

Natürlich hat vor der Stunde wieder mal keiner die Mathesachen bereitgelegt. Als nach einer Minute immer noch einige Schüler durch die Klasse springen, um ihre Bücher zu holen, merke ich, wie in mir die U-Bahn-Wut wieder hochkocht. Ich versuche mich selbst mit einem Blick aus dem Fenster zu beruhigen, allerdings nur mit minimalem Erfolg. Als endlich alle sitzen, ist die übliche Unruhe immer noch da – Schüler, die sich durch den Raum etwas zurufen, Zettel tauschen und Gegenstände durch den Klassensaal werfen. Ich weise die Kinder zurecht und mache einen Gang durch die Klasse, woraufhin zumindest alle Dinge vom Tisch verschwinden, die nichts mit Mathe zu tun haben.

»Ich sage es jetzt ein letztes Mal«, sage ich gefährlich leise, als ich wieder an der Tafel angekommen bin. »Am Anfang der Stunde hat jeder – jeder! – seine Mathesachen auf dem Tisch. Ist das klar?« Das letzte Wort unterstreiche ich, indem ich mit der flachen Hand auf den Tisch schlage.

Die Kids nicken ängstlich, und ich merke, dass mir mein Ton selbst missfällt. Ich wollte nie Lehrer werden – und so einer erst recht nicht! Dennoch scheint es die einzig funktionierende Taktik zu sein. Die letzten Wochen in dieser Klasse haben mich geschafft. Krawallkinder, fehlende Hausaufgaben, grottenschlechte Testergebnisse, ständige Streitereien, fortgeschrittene Fälle von Mobbing, die Dauerbelastung durch Raiks bodenlose Frechheiten, Prügeleien in den Pausen – der reinste Nervenkrieg!

»Wir beginnen jetzt mit den Hausaufgaben. Seite vierundvierzig, Aufgabe zwei. Wer möchte an die Tafel?«

Niemand meldet sich, alle schauen zu Boden, aus dem Fenster oder zum Tischnachbarn.

»Gut, dann mache ich das«, sage ich schließlich, »aber ihr schreibt gefälligst mit.«

Ich wende mich der Tafel zu und sofort kommt wieder Unruhe auf. Blitzschnell drehe ich mich um und schaue mit grimmiger Miene in die Klasse. Es wird still, und ich drehe mich wieder um. Das Chaos bricht wieder los, und so wiederholt sich das Spiel ein paarmal, bis ich aufgebe und mich an den Lehrertisch setze. Nun geht es in der Klasse erst richtig rund. Der Geräuschpegel steigt sekündlich.

Als ich das Tafellineal auf dem Tisch vor mir entdecke, fällt mir der Tipp eines Kumpels ein, der ebenfalls als Vertretungslehrer arbeitet. »Wenn es mal richtig laut in der Klasse ist«, riet er mir vor Kurzem, »nimmst du das große Tafellineal aus Plastik. Das drückst du mit einer Seite fest auf den Lehrertisch, ziehst die andere Seite hoch und lässt es dann auf den Tisch knallen. Das ist so laut wie ein Pistolenschuss, das wirkt!«

Tatsächlich. Das Lineal knallt so heftig auf den Tisch, dass ich auch erschrocken zusammenzucke – und die Kids erst recht. Die erste Reihe duckt sich instinktiv, alle anderen erstarren.

Nach einem Moment absoluter Stille klopft es an der Tür und meine Kollegin Chrissi aus der Nebenklasse steckt den Kopf herein.

»Alles klar bei dir?«, fragt sie mich und schaut streng in die Klasse.

»Nein, gar nichts ist klar. Alle schreien durcheinander. So kann ich keinen Unterricht machen.«

Chrissi blickt auf die Schüler.

»Ja«, sagt sie. »Das höre ich bis nach nebenan. Jeden Tag, jede Stunde.« Dann sieht sie mich an. »Wenn das so weitergeht, besprechen wir mit Herrn Friedrich, dass die Klasse aufgelöst wird. Bis dahin schickst du die Störenfriede einfach zu mir. Okay?«

Ich nicke, bezweifele aber, dass das wirklich hilft.

»Also, ihr habt's gehört«, sage ich, nachdem Chrissi verschwunden ist. »Wer weiter stört, landet in der ...«

In diesem Moment kriegen sich zwei Tischnachbarinnen in die Haare und fangen an, sich wüst zu beschimpfen. Daraufhin wirft Raik, der direkt hinter den beiden sitzt, dem einen Mädchen seine Federtasche an den Kopf. Das Mädchen fängt sofort an zu heulen. Ohne Vorwarnung ist ein Aufruhr im Gange, wie ich ihn eigentlich nur aus den Pausen kenne. Drei bis vier Kids haben sich in den Haaren, während fast die gesamte restliche Klasse den Kampf anfeuert.

Und da ist er endlich: der Moment, in dem mir die Sicherung durchbrennt.

Impulsiv hole ich mit dem Lineal aus und schlage es auf den Tisch. Mit einem ohrenbetäubenden Knall zerschellt es auf dem Pult und zersplittert in Hunderte kleiner Teile, die durch die Klasse fliegen.

Stille.

Ich starre fassungslos auf den Linealrest in meiner Hand. Plötzlich kneift Jason, der direkt vor meinem Tisch sitzt, die Augen zusammen, beginnt mit schmerverzerrtem Gesicht zu brüllen und hält sich den Arm.

»Was ist passiert?«, frage ich verstört und rechne damit, dass er gleich tot vom Stuhl kippt. Im Geiste sehe ich schon die Titelseite der Boulevardzeitung vor mir, die ich so sehr verachte, dass ich ihren Namen nicht einmal in Gedanken ausspreche. Darauf prangt die Schlagzeile: LEBENSLÄNGLICH! AUSHILFSLEHRER BRINGT SCHÜLER UM. Dazu ein Foto von mir mit dunklen Ringen unter den Augen und dem spitzen Rest des Tafellineals in der Hand.

»Splitter – an – mein – Arm«, heult Jason laut auf. »Auaaaaaa!«

Ich löse mich aus meiner Schockstarre.

»Zeig mal her«, fordere ich ihn auf und lasse mir die rote Stelle am Arm zeigen. »Kühlen gehen. Sofort. Fatima, du gehst mit. Und ihr …« Ich schaue in die Klasse, die wie ich unter Schock steht. »Ist mir egal, was ihr macht. Ich hau ab. Ich kündige. Jetzt gleich!«

Einige Kinder fangen an zu weinen.

Ich starre auf den Rest des Lineals in meiner Hand. Das hätte auch schiefgehen können. Wortlos packe ich meine Sachen zusammen.

»Ihr seht mich nie wieder«, verspreche ich und verlasse den Raum.

»Hab isch doch gesagt!«, höre ich Raik rufen, bevor sich die Tür hinter mir schließt, doch das ist mir egal.

Aus und vorbei. Den Job bin ich definitiv los. Wenn ich Pech habe, folgt noch eine Anzeige wegen gefährlicher Körperverletzung. Könnte ich gut verstehen.

Was nun?

Zum Schulleiter. Angriff ist die beste Verteidigung.

Ohne zu klopfen, platze ich in Herrn Friedrichs Büro, wo er mit einer Kollegin ins Gespräch vertieft ist.

»Herr Friedrich«, sage ich mit einem Kloß im Hals, »ich hab Mist gebaut. Ich nehme die gesamte Verantwortung auf mich und kündige. Sofort.«

»Nun mal ganz ruhig«, entgegnet er gelassen. »Was ist denn passiert?«

»Etwa in meiner Klasse?«, fragt die Kollegin an seinem Tisch, die ich erst jetzt als Frau Gärtner erkenne.

Ich nicke.

»Das war so klar«, ruft sie verärgert. »Die werden immer schlimmer. Wir haben gerade darüber geredet, was …« Sie hält inne. »Wer ist jetzt in der Klasse?«

»Niemand«, gebe ich zu.

»O mein Gott!«

Sie springt auf und stürmt aus dem Büro. Der Schulleiter schließt die Tür und bietet mir einen Platz an. Ich erzähle ihm mit zitternder Stimme die ganze Geschichte, sage mehrmals, dass ich mich nicht davor drücke, für alles die Verantwortung zu übernehmen, und spreche in den folgenden Minuten mindestens fünf Mal meine sofortige Kündigung aus.

»Herr Möller, jetzt bleiben Sie mal ganz ruhig«, sagt Herr Friedrich, als ich mein Geständnis kurz unterbreche, um Luft zu holen.

Spinnt der Typ jetzt vollkommen? Nicht nur, dass er mich als Quereinsteiger und Berufsanfänger in der schlimmsten Klasse der ganzen Schule einsetzt. Nein, er hat auch sämtliche Warnrufe und Bedenken missachtet, die ich in den letzten Wochen ausgesprochen habe! Und zwar so lange, bis ich vor Wut ein Tafellineal auf dem Lehrertisch zerkloppt habe, wobei Kinder ernsthaft hätten verletzt werden können. Und jetzt soll ich ruhig bleiben?!

»Nein«, sage ich, und vor Verzweiflung steigen mir Tränen in die Augen. »Ich bleibe nicht ruhig! Ich kündige!«

Mein Puls rast immer noch.

Friedrich blickt weiter aus dem Fenster.

»Wissen Sie, ich habe mich schon länger gefragt, wann so etwas passiert.«

»Was? Und trotzdem haben Sie mich weitermachen lassen?«

Beschwichtigend erklärt er, dass viele junge Lehrer früher oder später auf eine solche Situation stoßen und danach aufgeben wollen. Und er gibt zu, dass die Klasse 4e einen besonderen Härtefall darstellt.

»Sie können sich doch vorstellen, warum Frau Gärtner seit Wochen krank ist, oder?«

»Burn-out«, sage ich und wundere mich, warum mir das nicht schon früher eingefallen ist.

»Kurz davor.«

Dann schlägt Friedrich mir vor, den Rest des heutigen Tages und morgen zu Hause zu bleiben. Ich soll alles noch einmal überdenken und erst in ein paar Tagen entscheiden, ob ich den Job tatsächlich hinschmeißen will. Meine Befürchtung, dass Eltern sich über den Vorfall beschweren werden, nimmt er allerdings nicht ernst.

»Die meisten Eltern der 4e – das ist ja das Problem – melden sich sowieso nicht«, meint er. »In der Klasse besteht dringender Handlungsbedarf, und alle Erziehungsmaßnahmen werden von den Eltern auf die Schule abgewälzt.«

Wie ein Zombie laufe ich schließlich von der U-Bahn nach Hause und setze mich, dort angekommen, in die Küche. Auch wenn Herr Friedrich gesagt hat, ich solle erst in zwei Tagen wieder darüber nachdenken, hat der DJ in meinem Kopfradio *Should I stay or should I go?* aufgelegt.

Dann fällt mir die Lösung für mein rastloses Gedankenkarussell ein: Womit betäubt der gemeine Bürger entwickelter Industrienationen seine täglichen Sorgen? Genau. Mit Fernsehen. Angesichts des grenzenlosen Schwachsinns, der zu dieser Uhrzeit auf allen Kanälen zu sehen ist, kapituliert mein Hirn schon nach wenigen Minuten vor der Mattscheibe, sodass ich mich endlich der elendigen Frage entziehen kann: Schaffe ich es, diesen Job weiterzumachen? Oder muss ich meinem Bauchgefühl vertrauen und tatsächlich meine Kündigung einreichen?

6

ALLES WIRD GUT, ODER?

In der Nacht schlafe ich sehr unruhig. Mit dem spitzen Rest des Lineals fechte ich in meinem Traum gegen eine riesige Schülerarmee, die mich mit Papierfliegern und Cheeseburgern bekämpft. Ich fliehe ins Lehrerzimmer, in dem am Konferenztisch lauter Tiere sitzen. Unter dem Vorsitz eines großen Eichhörnchens, das einen Umhang aus orangefarbenem Vorhangstoff trägt, und einem rauchenden Geier, der Protokoll führt, wird einstimmig beschlossen, dass ich wieder zurück in die Klasse muss.

Mit abwehrenden Handbewegungen wache ich mitten in der Nacht auf, weil ich unter einer Flut von bunten Bällen aus dem IKEA-Kinderparadies begraben werde, als ich die Tür zum Klassenraum der 4e öffnen will. Erst nach einer ganzen Weile kann ich wieder einschlafen.

Am nächsten Morgen fühle ich mich verkatert. Nachdem Sarah gehört hat, was geschehen ist, ist sie am Vorabend noch in die WG gekommen und kümmert sich seitdem sehr liebevoll um mich. Das tut gut, und langsam erwachen auch meine Lebensgeister aus ihrem unruhigen Schlaf.

Beim Frühstück rollen wir das Thema noch einmal

auf und besprechen die Vor- und Nachteile einer möglichen Entscheidung meinerseits. Doch so viel wir auch darüber reden, ich bleibe unentschlossen.

»Vielleicht sollte ich der Sache noch eine Chance geben«, überlege ich schließlich.

»Du weißt, dass du niemandem etwas beweisen musst«, meint Sarah. »Aber ich kenn dich doch! Wenn du es nicht noch mal versuchst, dann lässt es dir keine Ruhe.«

Manchmal habe ich das Gefühl, sie kennt mich zu gut.

Und so kommt es, dass ich am folgenden Tag vor der Bürotür von Herrn Friedrich stehe. Diesmal klopfe ich an und betrete erst dann sein Büro.

»Und«, will er nach dem Anstands-Small-Talk wissen, »bleiben Sie?«

»Ja. Aber ich muss Ihnen sagen, dass mir dabei nicht wirklich wohl ist.«

Ich erkläre ihm, dass mir nicht nur die Chaotenklasse und die Lernsituation insgesamt zu schaffen machen, sondern vor allem die Gesamt- oder Lebenssituation einiger Kinder.

»Was meinen Sie?«

»Viele der Schüler sind regelrecht verwahrlost, einige werden ganz offensichtlich misshandelt. Und ich kann nichts dagegen tun«, sage ich und mir schnürt es mal wieder die Kehle zu. »Ein Mädchen aus der zweiten Klasse hat ihrer Klassenlehrerin einen Brief geschrieben, in dem steht, dass sie ihre Mutter und ihren Stiefvater an Stellen küssen muss, die ihr nicht lieb sind.«

Der Schulleiter sieht einen Moment lang betreten aus dem Fenster. »Das Jugendamt ist in dem Fall informiert worden, wie ich gehört habe«, sagt er dann leise.

Die Antwort des Jugendamts scheint er auch schon zu kennen: Keine Zeit, wir haben schlimmere Fälle auf dem Tisch und sind personell vollkommen überlastet. Das Schlimmste daran ist, dass es vermutlich sogar stimmt.

»Ich weiß nicht, wie lange ich das noch aushalte«, erkläre ich ihm. »Außerdem ist die Situation in der 4e für mich nicht länger tragbar. Und für die Schüler auch nicht.«

Friedrich gibt zu, dass auch andere Lehrer mit der Situation überlastet sind – und die sind immerhin richtige Lehrer. Dann schickt er mich zur Vertretungsstunde in die 5b und rät mir, den Unterricht langsam angehen zu lassen und eine möglichst entspannte Stunde zu halten.

Als ich das Büro verlasse, fällt ihm noch etwas ein.

»Ich freue mich übrigens sehr, dass Sie bleiben.«

Er sieht dabei irgendwie erleichtert aus, nur ich weiß immer noch nicht so recht, wie es mit mir als Lehrer weitergehen soll.

In der 5b angekommen, beschließe ich, seinen Rat zu befolgen und meine Nerven vorerst zu schonen. Draußen ist richtig schönes Frühlingswetter, also schlage ich der Klasse vor, den Unterricht auf dem Hof abzuhalten. Die Begeisterung der Kids zaubert mir ein kleines Lächeln ins Gesicht, woraufhin ich mich schlagartig etwas besser fühle. Jetzt muss ich nur noch eine Beschäftigung für draußen finden.

Mein Blick fällt auf ein Buch, das in einem der Regale steht: *Die Abenteuer des Tom Sawyer*. Das habe ich früher verschlungen, und zufällig steht es auf dem Lehrplan der Klasse. Lausbubengeschichten mit gutem Ausgang – das ist genau das, was ich jetzt brauche.

Auf dem Hof angekommen, machen es sich die Kids im Halbkreis auf dem leicht erwärmten Tartanboden bequem, der in der Sonne seinen typischen Kunststoffgeruch ausströmt und mich angenehm an meine eigene Kindheit erinnert. Ich hole mir einen Stuhl, setze mich vor mein Publikum und beginne, aus dem Buch vorzulesen.

Die Maisonne wärmt uns so angenehm, dass einige Kinder ihre Jacken zu Kissen umfunktionieren und alle viere von sich strecken. Sie liegen mit geschlossenen Augen da, haben die Arme hinter dem Kopf verschränkt und lauschen aufmerksam der Geschichte. Andere sitzen Rücken an Rücken, haben die Hinterköpfe aneinander gelehnt und lassen den Blick in den blauen Himmel schweifen. In den Pausen, die beim Vorlesen entstehen, ist nichts zu hören außer dem Gezwitscher der Vögel und dem sanften Rauschen der Bäume. Als das erste Kapitel zu Ende ist, halte ich einen kurzen Moment inne, spüre die Anwesenheit der zufriedenen Kinder und horche in mich hinein. Und nach all dem Stress der letzten Tage bemerke ich etwas absolut Unerwartetes.

Ich bin glücklich. Einfach nur glücklich.

Genau jetzt und genau hier scheint einfach alles richtig zu sein. Ich blinzele, und eine kleine Freudenträne kullert langsam meine Wange hinab. Mit geschlossenen Augen atme ich tief ein und genieße den Moment.

»Herr Möller?«, meldet sich Pasquale schließlich zu Wort. Er richtet sich langsam auf und schirmt mit der Hand die Augen gegen das Sonnenlicht ab. »Ich könnte hier ewig so liegen, wirklich. Das ist voll schön!«

Die anderen stimmen ihm zu und bitten mich, weiterzulesen.

»Ich dachte, ihr wolltet noch auf den Spielplatz?«

»Nein, Herr Möller, bitte!«, flehen sie mich an. »Lesen Sie noch weiter, ja?«

Gerne. Mein kleiner Glückstrip will in den nächsten Minuten gar nicht mehr aufhören, und so lese ich Seite um Seite vor. Aus dem Studium weiß ich, dass das, was ich gerade empfinde, eine regelrechte Party ist, die Dopamin, Serotonin und verschiedene Endorphine in diesem Moment in meinem Hirn feiern. Abgesehen davon spüre ich, dass ich mich trotz aller Widrigkeiten in der Rolle des Lehrers pudelwohl fühle. Da schlägt wohl mein familiärer Hintergrund durch, denn ich stamme aus der reinsten Lehrerdynastie. Auf der väterlichen Seite finden sich überall Lehrer: mein Vater, der neben seinem Musikerjob lange als Lehrer gearbeitet hat, sein Vater und zwei seiner drei Brüder. Und auch meine Mutter und ihre beiden Brüder sind als Pädagogen unterwegs.

Erst die Schulglocke reißt die Kinder und mich aus diesem wunderbaren Erlebnis. Bevor andere Schüler auf den Hof stürmen, sprechen wir noch über das Gelesene, und ich stelle fest: Trotz, nein, gerade *wegen* der entspannten Unterrichtssituation haben sie die Geschichte genau verfolgt. Dann entlasse ich die Meute in die Pause.

Auf dem Weg ins Lehrerzimmer holt Pasquale mich ein.

»Herr Möller?« Er zögert einen Moment und schaut betreten zu Boden. »Hat Ihre Mutter Ihnen als Kind einklisch auch Geschischten vorgelesen?«

»Ja, klar. Fast jeden Tag.«

»Wow, sie hamm's gut!«, sagt er beeindruckt und schweigt einen Moment. »Meine Mutter liest mir nie vor.«

So steht er vor mir, der arme Tropf: mit dreizehn Jahren ist er in der fünften Klasse, schwer pubertär, depressiv und schulisch entsprechend leistungsschwach – und hat zu Hause niemanden, der ihn durch diesen schweren Lebensabschnitt begleitet. Langsam wird mir klar, wie viele Pasquales durch unsere Straßen laufen, wie viele Menschen von Anfang an keine Chance auf eine emotional gesunde Entwicklung haben, wie wenige den Rückhalt eines stabilen Elternhauses erfahren. Und mit stabil meine ich nicht reich oder klug, sondern in erster Linie liebevoll und interessiert.

Ich muss daran denken, dass einige Kollegen sich ein paar Tage zuvor darüber unterhalten haben, wie wichtig es sei, dass ein Kind fürsorglich behandelt werde und dass es nicht ständig unter Stress stehe. Für die emotionale und kognitive Entwicklung eines Kindes, so sagte eine der Kolleginnen, sei das sogar wichtiger als Einkommen oder Bildungsstand der Eltern. Ein Kollege warf zwar ein, dass Eltern mit ausreichend Geld doch wohl eher in der Lage seien, ihren Kindern eine stressfreie Umwelt zur Verfügung zu stellen.

Als ich jedoch vor Pasquale stehe und mir dieses Gespräch in den Sinn kommt, finde ich das Argument des Lehrers als Erklärung zu einfach. Bei

Pasquale und zahlreichen anderen kommen gleich mehrere ungünstige Faktoren zusammen: Sie wachsen in einem bildungsfernen Haushalt auf und werden nicht richtig gefördert. Ihre Eltern bekommen aufgrund ihrer eigenen sozialen Herkunft wenig Geld für viel Arbeit – oder etwas mehr für gar keine! Wer unter derartigem existenziellem Dauerstress steht, hat weder Zeit noch Nerven, um seinem Kind ein liebevolles Zuhause zu schaffen. Und voilà: Fertig ist er, der soziale Vererbungskreislauf. Unser Schulsystem unterbricht diesen Kreislauf nicht etwa, nein, es treibt ihn sogar noch an, weil es soziale Unterschiede zementiert. Wen wundert es da noch, dass Deutschland ganz schlecht abschneidet, wenn verglichen wird, in welchem Land man am ehesten die Chance hat, aus seiner sozialen Schicht aufzusteigen?

Von diesem Standpunkt aus drängt sich der Eindruck auf, dass die Zukunft von Pasquale seit seiner Geburt vorgezeichnet ist. Dabei kommt kein Mensch dumm auf die Welt, aber auf welche Weise sich seine Intelligenz entwickelt, hängt wohl sehr stark damit zusammen, wo und wie er aufwächst.

In der Uni haben wir gelernt, dass zum Zeitpunkt der Geburt bereits ein großer Teil der Entwicklung des Gehirns stattgefunden hat. Wenn das wirklich so ist, dann scheint es umso wichtiger, was in den Monaten davor im Mutterleib passiert. Drogenkonsum ist da natürlich das Schlimmste. Aber was ist, wenn die Mutter einfach gestresst ist – durch den Typen, mit dem sie zusammen ist, oder weil sie sich einfach Sorgen macht, wie sie künftig den Babybrei und die Windeln bezahlen soll? Noch schlimmer wird das Ganze, wenn der Stress nach der Geburt nahtlos weitergeht.

Einer jungen Mutter in meinem Bekanntenkreis, die kurz vorm Durchdrehen war, hat ihre beste Freundin geraten: »Mach dir keine Sorgen, dass deine Tochter sich nicht richtig entwickelt. Zuallererst musst du selbst entspannt sein. Dann ist sie es auch.«

Während ich mit Pasquale rede, wird mir schlagartig bewusst, dass ein solcher Rat für manche Eltern wie ein schlechter Scherz klingen muss – und dazu gehört Pasquales Mutter offensichtlich auch.

»Ich bin ganz sicher, Pasquale«, versuche ich ihn zu trösten, »dass deine Mutter bestimmt gerne mehr Zeit für dich hätte. Was arbeitet sie denn?«

»Früher war sie Frisörin, aber denn warse arbeitslos jewesen, und jetze machtse manschmal so Laub harken und so was.«

Wie ich es mir gedacht habe: mieseste Bezahlung als Frisörin, dann arbeitslos und jetzt in der 1-Euro-Job-Falle. Mit einem aufmunternden Lächeln wünsche ich Pasquale eine schöne Pause und fliehe dann frustriert ins Lehrerzimmer.

Auf dem Weg dorthin spukt mir eine alte Volksweisheit durch den Kopf, die mir nach der Geschichte von Pasquales Mutter nicht mehr so recht einleuchten mag: Ist wirklich jeder seines eigenen Glückes Schmied? Bedarf es bei der Schmiedekunst nicht sowohl einer fundierten Ausbildung zum Schmied als auch eines Satzes guten Werkzeugs? Und hängt das Ergebnis der Glücksschmiedekunst nicht auch vom Material ab, das uns zur Verfügung steht?

Mit diesen Fragen im Kopf mache ich mich auf den Weg in die nächste Stunde, die ausgerechnet in der 4e stattfindet. Mein Herz klopft mir bis zum Hals, als ich erneut an den Ort meiner Niederlage zurückkehre. Aber wie so oft, kommt es auch heute anders als gedacht.

Als ich eintrete, rennen die Kids in Scharen auf mich zu, um sich bei mir zu entschuldigen. Sie überhäufen mich mit selbst gemalten Bildern und Entschuldigungen. Fatima überreicht mir beinahe feierlich einen Brief, den alle unterschrieben haben.

Lieber Herr Müller, steht da, *es tud unz leit, das wier dich so geergat haben. du bist so net, biette bleib bei unz! Deine 4e.*

Die Rechtschreibung deutet darauf hin, dass der Brief ohne Hilfe eines anderen Lehrers entstanden ist. Das rührt mich. Ich bitte die Kinder, sich hinzusetzen. Noch nie habe ich die Knirpse so schnell auf ihre Plätze rennen sehen. Mit großen Augen sehen sie mich an, als ich nun selbst meine Entschuldigung für die Aktion mit dem Tafellineal loswerde.

»An dem Tag hat sich so viel in mir angestaut, dass ich einfach die Nerven verloren habe. Das sollte nicht passieren – ist es aber.«

Max meldet sich. »Bleibst du denn jetzt bei uns?«

Ich nicke. »Ich bleibe euer Lehrer.«

Freudenschreie unterbrechen mich, die ich mit einer ernsten Miene und einem langsamen Blinzeln dämpfe.

»Aber nur, wenn ihr euch anders benehmt.«

In der folgenden Stunde besprechen wir, welche Verhaltensweisen ab sofort strengstens verboten sind: mit dem Nachbarn quatschen, unerlaubtes

Aufstehen, Gegenstände durch den Raum werfen, den Lehrer unterbrechen und Schimpfworte verwenden – und zwar egal, welche.

Ich vermute, dass es Unterrichtskonzepte gibt, in denen solche Regeln nicht nötig sind, aber an so etwas wie offenen Unterricht, Gruppen- oder Freiarbeit ist hier nicht zu denken.

»Wenn ihr euch daran haltet, sind wir einen Riesenschritt weiter«, sage ich, nachdem ich die neuen Klassenregeln an die Tafel geschrieben habe. »Wer eine der Regeln bricht, sitzt ohne Vorwarnung für den Rest der Stunde in der Nachbarklasse.«

Meine Drohung macht aus der 4e zwar noch lange keine Musterklasse, trotzdem habe ich ein deutlich besseres Gefühl. Wie erwartet muss ich Raik nach nebenan schicken, aber sonst gibt es keine größeren Zwischenfälle. Als ich den Klassenraum verlasse, geht es mir schon deutlich besser als an jedem anderen Tag in den letzten Wochen.

Nach der Pause geht's mit der Vertretung in einer sechsten Klasse weiter. Die hatte ich noch nicht, ihr Erdkundelehrer hat sich heute früh krankgemeldet. Na gut, denke ich, dann mache ich gleich mal von Anfang an klar, dass ich mir nicht auf der Nase herumtanzen lasse.

»Ich bin Herr Möller«, verkünde ich ruhig. »Und ich bin superstreng! Wer mir auf den Keks geht, sitzt in der Nachbarklasse, klar?«

Da ich mich nicht vorbereiten konnte, improvisiere ich und mache mit den Schülern ein Quiz. Den meisten Kids scheint es Spaß zu machen, nur ein Junge schaut die ganze Zeit ziemlich finster drein. Er trägt typische Hip-Hop-Klamotten: weite Hosen und einen Pullover, den ein Graffiti-Schriftzug ziert. *Wonderful Weed* steht da gut sichtbar auf seiner Brust geschrieben. Ich kann nur hoffen, dass er als Sechstklässler nicht schon das raucht, was sein Pullover vermuten lässt! Ein Blick in seine geröteten Augen lässt meine Hoffnung aber verpuffen. Als ich ihm zum dritten Mal das Kippeln verbiete, schaut er mich böse an und flucht dann leise vor sich hin. Auf meine Nachfrage reagiert er sehr ungehalten.

»Sch'ab nix gesagt, verstanden?«, zischt er. »Mach dein Scheißspiel weiter und lass misch in Ruhe!«

»Samma!« So fange ich immer an, wenn mir einer richtig dumm kommt. »Was fällt dir denn ein, so mit mir zu reden?«

»Isch rede mit dir, wie isch will. Du bist nisch mein Lehrer, also scheiß drauf!«

Geht das schon wieder los? Die eine Klasse gerade im Griff und gleich Ärger in der nächsten? Der Junge durchbohrt mich mit einem wütenden Blick. Ich bitte ihn zu einem Gespräch unter vier Augen vor die Tür, denn von Kollegen weiß ich, dass harte Jungs ihre Show gern vor versammelter Mannschaft abziehen, im Gespräch unter vier Augen aber schnell einsichtig werden. Der Störenfried kommt der Aufforderung murrend nach.

»Wie heißt du?«, frage ich, als wir draußen auf dem Flur stehen.

»Perry.«

»Okay, Perry, dann hör mir mal gut zu.«

»Was ist?«, unterbricht er mich ungeduldig. »Willst du mir in die Fresse hauen?«

»Wie bitte?«, frage ich perplex.

Das ist es also: Er hat Angst, und weil er keinen

anderen Weg kennt, drückt er diese Angst durch Aggression aus.

»Nein, natürlich nicht«, sage ich beschwichtigend. »Ich verlange nur von dir, dass du nicht so mit mir sprichst.«

»Is ja gut, Mann! Noch was?«

»Nein, das war's schon«, entgegne ich und öffne die Tür zum Klassenzimmer.

Er setzt sich auf seinen Platz, verschränkt die Arme und ignoriert mich für den Rest der Stunde. Ich dagegen muss von einem Moment auf den anderen wieder auf gute Laune umschalten und das Quiz fortsetzen. Dass dabei Korea mit Kroatien verwechselt wird, dass die Kids den Unterschied zwischen Städten, Ländern und Kontinenten nicht kennen und mir nur drei Kinder auf Anhieb zeigen können, wo Deutschland liegt, erscheint mir eher nebensächlich. Daran habe ich mich gewöhnt.

Ich verbringe die Pause im Lehrerzimmer und mache mich danach auf den Weg zum kleinen Raum, in dem ich mit einigen Schülern aus der 5b den Mathe-Förderkurs abhalte. Kurz vor meinem Ziel kommt mir eine Kollegin entgegen. Ein paar Schritte hinter ihr läuft Perry, der mich mit finsterem Blick anschaut. Die Kollegin bittet mich um ein kurzes Gespräch.

»Perrys Vater wurde vor zwei Tagen zu Hause von der Polizei abgeholt, weil er Perrys Mutter und auch Perry regelmäßig verprügelt hat«, erzählt sie mir dann. »Er ist starker Alkoholiker und macht jetzt wahrscheinlich erst mal eine Entziehungskur. Wie es danach weitergeht, ist unklar.«

Schon wieder so eine Geschichte. Ihre Worte treffen mich unvorbereitet mitten in die Magengrube.

Perry murmelt eine Entschuldigung und ich entgegne, dass es mir auch sehr leidtue. Ich konnte zwar nicht wissen, was bei ihm zu Hause los ist – aber spätestens nach seiner Frage, ob ich ihm in die Fresse schlagen wolle, hätte ich mir das wohl denken können.

»Alles klar, Herr Möller?«, fragt mich die elfjährige Sandy aus der 5b besorgt, als ich schließlich kreidebleich in meinem Förderkurs auftauche.

Ich weiß, dass es nicht richtig ist, aber ich erzähle den Kindern von meinen Sorgen der letzten Tage und beende meinen Vortrag mit der Geschichte von eben. Natürlich ohne Namen zu nennen. Meine Zuhörerschaft ist nicht sonderlich beeindruckt.

»Aber, Herr Möller«, entgegnet Sandy und zuckt mit den Schultern. »Das ist doch ganz normal. Mein Vater ist auch dauernd betrunken und schlägt uns.«

»Meena och«, stimmt Pasquale zu. »Der schlägt mich sogar mit sein Göhtel, ey. Tut übelst weh, Alta!«

Ich schüttele ungläubig den Kopf und verbringe den Rest der Stunde damit, mit den Kids über ihre Familiensituationen zu sprechen. Wer kann sich schon auf Mathematik konzentrieren, wenn zu Hause der Gürtel geschwungen wird?

Nach der Schule will mich mein Vater auf einen Kaffee abholen. Als ich vor dem Schulgebäude auf ihn warte, bin ich immer noch so aufgewühlt, dass ich mehrmals tief durchatmen muss, um nicht auf offener Straße in Tränen auszubrechen. Ich bin erleichtert, als er anhält und ich in sein unaufgeräumtes Auto steigen kann. Bloß weg hier, das ist mein einziger Wunsch.

»Alles klar?«, fragt mein Vater, als er meinen Gesichtsausdruck bemerkt. Die Körpersprache, die Mimik und Gestik, die Stimmlage, ja sogar den Tonfall habe ich eindeutig von ihm. Zwei kleine Geheimratsecken durchbrechen seine ansonsten volle Haarpracht, und seine Brille färbt sich im Sonnenlicht leicht dunkel. Wenn er von seinem Job als Kirchenmusiker kommt, trägt er oft einen schicken Anzug mit Krawatte, was ihm ausgesprochen gut steht.

»Was ist denn mit dir passiert?«, will er wissen und legt eine besorgte Miene auf.

Seine vertraute Stimme gibt mir schließlich den Rest. Ohne antworten zu können, breche ich schluchzend in Tränen aus. Mein Vater nimmt mich in den Arm, drückt meinen Kopf fest an seine Brust und versucht, mich zu beruhigen. Ohne Erfolg.

»Ich kann nicht mehr, Papa. Ich kann das einfach nicht mehr«, bringe ich wimmernd hervor und halte mich an ihm fest. In diesem Moment fühle ich mich wie ein kleiner Junge, der die schützende Schulter seines Vaters sucht. Der Gedanke an die Kinder, denen genau dieser Rückhalt fehlt, macht mich noch trauriger. Es vergehen Minuten, bis ich mich beruhigt habe und der vielleicht heftigste Gefühlsausbruch meines bisherigen Lebens ein Ende findet.

Nach einer Packung Taschentücher und einem Besuch auf der Toilette des Cafés, zu dem wir nach meinem Heulanfall gefahren sind, geht es mir langsam besser. Die Erlebnisse der letzten Wochen blubbern endlich aus mir heraus, und so rede ich wie ein

Wasserfall. Ich erzähle ihm von den emotionalen Achterbahnfahrten der letzten Tage, von der katastrophalen Unterrichtssituation, von der sprachlichen Unfähigkeit der meisten Schüler, von missbrauchten Mädchen, der Hilflosigkeit des Jugendamts und den Gürtelschlägen der Eltern. Er hört sich alles ruhig an. Ich bin so froh, dass er gerade jetzt für mich da ist. Als ich meine Ausführungen mit der Sorge um die Zukunft unserer Gesellschaft abschließe, nickt er zustimmend.

»Seit einigen Jahren«, sagt er, als ich schließlich verstummt bin, »beobachte ich immer wieder Menschen, die nicht aussehen wie Penner, aber in jedem Mülleimer nach Flaschen suchen.«

»Tja, das könnten die Eltern von einigen meiner Schüler sein.«

Wir schweigen uns einen Moment an.

»Als ich in deinem Alter war«, fährt er dann fort und skizziert die katastrophale Lage der aktuellen Sozialpolitik, deren Auswirkungen an unserer Schule ungefiltert ankommen, mit einem einzigen Satz, »hätten wir uns dafür geschämt, dass ein so großer Teil unserer Bevölkerung in Armut lebt.«

7

PIRSCHELBÄR

Am Wochenende sind Sarah und ich auf einem Kindergeburtstag im Prenzlauer Berg eingeladen. Ein totales Kontrastprogramm zu dem, was mir jeden Tag in der Schule begegnet. Als eines der wenigen kinderlosen Paare fühlen wir uns anfangs etwas deplatziert, aber die Eltern von Emma, Rouwen, Tjorven, Paul und Helena-Carmen hören interessiert zu, als ich beginne, von meinem Job als Kiezlehrer zu erzählen. Ihre Kinder werden in kleineren Klassen unterrichtet, die Lehrer haben so deutlich mehr Zeit für jeden Einzelnen und die engagierte Elternarbeit tut ihr Übriges. Dabei geht es allerdings auch eher darum, ob die Kekse, die beim Schulfest gebacken werden, aus Vollkorn oder Dinkel sind. Auch in ihrer Schule gibt es viele Kinder mit Migrationshintergrund, aber dies wird hier eher als Bereicherung verstanden. Und das alles hat in der Tat mit Geld zu tun, denn davon haben die Eltern mehr als die Familien in meiner Schule, selbst wenn sie ›nur‹ zur bildungsbürgerlichen Schicht gehören.

Die kleine Emma beispielsweise ist Tochter einer Deutschen und eines Franzosen und besucht eine Schulklasse mit Kindern amerikanischer, spanischer, afrikanischer, koreanischer und auch türkischer Herkunft. Und noch ein Unterschied wird mir bewusst: Die Umgangsregeln sind komplett anders. Auf Helena-Carmens Schule hält man sich gegenseitig die Türen auf, sagt Danke und Entschuldigung und geht respektvoll miteinander um. Davon können meine Kollegen und ich nur träumen.

Während ich Emma und Helena-Carmen beim erholsam normalen Streit um eine Puppe beobachte, rückt meine eigene Schule in angenehm weite Ferne. Die Mutter von Helena-Carmen schlichtet zwischen den beiden Streithennen, und ich vertilge mein Stück Himbeerkuchen, schlürfe meinen Fair-Trade-Kaffee und vergesse darüber beinahe die Auswüchse des sozialen Elends unserer Stadt.

Am Montag allerdings holt mich die nackte Realität des Hartz-IV-Alltags schneller wieder ein, als mir lieb ist. Schon am Eingang der Schule muss ich in einem Streit vermitteln, der, verglichen mit dem der beiden Prenzlberg-Geburtstagsgäste, geradezu grotesk wirkt.

»Aufhören!«, rufe ich von Weitem und beeile mich, um die Klopperei zu verhindern. »Schluss jetzt!«, sage ich laut, während ich Maik und Jeffrey, zwei klobige Kerle aus einer unserer Sechsten, auseinanderzerre.

»Lass misch!«, brüllt Jeffrey. »Sch'wöre, er hat angefangen, diesem Wichser!«

Wie es tatsächlich zu der Auseinandersetzung kam, werde ich wohl nie herausfinden – wahrscheinlich wissen es die Jungs selbst nicht mehr so genau.

Nachdem ich die Kontrahenten voneinander getrennt und in ihre Klasse geschickt habe, ist mein eigener Ärger schnell verflogen. Ich stelle sogar fest, dass ich mich mit jedem Tag ein wenig mehr an die irrwitzigen Zustände in dieser Bildungseinrichtung gewöhne.

Im Laufe des Vormittags wird mir auch wieder bewusst, in wie vielen Fällen ich praktisch kaum dazu komme, wirklichen Unterricht durchzuführen. Stattdessen erledige ich eher die Arbeit eines Sozialarbeiters, der sich um potenzielle Nachwuchskandidaten für die Justizvollzugsanstalt kümmert. Unentwegt schlichte ich Streits, vereitele Prügeleien, widme mich den haarsträubenden Problemen der Schüler, führe Krisengespräche mit Kollegen, nehme an Klassenkonferenzen teil und setze mich mit Eltern auseinander, die ihrer Erziehungspflicht praktisch gar nicht nachkommen. Wenn ich zwischendurch Zeit finde, ein wenig Mathe zu unterrichten, bin ich schon zufrieden. Klassenarbeiten gehe ich mit den Kids im Vorfeld wochenlang durch, und obwohl ich ihnen sogar die Arbeit als Hausaufgabe mitgebe, liegt der Notendurchschnitt am Ende meistens bei der Note vier. Mehr als auf Klassenarbeiten freuen sich die Schüler natürlich auf das Sommerfest der Schule, das kurz vor den großen Ferien stattfindet. Wochenlang wird geplant, alle reden darüber. Und ich für meinen Teil bin rasend gespannt, die Eltern meiner Schützlinge kennenzulernen.

Schließlich ist der große Tag da: Unser Schulfest findet am letzten Samstag vor den Sommerferien statt, Beginn ist um halb elf. Die Sonne brennt bereits am Morgen unbarmherzig vom Himmel herab, doch in der Absicht, meine fehlende Qualifikation mit seriöser Kleidung zu überspielen, habe ich mich heute für ein Jackett entschieden.

»Du musst als Lehrer ordentlich aussehen«, meinte auch Sarah zu Hause. »Sonst nehmen dich die Eltern gar nicht ernst.«

Auf dem Weg zur Schule sehe ich bereits die ersten Familien. Erschreckenderweise entsprechen sie genau dem Bild, das ich im Kopf hatte. Jede Familie lässt sich ohne Weiteres einem meiner Kinder zuordnen. Überall Stämme, überall Äpfel im freien Fall.

Eine meiner Schülerinnen aus der Fünften entdeckt mich, winkt mir fröhlich zu und will mich ihrer Mutter zeigen, die allerdings mit ihrem Handy beschäftigt ist. Ich habe mich schon immer gefragt, wie jemand mit derart langen Plastik-Fingernägeln die feinmotorischen Anforderungen des Alltags meistert, aber es scheint zu funktionieren. Nachdem ihre Tochter mit minutenlangem Ärmelzupfen und »Mama-guck-doch-mal«-Rufen versucht hat, ihre Aufmerksamkeit auf sich zu ziehen, sieht die Mutter endlich von ihrem rosa Klapphandy mit Anhänger hoch.

»Wat is denn, Shanice?«, fragt sie genervt.

Shanice. Wieder so ein Kind, das nach einem Popstar benannt wurde. Dieses Phänomen ist unter dem Namen Chantalismus oder Kevinismus bekannt und geht auf Namen von englischen oder französischen Serienstars, Popmusikern oder Filmhelden zurück. Zu allergrößten Teilen sind davon Kinder aus bildungsfernen Milieus betroffen.

Im Internet stößt man bei der Recherche nach Chantalismus auf Namen wie Dustin, Justin, Steven, Kevin, Priscilla, Giulio, François, Sharin, Dominique, Pasquale, Zoë, Joel, Melody, Ashley, Cassidy, Happiness, Marisha, Marusha, Fabienne, Leontina, Leandro, Alessandro, Chanel oder Tynese. Gern werden solche Namen auch im Doppelpack vergeben und dann meist in Furcht einflößenden Kombinationen wie Raik-Werner, Connor-Malloy, Kenneth-Dean, Korbin-David, Aloe-Vera, Cinderella-Estelle, Zarina-Aylin, Kimberly-Michelle, Caydence-Liberty, Noah-Karlfred, Vanessa-Laetizia oder in der ungeschlagenen Verschmelzung dreier Lieblingsnamen wie bei Jaqueline-Chayenne-Chantalle serviert. Auch der Klappentext der Lieblings-DVD dient werdenden Eltern als Anregung. Dabei kommen dann gern mal Namen wie Arwyn-Eleanor, Merlin-Gandalf, Keanu-Neo, Jaydee-Christopher, Rocky-Heinz, Tom-Anakin, Randy-Orlando, Leonardo-Casper, Harry-Hagrid oder Jackie-Norris heraus.

Was diese Namensverirrungen mit den Kindern anrichten, kann man als Erwachsener nur erahnen. Die vom Chantalismus betroffenen Kinder dagegen können wohl noch nicht einschätzen, was derlei Namen für ihre Zukunft bedeuten – geschweige denn wissen, wie man sie korrekt ausspricht. So erzählt man sich in den Weiten des World Wide Web die Geschichte eines Jungen, der im Kindergarten felsenfest behauptete, er heiße Pirschelbär. Als die Erzieherinnen schließlich einen Blick in die Unterlagen des Jungen warfen, stellte sich heraus, dass sein Name Pierre-Gilbert lautete.

Was manchem vor Lachen Tränen in die Augen treiben mag, stellt für Kinder jedoch ein ernsthaftes Problem dar, gerade wenn es um die Einschätzung ihrer Leistung in der Schule geht. Neulich las ich einen Artikel, demzufolge Kevin kein Name, sondern eine Diagnose sei. Es wurde berichtet, dass

Sozialforscher herausgefunden hätten, dass Lehrer vom Vornamen eines Kindes unbewusst Rückschlüsse auf dessen sozialen Hintergrund ziehen. In vielen Fällen vergeben sie bei einem Kevin oder einer Chantalle automatisch eine schlechtere Note als bei Marlene, Theodor, Linus oder Katinka. Ganz nach dem Motto: »Lukas muss einfach schlauer sein als Luke-Lewis!«

Aber selbst auf den Chantalismus kann man sich als Lehrer nicht mehr verlassen. Von einer befreundeten Lehrerin weiß ich, dass Eltern aus bildungsfernen Schichten mittlerweile ganz bewusst gegen den Trend gehen und ihren Kindern die Namen geben, die ihre bildungsnahen Mitschüler normalerweise tragen. Gut, davon haben die Eltern von Shanice, Jason-Jeremy und Ronny in meiner Schule offenbar noch nichts mitgekriegt – was mich aber nicht wundert. Die befreundete Lehrerin arbeitet nämlich in einem ganz anderen Kiez.

»Das ist Herr Mülla«, stellt mich Shanice jetzt ihrer Mutter vor. »Mein Mathelehrer. Hallo, Herr Mülla!«

»Dit is dein Lehrer?«, fragt die Mutter, als sie mich erblickt. »Der sieht ja selbst aus wie 'n Schüler! Na ja, solang er reschnen kann …«

Ich versuche, ein professionelles Lächeln aufzusetzen, schüttle ihr die Hand und setze danach meinen Weg in Richtung Schule fort. Mein Jackett hilft also auch nicht dabei, nach einem erfahrenen Lehrer auszusehen – wie auch?

Nach einigen, sagen wir mal: aufschlussreichen Begegnungen mit Kids, ihren Eltern und deren Kampfhunden erreiche ich das Schultor. Ein Vater, der sich

bereit erklärt hat, den Transport der Bühnenmateri-
alien und den Aufbau zu organisieren, steht mit seinem Lieferwagen am Straßenrand und streitet sich
mit dem Hausmeister. Streiten, das kann unser Hausmeister echt gut.

»Ick mach hier janüscht. Jehört nich zu meen
Job«, sagt er dem Vater in aller Ruhe ins Gesicht.

»Aber Herr Friedrich sagte mir, dass ich auf Ihre
Hilfe ...«

»Herr Friedrich hat mir hier janüscht zu sagen
uffn Sonnamd. Ick wohne zwar inne Schule, aber ick
habe frei!«

Als der Vater verzweifelt fragt, wie er denn nun
die Bühne aufbauen solle, nutze ich die Gunst der
Stunde und stelle ich mich ihm vor.

»Hallo, ich bin Philipp Möller. Ich bin seit Kurzem
als Lehrer an der Schule.« Dann nicke ich unserem
Hausmeister Wolfgang zu. »Tach Wolle«, grinse ich
frech. »Wat'n – willste dich drücken, oder wat?«

Ein kleines Lächeln zuckt über sein Gesicht. »Na
ja, Möller, ick hab doch sonnamds frei. Weeßte doch.«

»Stimmt schon. Wat hast'n mit Friedrich abje-
macht?«

»Der sachte, et wär jut, wenn ick helfen könnte«,
gibt Wolfgang widerwillig zu.

»Na komm, denn packen wa kurz mit an«, über-
rede ich ihn. »Zu dritt schaffen wa dit, oder? Wo sollen die Bühnenteile hin?«

Während der Vater den Lieferwagen vorfährt,
stößt Herr Friedrich zu uns. Aus meiner Zeit als sein
Assistent weiß ich, dass er mit Kommunikation und
Koordination oft restlos überfordert ist – keine gute
Voraussetzung für seine Position, aber mir ist so-

wieso schleierhaft, welche Kriterien man für diesen Job erfüllen muss.

»Herr Möller! Gut, dass Sie da sind«, seufzt er erleichtert. »Frau Kowalke, die sich um den Ablauf des Schulfests gekümmert hat, ist krank. Ich weiß überhaupt nicht, wie ich das jetzt alles schaffen soll.«

»Was fehlt denn noch?«, frage ich.

Er streicht sich, wie so oft, seine verbliebenen Haare über die Glatze und wirft mir einen verzweifelten Blick zu. »Alles!«

»Das ist eine Menge. Womit fangen wir an?«

»Soll ick die Bühne jetz doch allene schleppen, oder wat?«, ruft Wolle entrüstet.

»Nein, ich komme!«, entgegne ich und wende mich wieder meinem obersten Vorgesetzten zu. »Stellen Sie doch mal eine Liste der Dinge zusammen, die noch erledigt werden müssen«, schlage ich ihm vor. »Ich helfe solange beim Bühnenaufbau. Vielleicht finden Sie ein paar Kollegen und zuverlässige Schüler, die uns helfen können?«

»Aber wie soll ich die Kinder denn dazu motivieren?«, fragt er hilflos und bestätigt damit ein weiteres Mal mein Urteil über seine Disqualifikation für den Posten als Schulleiter. Ich schaue mich kurz um und entdecke ein paar Schüler aus der 5b – perfekt.

»Michelle, Gina und Florian – kommt ihr mal kurz her? Wir brauchen eure Hilfe.«

Ich bitte sie, in zehn Minuten ins Büro von Herrn Friedrich zu kommen. Bis dahin wird er hoffentlich aufgeschrieben haben, was zu tun ist. Die Kids freuen sich, dass wir ihnen etwas Wichtiges anvertrauen, und ziehen glückselig ab.

Ich lege mein Jackett beiseite, denn inzwischen

ist mir ziemlich warm. Pasquale und Jeremy bitte ich, mir beim Aufbau zu helfen. Bevor ich gehe, schlage ich Herrn Friedrich weitere Kollegen vor, die er um Hilfe bitten könnte.

»Okay, Jungs«, sage ich dann zu meinen beiden Hilfskräften, »wer zuerst an der Bühne ist! Auf die Plätze, fertig, los!«

Wer Kids spontan zu etwas motivieren möchte, dem sei empfohlen, kurzerhand einen Wettkampf ins Leben zu rufen. Wir rennen gemeinsam zur Bühne. Ich gewinne zwar, hole mir dabei allerdings eine kleine Zerrung im Oberschenkel, von der ich mir natürlich nichts anmerken lasse. Tja, bin halt auch keine achtzehn mehr, sondern achtundzwanzig – sogar bald neunundzwanzig …

Der Bühnenaufbau im Hof geht dank der Jungs superschnell vonstatten. Weil ich selbst weiß, wie unangenehm Rückenschmerzen sind, weise ich die beiden ab und zu darauf hin, immer schön aus den Knien zu heben – und komme mir wegen der guten Ratschläge, die ich früher natürlich nie berücksichtigt habe, endgültig wie ein alter Knacker vor.

Als wir fertig sind, bemerke ich eine Gruppe Eltern, die rauchend auf dem Schulhof herumstehen. Nur ungern möchte ich mich als Hausherr aufspielen, aber Quarzen auf dem Schulhof geht gar nicht. Ich schicke die Jungs zum Büro der Schulleitung und nähere mich langsam der Glimmstängelfraktion.

»Hallo allerseits«, unterbreche ich laut, aber freundlich die kleine Gesprächsrunde. Ich müsste lügen, würde ich sagen, ich sei nicht aufgeregt. »Sind Sie bitte so nett und gehen zum Rauchen vors Schultor? Hier ist Rauchverbot.«

»Sacht wer?«, fragt einer der Väter.

»Die Schulleitung und die Senatsverwaltung«, entgegne ich lächelnd.

»Und wat jeht dich dit an?!«

»Ich bin hier Lehrer«, antworte ich gelassen.

Die meisten der Raucher setzen jetzt verständnisvolle Mienen auf und bewegen sich langsam in Richtung Ausgang. Nur der Wortführer bleibt vor mir stehen und zieht demonstrativ an seiner Zigarette. Mein Adrenalinspiegel rast in die Höhe.

»Du willst hier also Lehrer sein, ja?«, sagt er verächtlich und kommt noch einen Schritt näher. »Und wieso hab ick dich dann noch nie jesehen?«

Jetzt ruhig bleiben, Möller!

»Wahrscheinlich, weil ich erst seit März hier bin«, erkläre ich. »Ich unterrichte Mathematik in der vierten und fünften Klasse.«

Meine Schülerin Kimberly aus der Vierten kommt auf uns zu.

»Papa, du darfst hier nicht rauchen. Ist sowieso ungesund!«, sagt sie streng und blickt dann abwechselnd von ihrem Vater zu mir und wieder zurück. »Kennst du meinen Mathelehrer schon?«

Die Situation ist ihm sichtlich peinlich.

»Sorry, wa?«, nuschelt er betreten.

»Kein Problem, konnten Sie ja nicht wissen«, entgegne ich höflich. Das große Rauchverbotsschild am Hofeingang in knallroter Farbe ist ja auch wirklich leicht zu übersehen.

Es wird Zeit, Herrn Friedrich bei der Organisation zu unterstützen. In seinem Büro hat sich inzwischen eine kleine Schar hilfsbereiter Schüler versammelt.

»Nein, isch will Getränke aufbauen«, ruft Erhan.

»Sch'wöre, isch habe zuerst gesagt!«, entgegnet Pasquale.

»Züsch, er lügt ieberkrass, ja? Halt ma jetzt deine Fresse, du …«

»Hey Kids!«, rufe ich dem pöbelnden Mob zu. Am besten funktioniert in solchen Momenten ein fragender Gesichtsausdruck. Das »Was soll denn die Unruhe hier?« kann ich mir damit sparen – die meisten wissen dann schon, was ich will, und beruhigen sich schnell. In meinem Studium habe ich gelernt, dass fünfundsiebzig Prozent der menschlichen Kommunikation aus Gestik und Mimik bestehen. Ich würde mich auf keine Zahl festlegen wollen, aber die Tendenz scheint zu stimmen.

»Herr Friedrich, haben Sie den Schülern schon Aufgaben zugeteilt?«, frage ich.

Er nickt und liest Aufgaben und Namen vor.

»Gibt's noch Fragen?«, will ich von den Schülern wissen.

Offensichtlich nicht, also erinnere ich sie daran, dass ich später alles überprüfen werde, und schicke sie dann an die Arbeit. Ich selbst wurde zwar in anderem Ton erzogen, aber hier scheinen klare Ansagen immer noch am besten zu funktionieren. Während ich den etwas entgleisten Herrn Friedrich betrachte, kommt mir der Gedanke, dass Lehrer – und das betrifft auch Schulleiter – offenbar zu wenig auf ihre Tauglichkeit überprüft werden. Hätte ich in der Bildungspolitik etwas zu sagen, würde ich in der Lehrerausbildung ohnehin bundesweit ein verpflichtendes Vorpraktikum durchsetzen – neben Aufnahmeprüfungen und lange vor dem sogenannten Vorbereitungsdienst, versteht sich. Dieser findet in Berlin nämlich erst nach dem Studium statt, und so merken viele Jobanwärter zu spät, dass sie für diesen Beruf nicht geeignet sind. Doch bevor sie ihr gesamtes Studium inklusive des ersten Staatsexamens in den Wind schießen, beißen sie lieber in den sauren Apfel und versuchen, die nötige Autorität für diesen Job zu entwickeln. Warum Anwärter für dieses Studium nicht bereits im ersten Studienjahr mit der Realität des Schulalltags konfrontiert werden, konnte mir bisher niemand erklären.

Erst wenn eine erfahrene und entsprechend fortgebildete Lehrerkraft die Anwärter durch das Praktikum begleitet hat und grünes Licht gibt, sollten sie meines Erachtens überhaupt zum Studium zugelassen werden. Wenn ich in diesem Zusammenhang an Sarahs Probleme denke, einen Studienplatz zu ergattern, könnte ich mich erst recht aufregen. Sie wird sicher mal eine ausgezeichnete Lehrerin, allerdings zählt bei der Zulassung fürs Studium nur die Abi-Note. Und ein Schnitt von eins-Komma irgendwas ist schließlich noch lange kein Beleg dafür, dass jemand das Zeug dazu hat, später ein guter Lehrer zu werden. Ich frage mich sowieso schon länger, wieso es keine Eignungsprüfungen für diesen Job gibt. Jedes noch so plumpe Unternehmen, dessen gesellschaftliche Relevanz deutlich geringer ist als die unserer Schulen, hat selbst für die bedeutungslosesten Posten aufwendige Assessment-Center entwickeln lassen, in denen die Bewerber ihre Eignung unter Beweis stellen müssen. Aber ein Assessment-Center für Lehrer? Unvorstellbar! Eine hohe Fistelstimme? Kein Problem! Nicht in der Lage, komplexe Zusammenhänge einfach darzustellen? Macht doch nichts! Unkommunikativ, unempathisch oder schüchtern? Keine Sorge – solange der Abi-Schnitt stimmt! Wie vielen Menschen könnte man durch eine frühzeitige Eignungsprüfung nach mehreren Jahren Studium die schockierende Erkenntnis ersparen, für diesen Job schlicht und ergreifend ungeeignet zu sein? Sicher: Vieles lässt sich erlernen, aber ganze Typveränderungen kommen auch an Unis ziemlich selten vor.

Mit diesen Gedanken und der To-do-Liste in der Hand trete ich wieder auf den Schulhof. Der ist inzwischen voll von großen und kleinen Menschen, die darauf warten, dass es endlich losgeht. Die Bühne steht, die Fressmeile auch – worauf warten wir also noch?

Richtig: auf jemanden, der den Startschuss gibt.

»Herr Möller«, spricht Friedrich mich plötzlich an. »Könnten Sie mir einen riesigen Gefallen tun?«

Ich sehe ihn fragend an.

»Es wäre wirklich toll, wenn Sie … Also ich meine, ich bin mit der Organisation so sehr … Sie wissen schon: Die Moderation, könnten Sie …?«

Ein klassisch gestammelter Friedrich-Satz.

Das fällt ihm ja früh ein.

»Hier ist die Liste mit den Auftritten«, reißt er sich dann wieder zusammen. »Eigentlich müssen Sie immer nur ankündigen, wer als Nächstes auf die Bühne kommt. Okay?«

Nach einigen Momenten der Diskussion stimmt er zu, wenigstens die Begrüßung zu übernehmen. Jemand, der eine Leitungsfunktion übernimmt, sollte doch zu bestimmten Dingen in der Lage sein, oder? Wenn sich jemand als Sicherheitsbeauftragter in einem Atomkraftwerk bewirbt, muss er über die entsprechende Ausbildung verfügen und somit in der Lage sein, Verantwortung für die Sicherheit anderer Menschen zu übernehmen. Herr Friedrich hingegen ist der Mensch gewordene Homer Simpson unter den Schulleitern. Und so hört sich die folgende Rede auch an.

»So, äh, herzlich willkommen zum Sommerfest der, äh, Ludwig-Feuerbach-Grundschule«, stammelt er ins Mikrofon. (Seine Körpersprache dagegen sagt: Ich will so schnell wie möglich weg hier!) »Ich bin Herr, äh, Friedrich, der Schulleiter dieser Schule, und ich, äh, freue mich, dass Sie heute zu unserem Schulfest gekommen sind.«

»Ah, kumma, Dings: Er is dieser Friedrich, von dem Jenny immer spricht«, sagt eine junge Frau zu ihrem Begleiter, der das ganze Theater mit seinem brandneuen Full-HD-Camcorder für die Ewigkeit festhält.

Schön, dass ihr das auch mal erfahrt, denke ich, und bereite mich darauf vor, gleich auf die Bühne zu gehen. Ein bisschen Lampenfieber habe ich schon, aber das gehört dazu.

»… und unser junger Kollege, Herr Möller, wird Sie heute durchs, äh, Programm führen«, sagt Friedrich und verlässt die Bühne, den Blick wie so oft auf den Boden gerichtet. Weil das nicht nach einem Satzende klang, hält sich der Applaus in Grenzen.

Nun muss ich also den Animateur für einen Haufen Leute spielen, die sich sonst wahrscheinlich von Dieter Bohlen unterhalten lassen. Von der Bühne aus habe ich fast das Gefühl, mehr Kameras als Menschen zu sehen. Mit technischen Geräten ist die Elternschaft offensichtlich bestens ausgestattet – Unterhaltungselektronik scheint neben tiefergelegten Kleinwagen und gefälschten Luxusklamotten tatsächlich zu den erschwinglicheren Statussymbolen zu gehören. Durch die matt getönten Scheiben eines Dienstwagens der gehobenen Mittelklasse mag das armselig erscheinen, aber aus einer solch herablassenden Perspektive habe ich die Welt glücklicherweise nie betrachtet.

Ich bitte die erste Gruppe auf die Bühne. Unter Applaus betreten sechs Zweitklässlerinnen in Seidentüchern das Podium und beginnen, ihre Hüften zu orientalischen Rhythmen kreisen zu lassen. Ich weiß nicht so recht, ob ich das gut finden soll. Vor den Augen erwachsener Männer schwingt ein halbes Dutzend siebenjähriger Mädchen mit leicht verschleiertem Gesicht die nackten Hüften. Woran diese Bewegungen erinnern, lässt wenig Interpretationsspielraum zu. Bin ich der Einzige, der das anstößig findet? Wie würde die Klassenlehrerin den Auftritt wohl rechtfertigen, wenn man sie mit der Frage konfrontierte?

Das Bühnenprogramm geht weiter. Mich stört, dass viele Zuschauer, ja sogar einige Lehrer, unaufmerksam sind. Sollten nicht gerade Lehrer und Eltern Vorbilder für die Kinder sein? Und wenn sie es nicht sind, dann sollte sich bitte auch niemand darüber wundern, dass die Kids dem Geschehen auf der Bühne genauso wenig folgen wie die anwesenden Erwachsenen. Der Hof ist nun wirklich groß genug, um abseits in Ruhe zu quatschen, seine Bratwurst zu essen und dabei SMS zu schreiben. Da ich die Bühne während jeder Aufführung verlasse und mich unters Publikum mische, bekomme ich mit, was die Leute reden. Wenn sie zu sehr stören, versuche ich, sie mit auffordernden Blicken zum Schweigen zu bringen – meistens aber ohne Erfolg.

Doch mit der nonverbalen Zurechtweisung halte ich mich nicht lange auf, denn schon tut sich ein neues Problem auf: Der Himmel sieht ziemlich verhangen aus. Ich kündige die nächste Performance an und suche schnellstmöglich Herrn Friedrich auf.

»Was machen wir eigentlich bei Regen?«

»Wieso?«, fragt er mit einem leichten Anflug von Panik in der Stimme und rückt seine zitrusfarbene, mit Mickymäusen verzierte Krawatte zurecht.

»Na ja ...« Ich deute auf die dunklen Regenwolken, die in unsere Richtung ziehen.

»Scheiße«, entfährt es ihm.

Das habe ich ihn noch nie sagen hören, und so oft, wie er es nun wiederholt, habe ich den Eindruck, er findet langsam Spaß daran.

»Und?«, frage ich, und fast tut es mir leid, dass ich ihn aus der entlastenden Flucherei reiße. »Abbrechen oder nach drinnen gehen?«

»Alle in die Aula«, sagt er mit ungewohnter Entschlossenheit.

Die ersten Tropfen klatschen auf den warmen Asphalt. Ich jogge zur Bühne, warte den nächsten Song ab und nehme dann wieder das Mikrofon in die Hand.

»Wie Sie sehen können, ist das gute Wetter erst mal vorbei«, sage ich und zeige nach oben.

Die Full-HD-Kameras schwenken gen Himmel.

»Wir verlegen das Bühnenprogramm in die Aula«, fahre ich fort, »daher möchte ich Sie bitten ...«

Das reicht schon. Die kostbaren Geräte werden schnellstens verstaut, und die Masse bewegt sich in Richtung Schulgebäude. Hausmeister Wolle und der Bühnen-Papa bauen die Technik ab, während der Regen immer stärker wird. Auch ich schnappe mir ein paar Mikrofone und eine der Boxen und renne zum Eingang. Unterwegs überhole ich einen Mann, der seine Jacke über den Kopf gezogen hat.

»Scheiße Deutschland«, flucht er. »Immer scheiße Wetter hier!«

Die Aula hat sich schnell gefüllt, weitere Menschen drängen hinein. In dem riesigen Raum wird es stickig, und dank des Regens riecht es nach nassem Hund. Weil keine Zeit dafür war, Stühle aufzustellen, passiert dies gerade in Eigenregie durch Eltern und Schüler. Als alle sitzen, nehme ich die Moderation wieder auf.

»Als Nächstes darf ich Ranjad auf die Bühne bitten. Er wird uns einen Ausschnitt aus der *Zauberflöte* auf seiner Geige vorspielen. Applaus!«

Ranjad, mein schüchterner Schüler aus der 4e, ist einer der wenigen, die ein echtes Instrument spielen können. Bei den meisten beschränkt sich die Musikalität auf *Guitar Hero*, das Konsolen-Spiel, bei dem man durch das Drücken verschiedener Knöpfe auf einer Plastikgitarre Punkte erzielen kann. Die Zeit und das Geld für diesen Unsinn würden locker reichen, um die Basics auf einer echten Klampfe zu erlernen, doch der Siegeszug solcher Fake-Instrumente scheint den Zugang zu handgemachter Musik zu erschweren. Als einer meiner Schüler im Musikraum einmal eine echte Gitarre auf den Schoß bekam, fragte er nach ein paar ratlosen Momenten: »Herr Mülla, wozu sind diesem Schnüre, vallah?«

Ranjad betritt sichtbar nervös mit seiner Geige die Bühne. Alle, die nicht mit den Feinheiten ihrer High-End-Unterhaltungselektronik beschäftigt sind, klatschen. Der Applaus fällt somit eher spärlich aus. Schon während meiner Moderation ist mir aufgefallen, dass einer der Väter besonders schamlos auf seinem Handy herumgetippt hat, wobei jeder Tastendruck durch ein wenig dezentes Piepen bestätigt wurde – doch jetzt schießt der Typ den Vogel ab: Nachdem er Ranjads noch etwas ungeübtem Geigenspiel mit gelangweilter Miene für ein paar Momente gelauscht hat, zückt er erneut sein Handy, drückt ein paar Mal auf der Tastatur herum und hält das Gerät ans Ohr. Ich kann es nicht fassen – der ruft mitten in der Vorführung jemanden an!

Aus dem Publikum ist nun deutlich sein Gespräch zu vernehmen. »S'los, Hamoudi? Isch bin gerade, Dings, auf so eine Schulfest von meine Sohn. Ja, Mann, is ieberkacke hier ... Gehn wir später Fitness?«

Bei seinem Gespräch wird mir klar, dass Hamoudi kein Name, sondern eine liebevolle Bezeichnung für Kumpels ist. Wie auch immer ... als Ranjad fertig ist, schnappe ich mir das Mikrofon.

»Vielen Dank, Ranjad«, rufe ich betont fröhlich, »das ist dein Applaus!«

Ich warte einen kleinen Moment ab, bis das klägliche Geklatsche verstummt ist. Der Störenfried hat sein Gespräch inzwischen beendet, ich dagegen drehe jetzt erst richtig auf.

»Eines möchte ich Ihnen kurz sagen ...«

Herr Friedrich sieht, wie ärgerlich ich bin, und scheint zu ahnen, was nun kommt. Ängstlich schüttelt er den Kopf und sieht dabei aus, als ob er gleich einen Herzinfarkt kriegt. Aber das muss ich loswerden, tut mir leid!

»Wenn ein elfjähriger Junge sich traut, vor zweihundert Leuten auf einer Bühne zu stehen, erwarte ich von Ihnen, dass Sie ihm auch zuhören. Es war nicht zu überhören, dass Sie«, ich gucke dem Störer direkt in die Augen, »die Frechheit besitzen, während der Vorstellung lautstark zu telefonieren. Das ist ja wohl das Letzte!«

Der Typ zuckt gleichgültig mit den Schultern.

»Ich bitte Sie: Nehmen Sie die Kinder ernst, die sich hier so viel Mühe geben. Damit können Sie ein Vorbild sein. Also halten Sie während der Aufführungen den Mund und hören Sie zu – oder gehen Sie! Danke.«

Der Telefonierer verlässt demonstrativ den Saal. Während der restlichen Veranstaltung sind es nur noch einzelne Schüler, die das Bühnenprogramm stören. Aber das war auch zu erwarten.

»Find ich richtig gut, dass du das mal gesagt hast«, spricht mich eine meiner Kolleginnen nach der Veranstaltung an. »Ich hab ja schon Eltern erlebt, die während des Elternabends telefoniert haben.«

»Und, was hast du dazu gesagt?«, frage ich.

»Nichts«, gibt sie zu. »Hab mich nicht getraut.«

8

EIN SOMMER IN HARTZ IV

Als ich am letzten Schultag meinen Dienst beginne, betrete ich die Grundschule mit gemischten Gefühlen. Einerseits freue ich mich auf die Ferien, andererseits ist meine Vertragsverlängerung immer noch gänzlich unklar. In den letzten zwei Stunden vor der Zeugnisausgabe findet zwar kaum noch Unterricht statt, aber vor allem stehen die Noten der Schüler fest. Die Zeugnisse sind gedruckt und somit ist von der ohnehin schon sehr geringen Motivation unserer Schüler nun wirklich gar nichts mehr übrig – was nicht heißt, dass ich mir von den Kids auf der Nase herumtanzen lassen muss.

»Ardahan, sei bitte leise, wenn andere sprechen«, fordere ich einen meiner Schüler freundlich auf, als er seinem Sitznachbarn lautstark von seinen letzten Abenteuern am Flatscreen erzählt.

»Und was, wenn isch nisch mache?«, fragt er mich frech. »Willst du mir etwa ein schlechtere Note geben? Diese Zeugnisse – sie sind schon gedruckt. Also, was?«

Tja, das hat man eben davon, wenn man die Kids von Anfang an auf das Erreichen guter Noten trimmt. Ein durchweg unfaires System baut schließlich darauf auf: Wer gute Noten hat, kommt auf die gute Oberschule und kann dort einen guten Abschluss machen. Wer einen guten Abschluss hat, bekommt eher den Studienplatz seiner Wahl und hat damit bessere Chancen auf einen gut bezahlten Arbeitsplatz. In Erinnerung an den Prozess meiner eigenen Notengebung halte ich mir selbstkritisch vor Augen, wie wenig objektiv dies in den letzten Monaten verlief – erschreckend, wie abhängig unsere Biografien also von der Gunst unserer Lehrer sind.

Vor diesem Hintergrund wundert mich auch der Zeitungsartikel nicht mehr, den ich vor wenigen Tagen zu diesem Thema gelesen habe. Dort wurde die Untersuchung einer Stiftung vorgestellt, aus der deutlich hervorging, dass der familiäre Hintergrund fast immer mit in die Bewertung einfließt.

Nun ja, von der Absicht, gute Noten für ein sorgenfreies Leben zu sammeln, sind die meisten Kinder unserer Schule meilenweit entfernt. Im Rückblick auf meine eigene Schulzeit – vor allem auf die fünfte und sechste Klasse – habe ich dafür viel Verständnis, aber deswegen muss ich mich von Ardahan noch lange nicht dumm anmachen lassen. Also erkläre ich ihm, wie einfach sich seine Note noch ändern lässt.

»Würde dich eine schlechtere Note denn überhaupt stören?«, frage ich ihn schließlich.

Er antwortet mir mit einem Geräusch, das in Kanack Sprak (so lautet die liebevolle Bezeichnung der Kids für ihren Slang) Nein bedeutet. Anfangs habe ich mich darüber ziemlich aufgeregt, inzwischen muss ich mir immer das Lachen verkneifen, wenn mir jemand auf eine Frage anstatt mit Nein

nur mit diesem läppischen Zungenschnalzer antwortet. Dazu formen die Schüler mit den Lippen einen Kreis, legen einen betont coolen Blick auf und
deuten ein Kopfschütteln an. Ein bisschen klingt das
Geräusch so wie ›das‹ dreifache Ts-Ts-Ts, das verwendet wird, wenn jemand unartig war. Manchmal
provoziere ich diesen Laut der Kids regelrecht, weil
ich mich innerlich so herrlich darüber kaputtlachen
kann.

»Hast du dein Sportzeug dabei?«

Zungenschnalzer.

»Hausaufgaben gemacht?«

Zungenschnalzer.

»Hast du ihm wirklich nicht die Nase blutig ge-
hauen?«

Und wieder: Zungenschnalzer. Großartig.

Die letzten Minuten des Schuljahres tröpfeln vor
sich hin, und trotz aller Widrigkeiten, trotz der massiven Sorgen, die ich wegen der Perspektivlosigkeit vieler Kids regelmäßig mit nach Hause genommen habe, arbeite ich inzwischen richtig gern als
Lehrer.

Warum?

Das kann ich auch nicht so genau sagen. Ein regelmäßiges Gehalt – das mit Blick auf die Entlohnung anderer Jobs gar nicht so schlecht ist! – ist sicherlich nur ein Teil der Antwort. Hier ist immer
etwas los, ich kann (wenn auch inhaltlich unterfordert) meinen pädagogischen Methodenkoffer täglich erweitern, meine Stressresistenz ausbauen und
meine emotionale Belastungsgrenze jeden Tag ein
Stückchen nach hinten verschieben. Wer einmal als
Grundschullehrer im Kiez gearbeitet hat, versichere

ich mir immer wieder, dem geht es wahrscheinlich wie Autofahrern, die in Paris ihren Führerschein gemacht haben: Die schockt nichts mehr.

Nicht zuletzt ist es aber das Gefühl, mit meinem Wirken wenigstens einen kleinen Beitrag für eine gesunde Gesellschaftsstruktur zu leisten. Dank der konstruktiven Arbeit mit diesen Kids hat sich in den letzten Wochen eine langfristige und stabile Zufriedenheit in mir eingestellt. Nach und nach merke ich, wie stark mein persönlicher Einfluss auf die Schüler und ihr Verhalten ist. Inzwischen bin ich Ansprechpartner für Kinder, mit denen sonst kaum ein Erwachsener spricht – und genau dieses Gefühl, gebraucht zu werden und hilflosen Schülern eine Hilfe sein zu können, lässt mich jeden Morgen fünf Minuten vor dem Wecker wach werden.

Das Ende des Schuljahres bedeutet aber auch, dass mein Arbeitsvertrag ausläuft, und so renne ich seit mehreren Wochen Herrn Friedrich hinterher, um herauszufinden, ob es eine Chance auf eine Vertragsverlängerung gibt. Wie auch meiner PKB-Kollegin Friederike versicherte er mir mehrmals, dass es an ihm nicht läge, denn schließlich sei auch er daran interessiert, mich als Lehrer an der Schule zu behalten. Heute, am letzten Schultag, ist es dann so weit: Friederike und ich werden kurz vor der abschließenden Dienstversammlung zum Gespräch gebeten. Als wir sein Büro betreten, befindet sich unsere Spannung auf dem Höhepunkt, doch Herr Friedrichs traurige Miene spricht Bände. Nachdem er einige Momente unsicher herumgedruckst hat, will Friederike endlich eine Antwort. Im Gegensatz zu mir hat sie ihr erstes Staatsexamen schon gemacht und wartet nun, wie so viele ihrer Studienkollegen, auf einen Referendariatsplatz.

Interessanterweise entsteht diese ärgerliche Verzögerung keineswegs durch den mangelnden Bedarf der Schulen an Referendaren, sondern durch den Mangel an Fachseminarleitern. Diese Leute begleiten angehende Lehrer durchs Referendariat, und nach allem, was mir bisher zu Ohren gekommen ist, tun sie das auf sehr unterschiedliche Art und Weise. Manche scheinen harmlos, teilweise sogar kooperativ und am Fortschritt ihrer Zöglinge interessiert zu sein. Fallen aber bestimmte Namen, zucken Referendare regelrecht zusammen. Hier scheint es, ähnlich wie bei Klinikärzten und anderen hierarchisch strukturierten Berufsgruppen auch, ein System der psychologischen Kriegsführung zu geben. Neben dem Schlafmangel und der ständigen Überbelastung fürchten sich Referendare am meisten vor den Stundenbesuchen der Seminarleiter. Dort müssen sie dann zeigen, wie sie fünfundzwanzig Kinder im Zaum halten und gleichzeitig ein minutiös geplantes Unterrichtskonzept durchziehen können. Nur wer einmal psychisch gebrochen wurde, so scheint es, darf Lehrer werden. Würde dieses Verfahren am Ende wenigstens dazu beitragen, dass nur geeignete Personen an die Lehrertische gelassen würden ... aber offensichtlich funktioniert nicht einmal das.

»Was ist denn nun mit unserer Vertragsverlängerung?«, drängt Friederike unseren Boss zu einer Antwort, der sich jetzt endlich traut, seinen Kopf zu schütteln.

Friederike bricht direkt in Tränen aus, und auch

in mir macht sich eine plötzliche und tiefe Enttäuschung breit.

»Aber, Frau ... ach, Sie haben ja recht«, kapituliert der Schulleiter. Gestern Nachmittag habe er von der Senatsverwaltung erfahren, erklärt er uns, dass kein einziger PKB-Vertrag verlängert werde.

»Und das fällt diesen Idioten jetzt ein?«

Herr Friedrich hat auf Friederikes rhetorische Frage keine Antwort, weiht uns aber in seine Vermutung ein, die Senatsverwaltung wolle uns über die Sommerferien nicht bezahlen. Deshalb würde sie die Verträge nicht verlängern und nach den Sommerferien neue aufsetzen.

»Das hab ich jetzt schon öfter erlebt«, flüstert er hinter vorgehaltener Hand.

Dies mag zwar ein Grund zur Hoffnung sein, bedeutet aber dennoch eine sechswöchige Durststrecke ohne Gehalt. Weil wir beide weniger als ein Jahr gearbeitet haben, hieße das: Hartz IV. Und weil wir mehr oder weniger davon ausgegangen sind, weiter hier arbeiten zu können, haben wir uns nicht rechtzeitig arbeitssuchend gemeldet und müssen daher damit rechnen, dass unser Anspruch auf Geldbezüge höchstens vier Wochen beträgt.

Gar nicht mal so gut.

So schnell kann es also gehen: eben noch Lehrer, jetzt schon Hartz IV Empfänger. Wenn überhaupt.

Herr Friedrich erinnert uns noch einmal daran, dass er uns zu keinem Zeitpunkt etwas versprochen habe, doch das interessiert Friederike jetzt nicht mehr. Sie stürmt aus dem Büro und knallt die Tür hinter sich zu. Auch ich spiele in Gedanken eine ähnliche Reaktion durch, folge dann aber Herrn

Friedrich ins Lehrerzimmer zur Versammlung. Nach der Begrüßung des Kollegiums steigt er direkt mit der schlechten Nachricht unseres Abschieds ein. Im Kollegium macht sich schnell Empörung breit. Neben zahlreichen entrüsteten Kommentaren über den rücksichtslosen Umgang der Senatsverwaltung mit dem Lehrpersonal ist es mal wieder Geierchen, der die Situation mit einem kurzen Kommentar pointiert.

»Jetzt tut doch nich so, als würde euch dit wundern«, sagt er grinsend. »Seit wann werden denn inne Schulpolitik sinnvolle Entscheidungen jetroffen?«

Herr Friedrich muss nun hilflos dabei zusehen, wie sich vor seinen Augen eine kleine Meuterei entwickelt.

»Sie hätten das wissen müssen!« Chrissi wendet sich direkt an den Rektor und erhält dafür viel Zustimmung aus dem Kollegium. Bei aller Kritik an ihm stelle ich aber klar, dass er mir nie eine Vertragsverlängerung versprochen hat. Missmutiges Gerede folgt, der offene Konflikt scheint jedoch vorerst verhindert. Also geht Herr Friedrich in seiner unbeholfenen Art einfach zum nächsten Thema über. Was folgt, ist eine ordinäre, stinklangweilige Versammlung. Die meisten Anwesenden sortieren ihre Fächer, lesen Zeitung oder tricksen, während die erweiterte Schulleitung einen Jahresrückblick und einen Ausblick auf das nächste Schuljahr vorstellt. Nach der Veranstaltung kommt Chrissi kopfschüttelnd auf mich zu, doch ich verspüre jetzt nur noch den Drang, den auch Friederike vorhin hatte: raus hier!

9

NEUSTART

Als ich in den Ferien endlich mal wieder am Schreibtisch in meiner WG sitze und Bewerbungen schreibe, serviert mir Sarah einen frischen Kaffee.

»Na, Süßer«, beginnt sie in leicht bemitleidendem Ton und schaut mir über die Schulter. Dann erklärt sie mir, dass sie sich meinen Ausstieg aus der Schule insgeheim gewünscht habe. Mein Mitbewohner Bernd, der das Thema auf dem Flur gehört haben muss, betritt den Raum und stimmt ihr vehement zu.

»Mann, Möller«, schnauzt er mich entschieden an. »Das ist nicht dein Beruf!« Er erinnert mich an die emotionale Überforderung, die inhaltliche Unterforderung und das schlechte Gehalt. »Ich kann mir nicht vorstellen, dass du damit auf Dauer glücklich wirst.«

Ich widerspreche ihm zwar nicht, aber doch dauert es nur wenige Tage, bis ich mich dabei erwische, die Arbeit mit den Katastrophenkindern ernsthaft zu vermissen. Weil Jobs in meinem ursprünglichen Berufsfeld ausgesprochen selten sind, schicke ich während der gesamten Sommerferien gerade mal drei Bewerbungen dafür ab. Ansonsten spiele ich auf Risiko, genieße die freie Zeit, soweit ich kann, und stelle mich mit jeder vergangenen Ferienwoche etwas mehr darauf ein, schon bald wieder als Lehrer zu arbeiten – notfalls auch an einer anderen Schule. Das Bewerbungsverfahren kenne ich ja nun: beliebig viele Grundschulen anrufen, mich als potenziellen Vertretungslehrer vorstellen, nach Bedarf fragen, höchstwahrscheinlich eine positive Antwort erhalten, hinfahren, vorstellen, unterschreiben, unterrichten.

Eine weitere Nachricht von der Bewerbungsfront gibt es aber doch noch zu verzeichnen: Sarah hat die Zusage für einen Studienplatz bekommen – in Oldenburg! Weil wir genau wissen, dass wir beide keine Typen für eine Fernbeziehung sind, nehmen wir die Nachricht mit sehr gemischten Gefühlen auf. Nur die Antwort von der Uni Potsdam steht noch aus. Es gibt also noch Hoffnung, aber im Moment sieht alles danach aus, als würde Sarah die nächsten Jahre in Oldenburg leben müssen. Was das für unsere Beziehung bedeuten könnte, trauen wir uns im Moment noch nicht offen auszusprechen.

Als in der letzten Ferienwoche eine Mitarbeiterin der Senatsverwaltung anruft und mir einen Job als Lehrer an meiner bisherigen Schule anbietet, fällt mir ein riesiger Stein vom Herzen. Wenigstens das klappt! Ich vereinbare einen Termin mit ihr, laufe durch die kilometerlangen Gänge des muffigen Verwaltungsgebäudes, das ich schon im März besucht habe, und unterschreibe einen weiteren Vertrag – diesmal immerhin für sechs Monate. Am Freitag der letzten Ferienwoche mache ich mich schließlich auf den Weg zur Gesamtkonferenz. In der Aula angekommen, versammeln sich sofort meine Kollegen um mich und begrüßen mich herzlich. Erstaunlicherweise wundern sie sich nur wenig darüber, mich hier wiederzusehen. Stattdessen scheint sie ein anderes Thema viel mehr zu beschäftigen. Chrissi kann es kaum erwarten, mich aufzuklären.

»Wir haben eine neue Schulleiterin«, verrät sie mir mit einem bedeutungsschwangeren Blick.

»Wirklich?«

»Wundert's dich?«

Berechtigte Frage – natürlich nicht!

Herr Friedrich habe wohl schon länger vorgehabt, wieder zurück nach Bayern zu gehen, erklärt sie mir, weshalb die Ludwig-Feuerbach-Grundschule nun die vierte Schulleitung in fünf Jahren bekomme.

Dann wird ihr Gesicht plötzlich ernst.

»Außerdem ist unsere Konrektorin in den Ferien an Bauchspeicheldrüsenkrebs gestorben.«

Mit dieser sehr zurückhaltenden Dame hatte ich zwar fast nie zu tun, aber die Nachricht von ihrem Tod kommt doch sehr unerwartet. Als würde das nicht schon reichen, erzählt mir Chrissi, dass außerdem die Sekretärin gekündigt hat und auch die Leitung der Kita neu besetzt wurde.

»Also haben wir jetzt eigentlich eine komplett neue Schulleitung?«

»Das könnte man so sagen«, entgegnet sie. »Mir kommt es auch ein bisschen so vor, als würde ich an einer neuen Schule arbeiten.«

In sechs Wochen Sommerferien kann also viel passieren. Wir suchen uns einen Platz in der Aula und entdecken dann eine kleine Frau in einem ordentlichen Kostüm. Das muss die neue Rektorin sein! Mit freundlicher Miene schüttelt sie einigen Kollegen die Hand und sorgt dann mit einem Stift und einem

Glas für Aufmerksamkeit. Als alle sitzen und zuhören, lächelt sie souverän und stellt sich dem Kollegium vor.

»Einen schönen guten Morgen, allerseits«, beginnt sie. »Ich bin Frau Juhnke, die neue Schulleiterin.«

Es gibt keine zweite Chance für einen ersten Eindruck – das scheint sie verstanden zu haben. Sie erklärt uns, sich sehr auf die Arbeit mit uns zu freuen und skizziert dann den geplanten Verlauf der Konferenz. Schließlich kündigt sie einen weiteren Neuzugang an: unsere neue Konrektorin Frau Sommer. Auch die stellt sich freundlich vor, wirkt dabei aber deutlich unsicherer als Frau Juhnke. Dann übernimmt die neue Schulleiterin wieder die Moderation, wobei sie durch ein in Berlin extrem seltenes Phänomen auffällt: Sie drückt sich nicht nur sehr elegant aus, sondern spricht lupenreines Hochdeutsch. Wahrscheinlich kommt sie aus Hannover, Deutschlands einziger Stadt ohne Dialekt.

Obwohl einige Kollegen immer noch die Frechheit besitzen, während der Konferenz Zeitung zu lesen oder zu stricken, wird der Unterschied zu den von Herrn Friedrich geleiteten Konferenzen schnell deutlich: Es gibt eine Struktur. Als alle Fragen für den Beginn des Schuljahres geklärt sind, beendet unsere neue Vorgesetzte die Konferenz und bittet mich in ihr Büro. Dort angekommen, zeigt sie auf eine doppelte Stecktafel, die sie aufgehängt hat. Außerdem ist das Waschbecken geputzt, die Uralt-Literatur ist aus den Schränken verschwunden, und ein paar Zimmerpflanzen zieren das Fensterbrett.

Ja, in sechs Wochen kann viel passieren …

»So, das ist der neue Stundenplan«, erklärt sie mir und zeigt dabei auf die riesige Tafel. »Wie Sie sehen können, gibt es hier noch ein paar offene Stellen, die ich gern mit Ihnen besetzen würde. Sie haben doch im letzten Schuljahr Mathematik unterrichtet, oder?«

Ich nicke.

»Trauen Sie sich auch andere Fächer zu?«

Gute Frage – aber was mit Mathe geklappt hat, wird sicher auch mit anderen Fächern funktionieren. Also nicke ich erneut. Sie erklärt mir, dass sie mich gern als Zweitlehrer und Springer einsetzen würde, legt dann eine Kunstpause ein und schaut mich durch ihre rahmenlose Brille ernst an. Ein Lächeln huscht über ihr Gesicht, was sie noch sympathischer macht. Zwischen ihren blonden Haaren kann ich einige graue Strähnen entdecken, und wegen der kleinen Fältchen um ihre Augen schätze ich sie auf Mitte vierzig – was für eine Schulleiterin wohl ziemlich jung ist. Ich bin gespannt, was ich im kommenden Halbjahr unterrichten werde.

»Mir fehlt noch ein Sportlehrer. Trauen Sie sich das zu?«

Ich erinnere sie daran, dass ich Quereinsteiger bin und erst drei Monate Unterrichtserfahrung habe, und frage sie, ob man für Sport nicht eine besondere Ausbildung brauche.

»Braucht man für Mathe nicht eigentlich auch eine besondere Ausbildung?«, fragt sie lächelnd zurück.

Touché.

Wir einigen uns also auf meinen neuen Job als

Sportlehrer, woraufhin sie erleichtert seufzt und die Plättchen mit meinem Namen in einige offene Stellen im Stundenplan steckt. Dabei erklärt sie mir gleich, dass es sich bei meinem ersten Einsatz als Sportlehrer um eine fünfte Klasse handelt. An den Schildern erkenne ich, dass es nicht die 5e ist, also meine alte 4e mit Fatima, Jason und Raik. Ich atme leise und erleichtert durch.

Meine weiteren Sportklassen, fährt sie fort, seien JÜL-Klassen, weshalb sie gern wüsste, ob ich das JÜL-System schon kenne.

»Ich weiß eigentlich nur, dass JÜL für Jahrgangsübergreifendes Lernen steht und dass dort Erst-, Zweit- und Drittklässler gemeinsam unterrichtet werden.«

»Gut«, entgegnet sie knapp. »Mehr müssen Sie eigentlich auch nicht wissen. Den Rest lassen Sie sich am besten von einem erfahrenen Sportlehrer erklären. Zum Beispiel von Herrn Geier, kennen Sie den?«

Ich nicke. Und wie ich den kenne!

Frau Juhnke zählt die Schildchen mit meinem Namen auf der Stecktafel, lässt sich von mir noch einmal versichern, dass ich eine volle Stelle besetzen möchte, und überlegt dann, wo sie mich außerdem einsetzen könnte. Ihr Blick fällt auf ein Fach mit der Abkürzung MU, und so füllen wir, zu meiner und ihrer Freude, meine restlichen Stunden mit Musik auf.

»Super! Dann machen wir es so: Sie unterrichten Sport und Musik in der 5a von Frau Sommer, unserer neuen Konrektorin. Kennen Sie die Klasse aus dem letzten Jahr?«

»Nein, kaum. Ich habe im letzten Jahr die 4e und die 5b unterrichtet.«

»Die 4e? Mit Raik?« Sie schaut mich mitleidig an und erklärt mir, dass seine Mutter mit ihm in einen anderen Bezirk gezogen sei und er nun eine andere Schule besuche.

»Aber wenn Sie die Klasse kennen, sind Sie ja schon einiges gewöhnt, das ist gut. Die diesjährige 5a ist wohl auch eine spannende Angelegenheit.«

Weil Frau Sommer neu an der Schule ist und die stellvertretende Klassenlehrerin der 5a wegen Krankheit häufig ausfalle, brauche sie außerdem jemanden, der die beiden etwas unterstütze. Sie würde mich gern so oft wie möglich als Zweitlehrer dort einteilen.

Der Spaß geht also direkt weiter.

Sie schüttelt mir die Hand und bedankt sich mehrmals. So läuft's also: vom Assistenten der Schulleitung zum Mathelehrer, vom Mathelehrer zum Arbeitslosen, vom Arbeitslosen zum Musik- und Sportlehrer – und das alles innerhalb weniger Wochen.

Das glaubt mir kein Mensch – oder doch?

Bevor ich ins Wochenende verschwinde, suche ich noch Frau Sommer auf. Die ist ebenfalls unter vierzig und damit eine der jüngsten Kolleginnen der gesamten Schule. Sie bietet mir sofort das Du an, und wir verabreden uns für Montag, kurz vor acht, damit wir den Unterricht besprechen können. Weil am ersten Schultag sowieso nicht viel passiere, erklärt sie mir, würden wir die Sache erst einmal locker angehen. Während sie spricht, lächelt sie ununterbrochen, und auch ihre Unsicherheit scheint nun vollkommen verschwunden zu sein, sodass ich mehr und mehr das Gefühl bekomme, ihr scheine die Sonne aus den Ohren. Frau Sommer also – da ist der Name wohl Programm.

In meiner WG angekommen, wartet Sarah bereits auf mich und ist sichtlich erstaunt, als ich ihr von meinen neuen Aufgaben und den personellen Veränderungen an der Schule erzähle. Nach den Erfahrungen der letzten Monate wundert uns allerdings gar nichts mehr. Dann druckst sie etwas herum und teilt mir schließlich mit, dass sie bereits in der nächsten Woche nach Oldenburg fahre, um sich dort zwei WG-Zimmer anzuschauen. Die Lage wird also ernster.

10

EIN KÄFIG VOLLER NARREN

Als ich am Montag früh gemeinsam mit Frau Sommer den Raum der 5a betrete, erweisen sich meine schlimmsten Befürchtungen über den baulichen Zustand und die Einrichtung des Klassenzimmers als berechtigt: Verschmierte Tische und zerkratzte Stühle stehen unordentlich auf einem stark verschmutzten Linoleumboden herum. Aus den Wänden und Decken hängen Stromkabel, deren Enden mit Klebeband isoliert wurden. Die Regale der Schüler sind vollgestopft mit Unterlagen, mit Müll und alten Bildern aus dem Kunstunterricht. Der Tafeleimer besteht zu größten Teilen aus Kalk, und der Schwamm darin hat bereits verschiedene Farben angenommen. Ein offener Schrank im vorderen Teil der Klasse bietet uns einen Einblick in sein Innenleben: alte Kassettenrekorder, Bastelmaterialien, Kreidereste und sonstiger Schrott gammeln unter einer dicken Staubschicht vor sich hin.

In der Reportage über den desaströsen Zustand von Schulen, die ich kürzlich gesehen habe, wäre unsere Schule sicher ganz vorne mit dabei gewesen. Als Vater eines Kindes im schulpflichtigen Alter, denke ich mir, würde ich alles dafür tun, dass mein Kind nicht in einem solchen Dreckloch unterrichtet wird. Den einzig guten Eindruck in diesem Raum machen ein paar Pflanzen, die mit hängenden Köpfen auf den verranzten Fensterbrettern verteilt sind.

»Die hab ich am Freitag schon hier reingestellt«, erklärt mir Frau Sommer kopfschüttelnd. Während sie ihre Unterlagen auspackt, kommt die erste Schülerin in den Klassenraum. Allerdings nicht zu Fuß, sondern auf einem sogenannten L-Roller, den sie zielsicher gegen den Türrahmen donnern lässt und dann routiniert in die Ecke pfeffert.

»Häh, wer seid ihr?«, fragt sie und schaut uns mit offenem Mund an. Ihre schwarzen Haare reichen bis zum Hosenbund ihrer abgetragenen Jeans, und an ihrer Schuhsohle blinken LEDs auf, wenn sie auftritt. Wir erklären ihr, dass wir ihre neuen Lehrer sind, doch sie scheint schon nicht mehr zuzuhören.

»Wer bist du denn?«, frage ich, als sie sich mit Jacke und aufgeschnalltem Rucksack auf ihren Platz setzt.

»Talibe.« Ihr Mund steht immer noch offen.

Während unseres etwas einsilbigen Dialogs betreten ein paar weitere Kinder lärmend die Klasse, allesamt in angeregt-pöbelnde Gespräche verwickelt. Als sich der Raum füllt, lässt sich schon gut erkennen, wer zu welcher und wer zu keiner Clique gehört. Um fünf nach acht sind alle Schüler eingetrudelt. Frau Sommer macht das erste Mal auf sich aufmerksam und bittet die Kinder, ihre Plätze einzunehmen.

»Guten Morgen allerseits, ich bin Frau Sommer, eure neue ...«

Weiter kommt sie nicht.

»Und isch bin Herr Winter!«, pöbelt ein großer Junge aus der letzten Reihe, woraufhin die ganze Klasse in lautes Gelächter ausbricht. Frau Sommer nimmt's scheinbar locker, setzt ihre Vorstellung fort und kündigt dann mich an. Ich stehe langsam von meinem Platz am Lehrertisch auf, trete vor die Klasse und schaue ruhig in den Raum. Jetzt, genau jetzt, darf ich keinen einzigen Fehler machen. Aus dem letzten Jahr weiß ich: Dies ist der pädagogische Point of no Return, der wichtigste Moment für das zukünftige Verhältnis zwischen mir und der Klasse. Ich achte auf eine aufrechte Körperhaltung, mache letzte Quatschköppe mit einem Räuspern und einem strengen Blick auf mich aufmerksam und stelle mich dann vor.

»Guten Morgen«, beginne ich ohne ein Lächeln. Nett sein kann ich später immer noch. »Ich bin Herr Möller, euer neuer Musik- und Sportlehrer. Ich freue mich auf den Unterricht mit euch, aber ich sage euch gleich …«

Hier lege ich eine wichtige Kunstpause ein und erkläre den Kids danach in ruhigem Ton, dass ich mir dumme Sprüche, wie den von Herrn Winter, in meinem Unterricht verbitte. Der Störenfried setzt zum Reden an, doch so weit lasse ich es erst gar nicht kommen.

»Möchtest du der Erste sein, der heute Nachmittag den Hof fegt?«, frage ich ihn kühl und schaue ihm dabei ohne ein Blinzeln in die Augen.

Es klingt verrückt, aber bei der Auseinandersetzung mit einigen Jungs habe ich die Erfahrung gemacht, dass es vor allem darauf ankommt, deren Blick standzuhalten.

»Nein«, sagt er nach einem Moment des archaischen Platzhirschgehabes und schaut betreten weg.

»Gut, dann fangen wir am besten damit an, dass du dein Käppi abnimmst.«

Er verdreht die Augen, nimmt widerwillig seine zu eng geschnallte Schirmmütze vom Kopf und schnalzt beleidigt mit der Zunge. Jetzt muss ich beweisen, dass ich nicht zu Scherzen aufgelegt bin.

»Gibt's irgendwelche Beschwerden?«, frage ich ihn ruhig und schaue ihm dabei wieder fest in die Augen.

»Nein!«, antwortet er mit finsterer Miene.

»Gut, dann macht Frau Sommer jetzt weiter.«

Lief doch ganz gut.

Meine Kollegin fährt mit ihrem Unterricht fort, verteilt Namensschilder, schreibt eine Liste von Materialien an die Tafel, die die Schüler von den Eltern besorgen lassen sollen, und gibt die Anweisung, diese Liste abzuschreiben. Ich dagegen nehme wieder am Lehrertisch Platz und setze die Imagepflege als strenger Lehrer fort: Mit unbewegter Miene folge ich dem Geschehen und beantworte erste Anfragen der Kinder nur kurz und knapp. Dieses Verhalten missfällt mir zwar immer noch etwas, aber ein paar harte Jungs hatten mir kurz vor ihrem Abgang von der Schule im letzten Jahr noch etwas Elementares erklärt: In den ersten Sekunden würden sie merken, ob sie einem neuen Lehrer auf der Nase herumtanzen könnten oder nicht. Mit dieser Information ziehe ich meine Tour lieber durch. Als Frau Sommer mit der Beantwortung einzelner Fragen beschäftigt ist, mische auch ich mich unter die Kids, um die Klasse besser kennenzulernen. Dabei ahne ich natürlich noch nicht, dass mich diese Klasse die nächsten zwei Jahre begleiten wird.

Direkt vor dem Lehrertisch sitzen zwei Jungs, die schon äußerlich so unfreiwillig komisch sind, dass sie wahrscheinlich in kürzester Zeit zu Youtube-Stars werden könnten. Der weniger dicke von beiden, Justin, ist der deutlich aktivere und scheint seit Beginn der Stunde damit beschäftigt zu sein, seine Hyperaktivität in den Griff zu kriegen. Auf seinem Pullover ist ein kleiner Junge mit tief sitzenden Hosen abgebildet, der einen Joint raucht. Unentwegt spielt Justin mit Stiften herum, spricht mit sich selbst, lacht über seine eigenen Witze, kippelt, dreht sich zu den Mädels hinter ihm um, zappelt mit den Beinen und singt Lieder. Ich schaue ihn fragend an.

»Musst du aufs Klo, oder was ist mit dir los?«

Auf dem Namensschild von Justins Nachbar steht etwas geschrieben, das ich gerade so entziffern kann. Den Unterschied zwischen Klein- und Großbuchstaben kennt *jaϽʁ* wohl noch nicht, und warum die letzten beiden Buchstaben spiegelverkehrt geschrieben sind, erschließt sich mir auch nicht. Sichtlich von Justin genervt erklärt mir Jack, dass sein Nachbar immer so drauf sei. Während er spricht, hängt jeder Teil seines umfangreichen Gesichts lustlos nach unten. Dann kramt er einen Moment in seiner Tasche und beißt schließlich genüsslich in ein handelsübliches Milchspeiseprodukt, das zu allergrößten Teilen aus Fett und Zucker besteht, aber als gesunde Zwischenmahlzeit beworben wird. Ich weise ihn darauf hin, dass er während der Stunde nicht essen darf, was ihn offensichtlich überrascht.

»Is doch nur Müllschnitte«, entgegnet Jack mit vollem Mund.

Ich muss grinsen, was sein Nachbar Justin sofort bemerkt und laut lachend einsteigt.

»Müllschnitte, hahaha, isch lach misch tot. Er isst Müll! Hahaha …«

Während seines Lachanfalls kommt Justin einem der Mädels aus der Reihe hinter ihm zu nahe, die ihm daraufhin kräftig auf die Schulter boxt. Er setzt eine schmerzverzerrte Miene auf, hält sich die Hand an die verwundete Stelle und heult laut auf.

»Mann, du Schlampe! Schlag misch nisch! Wegen isch wurde Freitag geümpft. Gegen Tatunes.«

Mit einer Mischung aus Bestürzung und Begeisterung entnehme ich seinem Bericht, dass er wohl vor Kurzem eine Tetanusimpfung bekommen hat. Samira, das Mädchen hinter ihm, widmet sich wieder ihrem girliemäßigen Ausmalbuch. Mit großer Sorgfalt verleiht sie großäugigen Strichfiguren ihren eigenen Look: schicke Glitzerklamotten, Lidschatten und knallrote Lippen. Frau Sommer fordert Samira streng dazu auf, einen Arbeitsbogen vom Lehrertisch zu holen. Lustlos schlendert sie nach vorne, und ich kann ihre Sitznachbarin Talibe genauer unter die Lupe nehmen, das Mädchen, das uns vorhin mit offen stehendem Mund begrüßt hat. Sie arbeitet offenbar schon länger an einem Krikel-Krakel-Kunstwerk. Als ich sie anspreche, starrt sie mich wieder geistesabwesend an und scheint dabei einen Punkt zu fixieren, der irgendwo hinter meinem Kopf liegt. Meine Frage nach der Liste überrascht sie sichtlich, also zeige ich wortlos auf die Tafel.

»Oh. Isch mache jetzt!«

Auf meinem Weg zu Herrn Winter in der letzten Reihe sitzen ein paar Kids, die offensichtlich zum harmloseren Teil der Klasse gehören. Darunter befindet sich ein vietnamesisches Mädchen mit dem schwierigen Namen Cai-Thao, die bereits mit sämtlichen Aufgaben fertig ist und in einem Buch liest.

Der Scherzkeks, der sich uns als Herr Winter vorgestellt hat und eigentlich Oktay heißt, scheint ein ganz netter Kerl zu sein. Unter seinem Käppi trägt er, wie viele andere Jungs der Schule auch, eine Boxerfrisur mit sauber rasierten Seiten und kurzen Haaren auf dem Kopf. Dazu darf der glänzende Trainingsanzug nicht fehlen. Er und sein Nachbar haben ebenfalls alle Aufgaben erledigt, sodass ich sie ohne Bedenken weiter leise quatschen lassen kann.

Der nächste Schüler sitzt ganz hinten in der Mitte an einem einzelnen Tisch, auf dem sich außer dem Namensschild kein einziger Gegenstand befindet. Kippelnd lehnt er an der Wand, lässt die Beine baumeln und kaut Kaugummi. Auf meine erste Frage reagiert er nicht, also schnappe ich mir einen Stuhl und setze mich zu ihm. Laut schmatzend starrt er mich an. Sein Blick ist leer und angriffslustig zugleich. Die großen Zähne stehen schief aus seinem Mund heraus, den er beim Kaugummikauen kreisförmig wie eine Kuh bewegt. Auf die Frage nach dem Abschreiben der Liste hat er eine besonders tolle Antwort parat.

»Sch'ab Foto gemacht!«, bringt er schmatzend hervor und zeigt mir dann sein brandneues Smartphone. Gar nicht mal so doof. Weil ich mit der Autoritätskeule bei ihm wahrscheinlich nur Ablehnung hervorrufen würde, lasse ich ihn sitzen. Ist zwar nicht gerade professionell, aber alles andere würde jetzt nur in Krawall ausarten.

Dem nächsten Tisch brauche ich mich nicht zu nähern, denn die kleine Aygül kommt bereits auf mich zugesprungen. Sie ist ein gutes Drittel kleiner als die restlichen Mädchen der Klasse, ausgesprochen dünn und trägt zwei geflochtene Zöpfe.

»Herr Müller, Herr Müller, Herr Müller«, ruft sie mit aufgerissenen Augen und grinst über beide Ohren. Dabei hüpft sie von einem Bein aufs andere und klatscht in die Hände.

»Was denn?«

Mit dieser Rückfrage hat sie wohl nicht gerechnet. Plötzlich bleibt sie ruhig stehen, legt den Zeigefinger an den Mund und überlegt. Ihr Blick schweift in die Ferne. Ich begleite sie an ihren Platz, erkläre ihr die Aufgabe und weise sie dort alle zehn Sekunden darauf hin, auf ihrem Platz sitzen zu bleiben.

»Weißt du was?«, fällt ihr auf einmal ein. »Heute morgen sch'hab meine Medikamente nisch genommen!«

»Was denn für Medikamente?«

»Na, gegen ADHS! Isch muss jeden Tag nehmen, aber mein Mama sagt, dann bin'sch immer so traurig und sch'esse zu wenig. Deswegen machen wir jetzt ein Pause und deswegen …«

Sie springt wieder auf und beginnt ihren lustigen Tanz.

»… deswegen bin isch jetzt wieder total verrückt. Außerdem muss'sch aufs Klo. Darf isch? Ja? Ja? Ja?«

Ihre Worte sprudeln in Höchstgeschwindigkeit aus ihr heraus, also schicke ich sie zur Toilette. Hüpfend macht sie sich auf den Weg. Ich schaue ihr erstaunt hinterher und schüttele langsam den Kopf. Frau Sommer bemerkt meinen Blick und kommt zu mir.

»Krass, oder? Ich hab mir von der vorherigen Klassenlehrerin mal ein paar Infos über die Kids geben lassen. Nach der Stunde klär ich dich mal auf, ja?«

»Gerne«, antworte ich und wende mich der Sitznachbarin von Aygül zu.

Die heißt Nur-Çan, sitzt lustlos über dem Arbeitsblatt und kaut an ihrem Stift herum. Entweder ist sie deutlich älter als ihre Mitschülerinnen oder in ihrer körperlichen Entwicklung so weit voraus, dass man sie ohne Weiteres als pubertär bezeichnen kann. Ähnlich wie Müllschnitten-Jack aus der ersten Reihe wirkt sie in dieser Klasse wie ein Baum in einem Blumenladen. Ihrem lustlosen Gesichtsausdruck zum Trotz erkläre ich ihr, dass wir nicht mehr im Kindergarten sind, sie das Stiftekauen bleiben lassen soll, und entschwinde dann schnell ihrer Dunstwolke.

Am Tisch vor ihr gelange ich zu einem Jungen, hinter dessen Blick ich ein ziemlich schlaues Kerlchen vermute. Khalim ist sportlich gekleidet, hat eine pedantisch rasierte Boxerfrisur und sieht insgesamt nur wenig nach Höflichkeit aus – und doch ist sein Benehmen geradezu vorbildlich.

»Eigentlisch heiß isch Djihad«, erklärt er mir. »Aber dieser Name – er kommt hier nisch so gut an.«

»Weißt du auch wieso?«, frage ich ihn ernst.

»Ja, mein Boxtrainer, er hat mir erklärt. Er's auch Araber, und er sagt, sch'soll nett sein zu eusch.«

»Wen meinst du damit?«

»Deutsche.«

Da haben wir aber Glück gehabt!

Neben Khalim sitzen die dicke Melek und die

dürre Medina und kichern. Als ich frage, wie sie mit dem Arbeitsblatt vorankommen, kichern sie. Als ich sie frage, was denn so witzig sei, kichern sie wieder, und als ich leicht irritiert zum nächsten Platz gehe, kichern sie immer noch.

»Lacht ihr über mich?«, frage ich sie schließlich, denn noch immer fühle ich mich in der Gegenwart kichernder Mädchen latent ausgelacht.

»Herr Mülla«, erklärt mir Melek lächelnd, »nicht die ganze Welt dreht sich um Sie, okay?«

»Ist ja gut«, gebe ich zu und entferne mich mit einer beschwichtigenden Handbewegung. Weil ich mich in meinem leichten Egozentrismus erwischt fühle, werde ich ein bisschen rot. Peinlich.

In der ersten Reihe angekommen, treffe ich auf zwei Jungs mit den Namen Ali und Mohamed, deren Halsketten mit libanesischen Flaggen ihre Herkunft verraten. Beide haben buschige Augenbrauen und dunklen Flaum auf der Oberlippe. Sie lächeln mich unsicher an, als ich auf sie zukomme, und weil sie anscheinend noch nicht so lange in Deutschland leben, gestaltet sich das Gespräch mit ihnen ziemlich schwierig. Die Liste haben sie bereits abgeschrieben, aber das Arbeitsblatt bereitet ihnen große Probleme. Ich würde den beiden ja gern weiterhelfen, aber leider habe ich die Blätter nicht in arabischer Übersetzung parat.

Meine nächste Station ist der Tisch von Amir und Marcel. Amir, ein ordentlicher Junge mit Harry-Potter-Brille, erklärt seinem Nachbarn gerade geduldig das Arbeitsblatt. Diese Geduld scheint auch nötig zu sein, denn jeder Versuch von Marcel, die nächste Lücke im Text richtig zu füllen, scheitert.

Mit verzweifeltem Blick schlägt Marcel sich an die Stirn und schüttelt den Kopf. Er trägt Armeehosen und ein Käppi. Als er meinen Blick bemerkt, überlegt er einen Moment und zieht sich dann schnell die Mütze vom Kopf.

»Herr Möller«, meldet sich Amir zu Wort. »Machen wir in Musik auch mal Harmonielehre oder singen wir nur so Lieder wie *Meine Oma fährt im Hühnerstall Motorrad*?«

»Wie kommst du denn darauf?«

»Das haben wir bei unserem vorherigen Musiklehrer immer gesungen.«

»Hat euch das gefallen?«, will ich von ihm wissen, woraufhin sämtliche Kinder im Umkreis von drei Metern energisch den Kopf schütteln.

»Na dann – singen wir's nicht!«, erlöse ich die Kids und erkläre ihnen, dass wir im Musikunterricht hauptsächlich Dinge tun würden, die ihnen sicherlich Spaß machten.

»Aua, Mann, Khalim, du Wichser!«, unterbricht mich Melek kreischend und reibt sich die Schulter.

Khalim, der sich von meinem strengen Blick offensichtlich ertappt fühlt, setzt sich in Höchstgeschwindigkeit auf seinen Platz und nimmt wieder seine scheinbar brave Haltung ein.

»Was ist gerade passiert, Melek?«, frage ich sie und schaue Khalim dabei streng an, während ich auf ihn zugehe.

»Er hat mein Schulter geboxt!«

»Jetzt hör mir mal gut zu«, sage ich leise drohend, bevor er auch nur die Stimme erheben kann. »Ich möchte nie wieder erleben, dass du jemanden schlägst. Verstanden?«

»Aber ich …«

»Hast du mich verstanden?«, will ich nachdrücklich von ihm wissen und starre ihn so lange an, bis er widerwillig nickt.

Im Umgang mit harten Jungs habe ich mir ein paar Regeln angewöhnt. Nummer eins: Zeig keine Gnade! Nummer zwei: Hab immer das letzte Wort! Nummer drei: Lass ein paar Minuten vergehen, geh dann hin und such das Gespräch oder mindestens einen versöhnlichen Blick. Sonst verhärtet sich das Verhältnis, und man hat sich einen echten Feind geschaffen, was die spätere Zusammenarbeit nahezu unmöglich macht.

Sowieso musste ich lernen, mein eigenes Unbehagen als Lehrer ständig zu ignorieren und selbst auf die unmöglichsten, frechsten und aggressivsten Schüler immer wieder zuzugehen. Das Unprofessionellste, was einem als Lehrer passieren kann, ist, die beleidigte Leberwurst zu spielen. Schließlich handelt es sich hier um Menschen, für die das Gleiche gilt wie für mich und alle anderen auch: Sie haben sich nicht ausgesucht, so zu sein, wie sie sind.

Meine letzte Station in der Klasse ist wieder ein einzelner Tisch, der ganz vorne neben der Tafel steht. Daran sitzt ein Junge namens Sebastian, der mich aus dunklen Augenhöhlen anschaut und nervös an seinen Fingernägeln knabbert. Er trägt ausgewaschene Klamotten, und die zerschlissene Federtasche auf seinem Tisch enthält nichts außer einem zerkauten Bleistift. In der rechten Hand hält er einen Füller, mit dem er an verschiedenen Stellen des Arbeitsblattes so lange herumgemalt hat, bis darin große Löcher entstanden sind.

»Hey, Sebastian«, beginne ich freundlich, »wie kommst du voran?«

»Na ja«, antwortet er in vier verschiedenen Tonlagen und räuspert sich schnell. »Einklisch ganz gut, aber ...«

Er kratzt sich die trockene Haut an den Knöcheln seiner rechten Hand auf und schaut mich verlegen an. Obwohl er ausgesprochen klein und schmächtig ist und auch sonst nichts an ihm auf eine beginnende Pubertät hinweist, befindet sich seine Stimme mitten im Umbruch. Ich schlage ihm vor, sich ein neues Blatt zu holen, was er sofort tut. Er steht auf und hat große Mühe, seine zu große Hose festzuhalten, die ihm mangels Gürtel beinahe über den Hintern rutscht.

Military-Marcel bemerkt das, springt auf, zeigt mit dem Finger auf Sebastian und lacht ihn schallend aus. Sebastian gerät daraufhin sofort in Rage und nutzt seine freie Hand, um Marcel an die Gurgel zu gehen. Das wiederum ermutigt Khalim, in die Rangelei einzusteigen, und auch die beiden libanesischen Scheinzwillinge lassen nicht lange auf sich warten. Innerhalb weniger Augenblicke hat sich eine handfeste Prügelei entwickelt, die von der restlichen Klasse mit lauten Rufen angeheizt wird.

Mit einem gezielten Griff befreie ich Marcels Hals aus Sebastians festem Klammergriff, woraufhin sich auch die restlichen Kampfhähne wieder daran erinnern, sich im Unterricht zu befinden – und nicht auf dem Hinterhof ihrer Wohnsiedlung.

Die Schulglocke beendet die Szene, woraufhin alle Kids ungebremst aus dem Klassenzimmer stürmen. Mit einem großen Schritt nach hinten kann ich mich gerade noch davor retten, mitgerissen zu werden. Frau Sommer schaut mich aus dem hinteren Teil der Klasse an.

»Kaffee?«, fragt sie mich, als alle verschwunden sind.

»Unbedingt!«

Beim Bäcker angekommen, erklärt sie mir, dass die 5a wegen schwerer Disziplinprobleme nach dem dritten Schuljahr aus zwei Klassen zusammengelegt wurde und es im vierten Schuljahr einen Klassenlehrerwechsel gab, sodass sie für die meisten der Kinder die vierte Klassenlehrerin ist. Die schlechte Gruppendynamik sei typisch für solche Klassen, erklärt sie mir, und lobt mich anschließend für meinen strengen Auftakt.

»Fällt mir nicht immer leicht«, gebe ich zu, »aber ich hab im letzten Schuljahr viel gelernt – vor allem durch Misserfolge.«

Sie lächelt. Gemeinsam gehen wir die Notizen der vorherigen Klassenlehrerin durch und graben uns ganz tief in die menschlichen Schicksale ein, die sich uns darbieten.

Justin hat drei jüngere Brüder, und weil der alleinerziehende Vater mit der Situation überfordert ist, leben die beiden älteren bei der Oma und ihrem Lebensgefährten. Justins Banknachbar Jack zeigt schon lange schwer depressive Züge, leidet unter starkem Übergewicht und ist leistungsmäßig auf dem Stand eines Drittklässlers. Höchstens. Beide Jungen gehen regelmäßig zum Psychologen, gelten als stark lernbehindert und erhalten stets leichtere Aufgaben und Tests als der Rest der Klasse.

»Marcel auch?«, frage ich dazwischen.

»Ja, und Aygül«, bestätigt Frau Sommer meine Vermutung.

Talibe lebt mit ihren streng gläubigen Eltern und sechs Geschwistern in einer Zweizimmerwohnung. Zu Hause wird sie zur massiven Mithilfe im Haushalt verdonnert, sodass sie dem schulischen Stoff seit Langem nicht mehr folgen kann. Ihre Sitznachbarin Samira lebt allein mit ihrer depressiven Mutter, ist schulisch eigentlich fit, aber oft unaufmerksam, undiszipliniert und unmotiviert. Die Eltern von Cai-Thao kommen aus Vietnam und sprechen kaum ein Wort Deutsch. Sie selbst gehört aber zu den Leistungsstärksten der Klasse und ist sowohl kognitiv als auch sprachlich und sozio-emotional sehr gut entwickelt.

Anders verhält es sich bei Oktay. Er lebt allein mit seiner Mutter, die ihn vergöttert und sämtlichen Berichten über sein schlechtes Benehmen außerhalb der eigenen vier Wände keinen Glauben schenkt. Wie sein Nachbar Enis hat er wenig Probleme mit den Inhalten, die in der Schule vermittelt werden, hängt meistens jedoch mit einer großen und äußerst bildungsfernen Jugendclique rum. Enis und Oktay kamen schon öfter mit der Polizei nach Hause und verbringen ihre Freizeit wahlweise in der Shopping-Mall oder daheim – und dort meist vor dem Computer.

Rico, der Junge auf dem isolierten Sitzplatz im hinteren Teil der Klasse, scheint ein besonderer Härtefall zu sein. Er gilt seit mehreren Jahren als verhaltensauffällig, aggressiv und lustlos. Mehrere Tadel und ein Schulwechsel prägen seine bisherige schulische Laufbahn; seiner alleinerziehenden und überforderten Mutter gegenüber verhält er sich ähnlich wie in der Schule.

Bei Aygül liegt die ADHS-Diagnose noch nicht allzu lange zurück. Seitdem erhält sie Medikamente, die zwar ihr aufgekratztes Verhalten, nicht aber ihre schulischen Leistungen verbessert haben. Nur-Çan verbringt ihre Freizeit mit Oktay, Enis und deren Kumpels, die teilweise deutlich älter als die drei sind. Ihre schulischen Leistungen bewegen sich meistens jenseits der Vier. Auch Khalim ist Teil dieses Freundeskreises und wächst in einem Haushalt ohne Vater auf, in dem der Onkel die Rolle des männlichen Erziehungsberechtigten übernommen hat.

»Der Onkel scheint in seinen Methoden etwas traditionell verhaftet zu sein«, bemerkt Frau Sommer mit einer hochgezogenen Augenbraue und erwähnt die Veilchen, mit denen Khalim wohl schon öfter in die Schule kam. Er zeigt stellenweise sehr gute schulische Leistungen und liegt vor allem im kreativ-künstlerischen Bereich weit vorne, jedoch fällt er immer wieder durch brutale Schlägereien und maßlose Frechheiten, vor allem gegenüber weiblichem Lehrpersonal, auf. Seit seinem Eintritt in den Boxverein hat sich sein Verhalten jedoch etwas gebessert.

Melek und Medina sind seit Langem beste Freunde. Ihre Leistungen liegen schriftlich nur leicht unter dem Durchschnitt, mündlich beteiligen die beiden sich allerdings nur auf Nachfrage und dann meist mangelhaft. Ali und Mohamed wurden beide im Libanon geboren und leben erst seit einem Jahr in Deutschland. Wegen ihrer Sprachdefizite lassen sich über ihr tatsächliches schulisches Leistungsvermögen bisher kaum zuverlässige Aussagen treffen.

Amir hingegen ist der Sohn einer sehr gebildeten Frau aus dem Jemen, die beim Rundfunk arbeitet und die schulische Karriere ihres Sohnes mit viel Aufmerksamkeit und Engagement begleitet. Mit Cai-Thao zusammen gilt er als leistungsstärkster Schüler. Sein Nachbar Marcel stammt aus einer kinderreichen Familie des sogenannten deutschen Sozialhilfeadels. Seine Eltern, Onkel und Tanten sind größtenteils Hartz IV Empfänger, und wegen seiner Lernbehinderung hat er massive Probleme, den Anforderungen der Schule gerecht zu werden.

»Und dann wäre da noch Sebastian«, sagt Frau Sommer mit einem Seufzen. »Ihn hat es in Sachen familiärer Hintergrund vielleicht am härtesten getroffen.«

Über seinen Vater ist nur bekannt, dass er gewalttätig war und seine Familie vor einigen Jahren verlassen hat. Seine Mutter dagegen ist schwer alkoholkrank, langzeitarbeitslos und ein psychisches Wrack. Sebastians älterer Bruder saß schon mehrmals im Jugendarrest, und Sebastian scheint in seine Fußstapfen zu treten. Er ist äußerst aggressiv, auch gegenüber Lehrern, und kommt fast täglich ohne Essen zur Schule. Frau Sommers Vorgängerin hat wohl mehrere Kontaktversuche zur Mutter gestartet, aber das hat auch nichts gebracht. Das Jugendamt hat für solche harmlosen Fälle keine Zeit, und so werden wir mit Sebastians Situation wohl oder übel auskommen müssen.

Meine Kollegin atmet einmal tief durch. »Das ist also unsere Klasse!«

»Wieso unsere?«

»Na ja, Frau Schneider ist zwar die stellvertretende Klassenlehrerin, aber so schwer krank, dass sie vermutlich oft für mehrere Wochen ausfallen wird. Du hast außer mir die meisten Stunden in der Klasse, und wie du siehst, kann ich tatkräftige Unterstützung gut gebrauchen.«

Offensichtlich.

»Auf meiner alten Schule«, erklärt sie mir auf dem Rückweg, »war ich auch Klassenlehrerin. Ich erzähl dir jetzt mal, warum ich gegangen bin.«

Dann berichtet sie mir davon, dass im letzten Schuljahr fünf neue Schüler in ihre Klasse gesteckt wurden – allesamt Sinti und Roma.

»Na ja, die müssen ja auch irgendwo zur Schule gehen, oder?«, frage ich vorsichtig.

»Klar, aber jetzt pass auf: Die kamen ohne Schulmappen und ohne Essen, und keiner von ihnen hat auch nur ein Wort Deutsch gesprochen. Als ich einem mit Händen und Füßen erklärt habe, dass er seine Jacke ausziehen kann, hat er angefangen zu weinen.«

Na gut, vor diesem Hintergrund ist unsere Klasse vielleicht doch gar nicht so schlimm.

11

SPORTLEHRER IN DREI MINUTEN

An der Sporthalle angekommen, treffe ich Geierchen und erzähle ihm kurz von meiner neuen Klasse, doch den schockt gar nichts mehr. Stattdessen klärt er mich über den Job als Sportlehrer auf. Immerhin ist er seit gut dreißig Jahren im Dienste der Leibesertüchtigung unterwegs.

»Schone deine Stimme!«, rät er mir und inspiziert meine Trillerpfeife. Dann geht er mit mir den Ablauf einer Sportstunde durch, erinnert mich an ein paar Spiele aus meiner eigenen Schulzeit und schärft mir dann die drei wichtigsten Lernziele des Sportunterrichts ein.

»Regeln, Regeln und noch mal: Regeln«, erklärt er entschieden. »Außerdem solln die armen Teufel sich ma richtig austoben. In unsern beschissnen Schulsystem hocken die sonst ja nur uff ihrn Arsch ...«

Dann weist er mich auf die Tücken beim Geräteturnen hin, klopft mir kameradschaftlich auf die Schulter und will in Richtung Schulgebäude abrauschen. Doch dann fällt ihm noch etwas ein.

»Möller, eens noch – janz wichtig!«

Er kommt ganz nahe und wird leiser.

»Ne Fünfte haste, wa? Jut, pass uff ... Als Sportlehrer stehste quasi immer mit een Been in Knast!«

»Wegen der Verletzungsgefahr?«

»Nein, Mensch. Wegen der Mädels!«

Er packt mich fest am Oberarm und macht mir unmissverständlich klar, dass einige der Mädels ihre Wirkung aufs männliche Geschlecht bereits sehr gut kennen, weshalb ich sie immer genauso behandeln soll wie alle anderen Schüler.

»Jehe niemals zu die Mädels inne Umkleidekabine, klar?«, flüstert er mir zu.

»Aber ich hab doch Aufsichtspflicht«, entgegne ich.

»Is doch scheißejal, und wenn die aus'n Fenster hüppen – du bleibst draußen!«

Das war also meine Fortbildung *Sportlehrer in drei Minuten*, womit sogar mein Crashkurs zum Mathelehrer unterboten wäre. Aber schließlich bin ich inzwischen so etwas wie eine erfahrene Lehrkraft. Quasi.

Als Geierchen abzieht, kommen die ersten Schüler der 5a auf mich zu und fragen wild durcheinander, was wir heute spielen und ob sie auch in Jeans und Straßenschuhen mitmachen dürfen.

»Auf keinen Fall!«, erkläre ich mit lauter Stimme, woraufhin Geierchen sich noch einmal umdreht und mir mit fuchtelnden Armen zu verstehen gibt, ich solle meine Pfeife benutzen. Ich puste also einmal probeweise in meine nigelnagelneue Trillerpfeife und erkläre den Kids dann, dass sie zwei Minuten Zeit hätten, sich umzuziehen. Wer zu spät kommt, mache ich klar, läuft zwei Extrarunden, und als Khalim entrüstet nachfragt, wer das entscheide, gebe ich die Universalantwort meines Sportlehrers aus der Oberschule: »Drei Runden für dich. Noch Fragen?«

Ruhe kehrt ein. Ich schicke die Klasse in ihre Umkleidekabinen, ziehe mir meine Sportschuhe an und
betrete die Halle. Seit meiner Schulzeit scheint sich
nicht viel geändert zu haben. Das abgelatschte Parkett hat an vielen Stellen Lücken, und auf den Hei-
zungen hat sich eine dicke Staubschicht angesam-
melt. Beim Blick in den Geräteraum schüttele ich
frustriert den Kopf: zerbrochene Hula-Hoop-Reifen liegen zwischen zerfransten Schaumstoffbällen,
die Turnmatten haben Löcher, die Medizinbälle sind
eher Medizineier, und sämtliche Springseile sind zu
einem gigantischen Knoten verschlungen. Der Zustand der Geräte interessiert mich zwar nicht, aber
zweifelsfrei sind die Dinger älter als ich. Ich atme
tief durch, entdecke im Schrank ein paar brauchbare
Bälle und schmeiße sie zum Spielen in die Halle.

Ali, der als Erster in die Halle kommt, rennt brüllend auf die Bälle zu, schießt alle wie wild in der Gegend herum und erzählt mir dann, dass in der Umkleidekabine der Jungs eine Prügelei stattfinde.
Ich rase also nach oben, öffne ruckartig die Tür und
muss mir beim Anblick von Müllschnitten-Jack, der
in Unterhosen heulend auf der Bank sitzt, erst einmal ein spontanes Lachen verkneifen. Oktay wird
von drei starken Jungs zurückgehalten und wirkt,
als würde er vor Wut gleich explodieren. Diese un-
gezügelte Aggression ist mir vollkommen fremd.
Ich glaube, ich habe mich in meinem ganzen Leben
noch nie so aufgeregt, wie er es gerade tut.

»Was ist hier los?«, will ich von ihm wissen.

»Jack hat gesagt, meine Mutter is eine Hure!«,
brüllt Oktay und verliert dann endgültig die Fassung.
In seinem jetzigen Zustand würde er Jack wahr-

scheinlich krankenhausreif prügeln. Khalim wirft brüllend ein, dass Oktay mit dem Streit angefangen habe, macht dabei allerdings den Fehler, zu nah neben dem Beschuldigten zu stehen, sodass er für seinen Verrat direkt einen Tritt zwischen die Beine kassiert. Als Kampfsportler hat sich Khalim jedoch schnell erholt, nimmt augenblicklich seine professionelle Boxerhaltung ein und holt zur gezielten Geraden aus. Bevor er Oktay in die Seile schickt, gehe ich jedoch dazwischen, umfasse Oktays Oberarme mit beiden Händen und drücke sie fest an seinen Körper, damit er sich nicht mehr bewegen kann.

»BERUHIG DICH JETZT!«, brülle ich ihn an und schaue ihm aus drei Zentimetern Entfernung in die Augen. Dann herrscht Ruhe. Für Geierchens Ratschlag, meine Stimme zu schonen, ist es jetzt definitiv viel zu spät. In diesem Moment höre ich eine kreischende Mädchenstimme und eine zufallende Tür.

»Mann, diese Schlampen kommen immer hier rein!«, heult Jack auf, der immer noch fast nackt auf der Bank sitzt. Weil sein Schlüpper von seiner blassen Hautmasse fast komplett verschluckt wird, gibt er eine ziemlich jämmerliche Figur ab. Wie wird der arme Kerl wohl mit achtzehn aussehen?

Melek reißt mich aus meinen Gedanken.

»Herr Müller, komm schnell rüber, zwei Mädchen kloppen sich ieberkrass!«

»Aber ich darf nicht zu …«

»SCHNELL!«, wiederholt sie panisch und rennt durch den Waschbereich in die Kabine der Mädels. Für diesen speziellen Sonderfall gibt es nur eine Lösung: Ich folge ihr und betrete die Kabine der Mädels – mit geschlossenen Augen. Die erschrockenen Rufe beruhigen sich schnell, als alle gemerkt haben, dass ich nichts sehen kann. Dann erkläre ich ihnen, dass ich trotz geschlossener Augen alles höre, und kündige an, den Sportunterricht bei dem nächsten Vorfall dieser Art durch ein benotetes Diktat zu ersetzen. Nach einer kurzen, aber heftigen Ansage in der Kabine der Jungs renne ich wieder in die Turnhalle. Dort haben sich die bereits umgezogenen Schüler am Müll im Geräteraum bedient und beschmeißen sich mit den Teilen zerfetzter Schaumstoffbälle und den Überresten zerbrochener Hula-Hoop-Reifen. Ich stehe einen Moment lang kurz vor der Kapitulation, doch dann fällt mir wieder meine Pfeife ein. Mit den Fingern in den Ohren trillere ich so laut ich kann und beobachte, wie die Kinder zusammenzucken. Entschlossen stampfe ich auf den Wildesten der Chaostruppe zu, reiße ihm den kaputten Ball aus der Hand und zeige auf die Bank.

»Aber …«, beginnt Justin beleidigt, doch ich lasse ihn nicht aussprechen, sondern mache noch einen weiteren Schritt in seine Richtung, sodass er sich widerwillig hinsetzt.

Immer wieder mache ich die Erfahrung, dass Körpersprache viel besser funktioniert als das ständige Gebrülle. Als der Großteil der anderen Schüler aus den Umkleidekabinen endlich in der Halle angekommen ist, pfeife ich erneut und signalisiere den Kids, sich im Mittelkreis hinzusetzen.

»Ohne Bälle! Nicht prügeln! Auf den Hintern setzen!«

Jede Anweisung muss hier in unmissverständlichen Hauptsätzen ausgesprochen werden. Während die meisten nun endlich sitzen, kommen vereinzelte Nachzügler in die Halle und quetschen sich dazwischen.

»Sechzehn Minuten sind nun seit dem Klingeln vergangen«, beginne ich meine Auftaktrede. »Und das ist deutlich zu lange. Abgesehen von den zwei Prügeleien in den Kabinen, möchte ich …«

»Aber er hat meine Mutter Hure gesagt«, unterbricht mich Oktay.

Stille kehrt ein. Auf meine ruhige Frage, ob er mich unterbrochen habe, versucht er sich zu rechtfertigen, doch meine Strafe ist klar: zwei Runden laufen.

»Wie viel?«, fragt er fassungslos.

»Drei.«

Während Oktay in lockerem Jogging seine Strafrunden antritt, erkläre ich den anderen die Regeln für meinen Sportunterricht und lasse sie anschließend ebenfalls laufen. Geierchen erscheint vor meinem inneren Auge und flüstert: *Mach sie fertig, die armen Teufel, die brauchen Bewegung, die sind überhaupt nicht ausgelastet!*

»Danach kommt ihr wieder in den Mittelkreis!«

Ich beobachte die Kids beim Joggen und stelle dabei fest, dass die Leistungsunterschiede – wie in allen anderen Fächern auch – gravierend sind. Während einige wenige Kinder locker flockig ihre Runden drehen, kann man die Bewegungen anderer Kinder nur noch als Stolpern bezeichnen. Schon nach wenigen Sekunden setzen einige gequälte Gesichter auf und haben offensichtlich große Mühe, ihre überflüssigen Pfunde durch die muffige Halle zu wuchten. Bereits nach der ersten Runde sitzen die Ersten hechelnd auf der Bank. Melek weint sogar vor Erschöpfung – und das, obwohl eine Runde in der Turnhalle gerade mal fünfzig Meter beträgt. Mit einem lauten Pfiff beende ich das Trauerspiel und signalisiere den Kids, dass sie sich im Mittelkreis versammeln sollen.

Wer kennt sie nicht, die Bilder aus dem Fernsehen, in denen übergewichtige Kinder unter größter Anstrengung versuchen, sich sportlich zu betätigen? Noch vor ein paar Tagen wollte ich mehr über das Thema Übergewicht bei Grundschulkindern wissen und wurde von den Suchergebnissen im Internet fast überrollt. Die Bundeszentrale für gesundheitliche Aufklärung gibt an, dass jedes zehnte Kind übergewichtig sei. Hier sind es noch mehr, aber nicht nur die dicken Kinder bewegen sich so, als hätten sie zu viel auf den Rippen.

»Wer von euch geht nach der Schule zum Sport?«, will ich nach der ersten Übung wissen.

Ein Mädchen und zwei Jungs melden sich. Samira geht zum Turnen, Khalim boxt, Oktay spielt Fußball. Drei von fünfundzwanzig, ich kann es kaum glauben.

Dann meldet sich Jack und erzählt, dass er einmal beim Fußballtraining gewesen sei. »Aber denn der Trainer hat jesacht, ick soll erstmal abnehmen«, beendet er seine traurige Geschichte. Als die Klasse ihn dafür lauthals auslacht, weiß er keinen anderen Weg, als sich hinter seinen Händen zu verstecken.

Ich pfeife wieder laut und schicke Justin, der beim Lachen sogar auf Jacks Bauch geschlagen hat, auf die Bank. Langsam verliere ich die Hoffnung, den Sportunterricht tatsächlich bewältigen zu können.

Dann fällt mir Geierchen wieder ein, also entscheide ich mich für eine bewegungsintensive Übung: Staffellauf. Den Ablauf wiederholen wir drei Mal, bis auch das letzte Kind die Regeln verstanden hat. Die übrige Zeit reicht gerade mal für ein simples Spiel, das die Kinder mir erklären. Die Umkleideprozedur beobachte ich diesmal genauer, und nachdem ich irgendwann auch die Langsamsten aus der Kabine gescheucht habe, gehe ich mit dröhnendem Schädel in meine verdiente Pause.

12

SONNE, MOND UND STERNE

Nach meinem Einstieg in den Sportunterricht bin ich am nächsten Tag heilfroh, statt einer Turnhalle einen normalen Klassenraum zu betreten.

»Cassandra, es reicht jetzt! Setz dich sofort hin!«, brüllt die Klassenlehrerin eine ihrer Schülerinnen an, als ich in die Klasse komme. Frau Krüger ignoriert meine Ankunft komplett, atmet einmal tief durch und beginnt dann ihren Unterricht.

»Aufgepasst! Es holen sich bitte alle ihre Hefte!«

Die Kids rennen los und durchsuchen ihre Fächer nach Materialien, wobei ein heilloses Durcheinander entsteht. Nach zwei weiteren Schreiattacken meiner anscheinend völlig überforderten Kollegin sitzen die meisten Kids an ihren Plätzen und beginnen mit der Arbeit.

»Ich geh hier noch kaputt! So ein Chaos … Wer hat sich diesen JÜL-Schrott nur ausgedacht?«, fragt sie mich, als sie endlich Notiz von mir nimmt.

Richtig, heute ist es so weit: Ich bin zum ersten Mal in einer Lerngruppe eingesetzt, die nach dem sogenannten Jahrgangsübergreifenden Lernen, kurz JÜL, unterrichtet wird. Seit dem letzten Jahr gibt es an unserer Schule also keine ersten, zweiten und dritten Klassen mehr, sondern nur noch Lerngruppen, in denen die Erst-, Zweit- und Drittklässler zu jeweils einem Drittel gemeinsam unterrichtet werden. Ich wende mich wieder meiner Kollegin zu und informiere sie darüber, dass ich ihr ab heute als Assistenzlehrer zur Verfügung stehe. Sie schaut einen Moment lang genervt in die Klasse und schlägt mir dann vor, Kaffee trinken zu gehen, denn letztlich würde ich ihr mehr Arbeit machen, als ich ihr abnähme.

Na, schönen Dank auch!

Die nächste Frage der kleinen Cassandra bringt das randvolle Fass der Klassenlehrerin dann endgültig zum Überlaufen. Sie dreht sich um und brüllt den laufenden Meter aus voller Brust an: »NEIN, CASSANDRA, JETZT NICHT!«

Die Kleine zuckt zusammen, und in der Klasse herrscht plötzlich eisige Stille. Dann erklärt Frau Krüger mit bebender Stimme, dass beim Arbeiten absolute Ruhe herrschen müsse – bei fünfundzwanzig Kindern in einer Altersspanne von fünf bis neun Jahren eine geradezu groteske Forderung.

Aber so läuft das eben, wenn man neue Unterrichtskonzepte einführt, ohne das Personal im Vorfeld einzubinden. Und das ist verdammt schade, denn bei JÜL – das habe ich gestern noch recherchiert – handelt es sich eigentlich um ein wirklich kluges Konzept. Weil die Kinder hier keine starren Klassenstrukturen mehr haben, sondern verschiedene Lernwege beschreiten, können sie (unter der richtigen Anleitung wohlbemerkt) ihr Lerntempo selbst bestimmen.

Bisher hat mich unser Schulsystem eher an das Bild erinnert, auf dem ein Elefant, ein Affe, ein Goldfisch und ein Hund vor einem Baum stehen. Ein Lehrer erklärt den Vieren, dass sie für eine faire Bewertung nun alle die gleiche Aufgabe erfüllen müssen: auf den Baum klettern. Und genau dabei soll JÜL nun Abhilfe schaffen.

Als Frau Krüger sich erschöpft an den Lehrertisch setzt und mir erklärt, dass sie mit der Vorbereitung des Unterrichts für drei verschiedene Altersklassen vollkommen überfordert sei, öffnet sich die Klassentür und ein Junge betritt den Raum – im Schlafanzug. Auf Frau Krügers Nachfrage erklärt er weinend, dass er seine Kleidung nicht gefunden habe und seine Eltern noch schliefen, als er losmusste. Die vollkommen entnervte Lehrerin bittet mich, die Regie in der Klasse zu übernehmen, während sie mit dem Jungen ins Sekretariat verschwindet, um die Eltern des Jungen anzurufen.

Die kleine Cassandra steht hilflos vor mir. Sie ist eine Zweitklässlerin, was im JÜL-System Mondkind heißt, und erklärt mir, dass Erstklässler Sonnen- und Drittklässler Sternenkinder genannt werden.

Sonne, Mond und Sterne – das kann ich mir wohl gerade noch merken.

Cassandra hat heute die Aufgabe, Buchstaben nachzumalen. Ich helfe ihr bei der Stiftführung, und als ich den Eindruck habe, sie kommt einigermaßen voran, widme ich mich den Anfragen der anderen Kids. Eine JÜL-Klasse ist in der Tat nicht leicht zu betreuen, denn alle sind mit unterschiedlichen Aufgaben beschäftigt.

Nachdem Frau Krüger und der Junge im Schlafanzug wieder in der Klasse angekommen sind, verbringe ich die restliche Stunde damit, den Schülern bei ihren Aufgaben zu helfen, und begebe mich dann in die Nachbarklasse. Hier steht mir die gleiche Mission bevor – allerdings bei Chrissi.

Als sie mich erblickt, hellt sich ihre Miene auf, und sie begrüßt mich herzlich in der Klasse.

»Du bist das erste Mal in JÜL, oder?«

Ich nicke, also will sie mir zuerst beibringen, wie das Erlernen der Grundfertigkeiten in JÜL funktioniert. Am wichtigsten sei es, sagt Chrissi, erst einmal alles zu vergessen, was ich über den klassischen Mathe- und Deutschunterricht gelernt hätte.

»Kein Problem«, sage ich grinsend.

Dann erklärt mir Chrissi die Lernwege, die ich bereits aus der Beschreibung im Internet kenne, Rechnen, Lesen und Schreiben, und zeigt mir dann eine Magnettafel, auf der abgebildet ist, wie weit die einzelnen Kids auf den verschiedenen Lernwegen sind. Dabei fällt mir auf, dass die Magnete teilweise sehr weit auseinander liegen. Über meine Frage, ob die großen Abstände zwischen den Magneten durch die verschiedenen Altersstufen zustande kämen, muss sie lachen und zeigt dann unauffällig auf zwei Kinder. Tiffany, ein relativ großes und kräftiges Mädchen mit dunklen, krausen Locken, stehe beispielsweise noch ziemlich am Anfang, obwohl sie eigentlich schon Sternenkind ist.

»Was meinst du mit ›eigentlich‹?«, frage ich verwundert, woraufhin Chrissi mir erklärt, dass Tiffany eine Verweilerin sei. Ich schaue sie immer noch fragend an.

»Bis vor Kurzem hieß das Sitzenbleiben«, erklärt sie mir.

Bei einem weiteren Blick auf die Tafel entdecke ich einen Magneten, der ganz weit vorne hängt. Darauf ist der Name Aşkın zu lesen. Chrissi zeigt auf einen kleinen, rothaarigen Jungen im hinteren Teil der Klasse. Laut Magnettafel ist er zwar noch Mondkind, also Zweitklässler, aber schon längst beim Lernpensum der Sternenkinder angekommen.

»Wenn Aşkın so weitermacht«, freut sich Chrissi, »kann er direkt in die vierte Klasse gehen.«

Er und Tiffany seien allerdings ihre krassesten Ausreißer in der Statistik. Der Rest der Kinder bewege sich auf Normalniveau. Dann erklärt sie mir, dass der Großteil ihrer Klasse vor allem im sprachlichen Bereich große Defizite aufweise. In diesem Moment kommt eine Schülerin zu uns.

»Frau Dings, isch muss Klo!«

Chrissi sieht mich vielsagend an und schickt die Kleine zur Toilette.

Als wir schließlich mit dem Unterricht beginnen, kommen zwei Schülerinnen zu mir, um mich nach meiner Körpergröße zu fragen. Als ich ihnen mit einem Augenzwinkern erkläre, dass ich tausend Meter groß bin, schaltet sich ein Schüler ein.

»Ohaaaaaa«, ruft er laut, was offensichtlich ein Ausdruck des Erstaunens ist. »Ers iebergroß! Wie eine Kratzenwolker!«

Chrissi schaltet sich ein und klärt mich kurz über den Jungen auf, der auf meinen kleinen Scherz hereingefallen ist. Nach ihrer Darlegung ist mir klar: Murat ist einer der leistungsschwächsten Schüler der Klasse. Sein Vater arbeitet schon lange in Bayern, weshalb Murat der einzige ›Mann‹ im Haus ist und von seiner Mutter wie ein kleiner Prinz behandelt wird.

»Murat braucht einfache und klare Ansagen«,

empfiehlt Chrissi mir. »Am besten ausschließlich in Hauptsätzen.«

Ich suche seinen Magneten und entdecke ihn ganz links. Als ich Chrissi darauf ansprechen will, werde ich jedoch von einem Kind unterbrochen, das mir von hinten auf den Rücken springt und in Sekundenschnelle meine Ohrmuschel ausleckt. Erschrocken drehe ich mich herum, sodass der Junge loslassen muss und auf seinen Füßen landet.

»Gotthard!«, brüllt Chrissi und rennt zu ihm. Er muss heimlich auf den Tisch hinter mir geklettert sein, um sein kleines Kunststück zu vollführen. Chrissi begleitet ihn zu seinem Platz und gibt ihm die Order, weiter in seinem Heft zu arbeiten.

Aber Gotthard hat offensichtlich andere Pläne. Er legt sich unter den Tisch, schnappt sich dort einen Turnbeutel als Kissen und macht ein kleines Nickerchen. Mit offenem Mund starre ich Chrissi an, als sie mit einem Taschentuch in der Hand auf mich zukommt. Auf meinen fragenden Blick erklärt sie mir, dass Gotthard erst fünf Jahre alt und ihrer Meinung nach noch nicht schulreif, sondern ein Kindergartenkind sei. Seit Kurzem würden Kinder aber in dem Jahr eingeschult, in dem sie ihr sechstes Lebensjahr vollenden. Nur ein Sonderantrag könne daran etwas ändern, aber den hätten Gotthards Eltern nicht gestellt. Sie seien Teil eines senegalesischen Familienclans, weil sie sich Chrissi jedoch nie vorgestellt hätten, könne sie zu denen sonst nichts sagen.

Aus dem Augenwinkel kann ich gerade noch sehen, wie Gotthard plötzlich aus der Klasse rennt, und mache mich sofort auf den Weg, um ihn einzufangen. Als ich zwei Stockwerke später hechelnd vor ihm stehe, schmeißt er sich plötzlich auf den Boden und weint. Dabei fällt mir auf, dass er bisher noch kein Wort gesprochen hat. Als ich ihn auffordere, in die Klasse zurückzukehren, stößt er verschiedene Laute aus, von denen ich vermute, dass sie der Muttersprache seiner Eltern entstammen. Weil er nicht mitkommt, nehme ich ihn kurzerhand auf den Arm und trage ihn zurück in die Klasse. Unterwegs singt er afrikanische Lieder, und an seinem Platz angekommen, versteckt er sich schnell wieder unter dem Tisch.

Bei Aşkın angekommen, bittet mich ein Junge namens Mert-Çan um Hilfe. Er sitzt gegenüber von Aşkın, ist ebenfalls Mondkind, aber noch immer mit den Heften der Sonnenkinder beschäftigt. Seine Brille sitzt schief in seinem Gesicht, und sein Mund steht weit offen. Da ich die Aufgabenstellung, mit der Mert-Çan gerade beschäftigt ist, noch nicht kenne, schaltet sich der schlaue Aşkın ein. Mit viel Geduld erklärt er seinem Klassenkameraden, was zu tun ist, und widmet sich dann wieder seinen eigenen Aufgaben. Hier sitzen sich also zwei Jungs gleichen Alters gegenüber und weisen so starke Leistungsdifferenzen auf, dass der eine dem anderen um knapp zwei Jahre voraus ist. Wahnsinn.

»Tja, im letzten Jahr hatten wir bei den Mondkindern eine Verweilerquote von achtundvierzig Prozent«, erklärt Chrissi mir am Ende der Stunde. Wenn sie wüsste, woran das liegt, beantwortet sie meine Frage nach den Gründen für diese erschreckende Zahl, wäre sie längst Bildungsministerin geworden.

Wie ich wird auch Chrissi bei solchen Geschichten oft nach dem Ausländeranteil der Schule gefragt, doch einen direkten Zusammenhang zwischen der Herkunft ihrer Schüler und den schulischen Leistungen kann sie nicht erkennen. Bildungsferne Milieus, stellen wir fest, gibt es schließlich überall. Doch dabei fällt ihr die Geschichte einer türkischen Mutter ein, die den Bezirk und damit auch die Schule verlassen wollte.

»Weißt du, warum?«, fragt sie mich auf dem Weg nach unten. »Zu viele Araber – das hat die Frau tatsächlich genau so gesagt.«

Chrissi erzählt mir von einem Vorfall, den sie vor Kurzem vor der Schule beobachtet hat. Ein junger Mann mit arabischem Migrationshintergrund sei beim Einparken gegen ein anderes Auto gefahren. Als das Rentner-Ehepaar, das zufällig noch im Wagen saß, aus dem beschädigten Auto ausstieg, fing der Typ sofort an, die beiden zu beschimpfen. Chrissi wollte die Polizei rufen, sah dann aber, dass der junge Mann bereits am Telefon hing. Ein paar Minuten später kamen dann allerdings nicht die netten Männer in Grün, sondern drei Autos mit Kumpels, die das ältere Paar lautstark davon abbringen wollten, den Vorfall zur Anzeige zu bringen. Nachdem Chrissi dann doch die Polizei rief, kamen kurze Zeit später die Funkwagen mit Blaulicht aus allen Richtungen.

»Die kennen ihre Jungs hier ganz genau«, fügt Chrissi mit einer hochgezogenen Augenbraue hinzu.

Ich stelle mal wieder fest, dass Lehrerinnen eigentlich regelmäßige Termine beim Psychiater bräuchten, um ihre Sorgen loszuwerden. Bei fast jedem Gespräch unter vier Augen, das ich mit Kolleginnen in der Pause anfange, habe ich das Gefühl, es ohne

Weiteres noch Stunden fortsetzen zu können. Laut eines Internet-Artikels, den ich kürzlich zum Thema gelesen habe, können Supervisionsgespräche dem unter Lehrern weitverbreiteten Burn-out-Syndrom vorbeugen. Wenn ich mir aber die finanzielle Lage dieser Schule anschaue, scheinen solche Maßnahmen kilometerweit von einer möglichen Umsetzung entfernt zu sein.

Entrüstet von Chrissis Story verabschiede ich mich von ihr und verlasse das Schulgebäude, um vor der nächsten Stunde noch schnell zum Bäcker zu gehen. Als ich draußen ankomme, sehe ich, dass der Fahrer eines kleinen Lieferwagens die Einfahrt vor der Schule nutzt, um zu wenden, woran er allerdings von ein paar Schülern aus der zweiten Klasse gehindert wird. Mit seiner Hupe und wilden Gesten scheucht er die Kinder weg, die erschrocken zur Seite springen, damit er seinen Wagen schließlich im absoluten Halteverbot abstellen kann. Als er aus dem Auto steigt, spreche ich ihn an, doch zum Gespräch ist der Rowdy offenbar nicht bereit. Stattdessen ballt er die Faust und brüllt mich an.

»Isch mach, was isch will, du Schwuchtel. Klar?«

Ich zucke zusammen und bleibe vollkommen perplex stehen.

»Halt disch raus«, fährt er leiser fort, »sonst hau'sch dir in die Fresse!«

Mit diesen Worten geht er dann weiter, als wäre nichts passiert. Ich kann es kaum fassen und rege mich so sehr auf, dass ich kurz davor bin, die Polizei zu rufen.

»Lass es lieber«, rät mir eine Kollegin aus der Kita resigniert, die ebenfalls vor der Schule steht und meint, das einzige Ergebnis einer Anzeige sei, dass ich dann Stress mit ihm und dadurch auch mit seinen Kumpels bekäme.

Wahrscheinlich hat sie recht. Aber muss man sich von solchen Idioten alles gefallen lassen, nur weil sie keine Gesetze, sondern ›nur‹ die einfachsten Regeln des friedlichen Zusammenlebens brechen? Beim nächsten Mal lass ich mir am besten aufs Maul hauen und rufe dann die Polizei! Aber davor habe ich dann doch zu viel Angst …

Stinksauer setze ich meinen Weg zum Bäcker fort und versuche mich darauf zu konzentrieren, in drei Minuten wieder den entspannten Lehrer zu spielen. Meinen Ärger kann ich nur dämpfen, indem ich mir mal wieder vor Augen halte, dass auch ich – unter bestimmten Umständen – zu solch einem rücksichtslosen Typen hätte werden können.

Am Nachmittag, auf dem Weg nach Hause, bin ich immer noch so wütend, dass ich mich langsam fragen muss, ob ich auch bei einem Menschen ohne Migrationshintergrund so reagiert hätte. Glücklicherweise übersieht mich kurze Zeit später ein Rechtsabbieger, als ich mit dem Fahrrad eine grüne Ampel überquere, und fährt mich fast über den Haufen. Meine Wut erreicht nun einen vorläufigen Höhepunkt, und so frage ich den Fahrer des Wagens aufgebracht, ob er in Zukunft vielleicht nicht lieber mit dem Bus fahren wolle.

»Fahr jetzt ma weiter, du kleiner Pisser«, fällt ihm dazu nur ein, und weil ich kurz vorm Explodieren bin, möchte ich ihm am liebsten mein Fahrrad auf die Frontscheibe schmettern. Als mir ein paar Ampeln später klar wird, dass der Typ genau so deutsch war wie ich, bin ich zwar etwas beruhigt, fahre aber dennoch schimpfend weiter. Rücksichtslosigkeit kennt eben auch keine Ländergrenzen.

Zwanzig Minuten später betrete ich immer noch schlecht gelaunt meine WG, wo mich Sarah mit einem breiten Grinsen und einem Brief in der Hand empfängt.

»Jetzt nicht«, wehre ich entnervt ihren Versuch ab, mir etwas zu zeigen. »Ich muss mich erst …«

»Lies!«, befiehlt sie und versichert mir, dass es mir dann besser ginge. Na gut. Am Briefkopf erkenne ich die Uni Potsdam als Absender, woraufhin sich meine Laune schon etwas hebt. Gespannt überfliege ich den Brief, bis ich schwarz auf weiß lesen kann, dass Sarah einen Studienplatz in Potsdam bekommen hat. Ich kann es nicht fassen und lese den Abschnitt mehrmals durch.

»Heißt das …«

»Ja«, unterbricht sie mich. »Ich hab den Studienplatz in Potsdam und ziehe nicht nach Oldenburg!«

Ein riesiger Stein der Erleichterung fällt mir vom Herzen. Wir fallen uns in die Arme und jubeln. Erst jetzt, als die bedrohliche Fernbeziehung abgewendet ist, gestehen wir uns unsere Angst davor ein. Um die Frage, die nun aber in der Luft schwebt, drücke ich mich noch einen Moment. Immerhin stehen wir gerade vor einer wichtigen gemeinsamen Entscheidung.

»Was hältst du davon …«, beginne ich unsicher und schaue in ihr erwartungsvolles Gesicht, »… wenn wir uns eine gemeinsame Wohnung suchen?«

Sarah schlingt die Arme um mich und drückt sich mit aller Kraft an mich.

»Sehr gerne«, flüstert sie mir ins Ohr. »Ich hab mir so sehr gewünscht, dass du mich das fragst.«

GERMANY'S NEXT SCHULCHOR

Als ich ein paar Wochen nach der guten Nachricht aus Potsdam den Musikraum betrete, steht Cedric auf dem Tisch von Ardahan und brüllt ihn wütend an.

»Geh doch Puff, Alta!«

Ardahan sitzt auf seinem Platz und reagiert auf die Beschimpfung mit der einfachen wie genialen Taktik, jede Beleidigung eins zu eins zurückzugeben, dabei allerdings immer die Mutter des Kontrahenten ins Spiel zu bringen.

»Deine Mutta geht Puff!«

»Was, meine Mutta geht Puff?«, brüllt Cedric wieder. »*Deine* Mutta geht Puff, ja?«

Ein billiger Konter. Cedrics Kopf ist knallrot, und seine Brille droht ihm von der Nase zu fallen.

»Deine Mutta guckt Pornos, ja?«, fällt Ardahan ein. Noch immer bewahrt er dabei vollends die Fassung – im Gegensatz zu Cedric, der offensichtlich jeden Moment kollabiert vor Wut.

»Deine Mutta macht Pornos! Sie ist der Ress-sie-schör!«

Bis auf die beiden Jungs haben alle bemerkt, dass ich im Türrahmen stehe und warte, bis sie sich abgeregt haben.

»Deine Mutta is ein dreckige ...«, giftet Ardahan zurück, doch von der Vollendung dieses Satzes kann ich ihn gerade noch abhalten.

Als Cedric mich erblickt, sucht er sichtlich angestrengt nach einer angemessenen Reaktion und steigt dann langsam vom Tisch. Auf seine Rechtfertigungsversuche gehe ich nicht weiter ein, sondern mache es mir stattdessen am Lehrertisch bequem. Wie viele andere meiner Schüler leidet Cedric unter dem berühmten ADHS, was seine Mitschüler ganz genau wissen.

»Cedric hat heute seine Tabletten nisch genommen, dann er is immer so drauf«, petzt Seda und guckt ihn dabei schadenfroh an.

Ihr Plan geht auf: Cedric geht reflexartig auf sie los, nur meine laute Stimme kann ihn noch stoppen. Während die Kids ihre Tische von allen Dingen befreien, die nicht in den Musikunterricht gehören, bitte ich Cedric zum Gespräch. Als er Sedas Tisch passiert, flüstert er ihr gut hörbar das hässlichste Wort zu, das man zu einer Frau sagen kann. Sie steht auf und will ihm in den Hintern treten, während er ihr auf direktem Weg an die Gurgel geht.

»Es reicht!«, brülle ich nun in voller Lautstärke und schlage dabei mit der flachen Hand auf meinen Tisch.

Die Klasse erstarrt. Nur allzu oft habe ich mir vorgenommen, nicht laut zu werden, aber angesichts einer drohenden Schlägerei ist es immer noch die wirksamste Methode. Mit weit aufgerissenen Augen starre ich die beiden Streithammel an. Beide scheinen zu wissen, was das bedeutet.

Ich nicht.

Zum Glück kam es noch nie so weit, dass ich Sätze vollenden musste wie: »Wenn ihr nicht gleich aufhört ...« oder »Cedric, noch so 'n Ding und ...« Ein paar lange Sekunden vergehen, während sich niemand in der Klasse auch nur einen Millimeter bewegt. Die einschüchternde Körperhaltung für solche Momente musste ich lange üben: stabiler Stand, Oberkörper leicht nach vorne, Bauch rein, Brust raus, die Arme nach unten durchgestreckt, die Hände offen mit den Handflächen in Richtung Gegner, die Augen weit aufgerissen, kein Blinzeln, Augenbrauen gerunzelt. Leider ist diese aggressive Körpersprache das einzige Signal, das manche meiner Schüler verstehen. In dieser Haltung verharre ich für einige Sekunden, um dann langsam in eine entspanntere Haltung überzugehen. Zwei- oder dreimal blinzeln, dann lassen Cedric und Seda sich los. Geschafft. Das waren die ersten zwei Minuten von fünfundvierzig.

Weiter, Möller – du kannst es schaffen!

»So, Cedric, wie geht's dir denn heute?«, frage ich ihn leise, als er an meinem Tisch angekommen ist. Nachdem er mich zähneknirschend über alles informiert hat, weiß ich, dass er heute seine Tabletten nicht genommen hat. Deshalb schicke ich ihn runter, wo er drei Runden im Hof laufen soll.

Das Dilemma, in das ich dabei gerate, ist immer dasselbe: Chaos im Unterricht oder Verletzung der Aufsichtspflicht? Denn Bewegung ist nach meiner Erfahrung das Einzige, das wenigstens ein bisschen hilft, wenn Schüler wie Cedric ihre Medikamente nicht genommen haben und deshalb ständig an der Schwelle zum Ausrasten stehen.

»Also«, versuche ich die Musikstunde zu beginnen, als Cedric die Klasse verlassen hat. »Holt bitte die Texte von *Hey Soul Sister* raus!«

Mit Rückblick auf den grausamen Musikunterricht meiner Schulzeit habe ich ein oberstes Ziel für meinen eigenen formuliert: Die Kids sollen Freude an der Musik empfinden. Damit war schnell klar, dass das Aufführen von peinlichen Kindermusicals aus den Achtzigern oder das Einstudieren von *Meine Oma fährt im Hühnerstall Motorrad* das genaue Gegenteil erzielen würden. Aus der Disco ist außerdem eine einfache Regel bekannt: Die Leute feiern zu den Songs, die sie kennen.

Also habe ich mir am Anfang des Schuljahres die Lieblingslieder der Kids nennen lassen und zu Hause all die, die sich auf der Gitarre spielen lassen, für den Unterricht vorbereitet. So habe ich in kürzester Zeit ein Repertoire zusammengestellt, mit dem ich in jeder Klasse für Begeisterung sorgen kann.

»Oha, Herr Müller – er kennt unsere Musik!«

»Abboooh, er's voll cool, sch'wöre!«

Ja, so einfach kann es sein. Außerdem erinnere ich mich bestens an meine eigene Kindheit, in der ich mit den Songtexten von Michael Jackson, Madonna und Roxette meine ersten der englischen Sprache erlernt habe. Deshalb gehe ich vor jedem Song die Bedeutung und die Aussprache aller Texte durch – fächerübergreifendes Lernen at it's best!

Als sich die Kids von Cedrics Performance beruhigt haben, stimme ich einen unserer Songs auf der Gitarre an und beginne alleine zu singen. Die Mädchenclique um Seda herum gibt zwar ihr Bestes, um während meiner Darbietung nicht in lautes Gelächter auszubrechen – aber nach ein paar Zeilen platzt es aus ihnen heraus.

Wer kennt sie nicht, diese großartigen Situationen, in denen das Lachen verboten ist und deswegen umso mehr Spaß macht?

Ich lege die Gitarre beiseite, schaue die Mädels an, gehe einen Schritt auf sie zu und stimme den Song noch einmal an – nur eine Oktave höher. Bei dieser dämlichen Aufführung kann sich auch der Rest der Klasse kaum noch zusammenreißen, und so muss schließlich sogar ich grinsen.

Das mache ich am liebsten: Faxen. Was kann ich Besseres tun, als die Kinder zum Lachen zu bringen?

In solchen Situationen wird mir immer wieder eines klar: Nur wenn die Schüler mit ihrem Lehrer etwas Positives assoziieren, besteht überhaupt eine Chance darauf, einen Lernerfolg zu erzielen. Würden die Kids denken: ›Bah, der Möller, dieser langweilige Typ, auf den hab ich gar kein Bock‹, dann bräuchte ich gar nicht erst zur Schule zu kommen, denn: ohne Freude kein Dopamin, und ohne Dopamin kein Lernprozess. Eine der wichtigsten Grundregeln des Lehrberufs ist also: für Spaß im Unterricht sorgen, um die Dopaminproduktion anzuregen. Viele der Kids haben sowieso wenig zu lachen, und weil ich hier eher als Sozialarbeiter und Einzelfallbetreuer denn als Lehrkraft im klassischen Sinn arbeite, nutze ich vor allem die Musikstunden gern zum Herumalbern.

Aber: Teaching is timing! Nach dem kollektiven Lachflash lasse ich wieder etwas Ruhe einkehren, spreche einzelne Schülerinnen und Schüler namentlich an und – ganz wichtig! – gönne uns allen dann zwei bis drei Sekunden Stille.

»So, wir probieren es noch mal«, nehme ich den Faden wieder auf und ermutige die Schüler, vor der Klasse vorzusingen, gern auch zu zweit oder zu dritt. Zögernd finden erste Absprachen unter Freunden statt.

»Ich gebe auch Zensuren dafür.«

Das war das Zauberwort!

»Wir, Herr Mülla, isch'wöre – wir machen iebergeil!«

Jetzt schreien alle durcheinander.

Wo kommt nur diese Bewertungsgeilheit her? Wahrscheinlich nicht nur von einer uralten Kultur der Notengebung, sondern auch von dem ganzen Castingmüll im Fernsehen, den schon Zweitklässler jede Woche gucken. Bis halb elf Uhr abends, mit ihren Eltern – klar!

Einmal musste ich mit Sarah und ihren Freundinnen eine dieser Shows gucken. Bevor ich wegen meiner ständigen Meckerei aus dem Wohnzimmer geschmissen wurde, ist mir aufgefallen, dass es zwischen dem Verhalten des Publikums im Fernsehstudio und dem meiner Schüler große Parallelen gibt. Eine der Jurorinnen musste den Namen eines Teilnehmers nur erwähnen, woraufhin die Masse so laut gegrölt hat, dass man sein eigenes Wort nicht mehr verstehen konnte.

Und genau so läuft es bei uns in der Schule auch manchmal.

»Herr Mülla, wenn Frau Gärtner fehlt, kriegen wir dann schulfrei?«, wurde ich einmal gefragt.

»Nein, das kann ich nun wirklich nicht verantworten, dass ihr dann schulfrei ...«

Fehler! Ich habe das Wort »schulfrei« in den Mund genommen – und damit eine Welle ungezügelter Begeisterung ausgelöst.

»Herr Mülla hat gesagt: schulfrei!«

»Wir können Schwimmbad gehen, vallah!«

»Sch'wör ma, ja? Iiiiieeeeebergeil, isch gehe Media-Markt!«

Das Chaos lässt sich dann nur noch schwer bändigen.

Doch zurück zum Musikunterricht. Nachdem die Schüler in kleinen Grüppchen ihre Performance vor der Klasse abgeliefert haben, sind noch ein paar Minuten Zeit bis zum Ende der Stunde. Auch für diesen Fall habe ich mittlerweile längst ein kleines Arsenal an Spielchen in der Hinterhand.

Das erste ist aus der Einsicht entstanden, dass die Migrationshintergründe meiner Schüler eine reichhaltige kulturelle Vielfalt mit sich bringen – was bietet sich also besser an als eine musikalische Weltreise? Ich fordere alle Kids dazu auf, die Augen zu schließen und sich auf die Musik zu konzentrieren. Dann stimme ich auf der Gitarre einen Flamenco an und improvisiere ein paar Takte spanische Musik. Im Anschluss frage ich die Klasse, aus welcher Region der Welt diese Musik komme, und lasse mir die Gebiete auf der Karte zeigen. Das gleiche Spielchen veranstalte ich mit der asiatisch klingenden Fünftonleiter, amerikanischem Blues, der russischen Tetris-Melodie und französischen Chansons. Die größte Begeisterung entwickeln viele Kids aber bei den Klängen, mit denen sie am besten vertraut sind:

der mystische Sound orientalischer Musik, den ich durch betörende Gesänge ergänze.

»Züsch, er spielt Arabien!«

»Nein, Mann, dieser Musik – er ist Türkei!«

Bei einem anderen Spiel lasse ich die Schüler, ebenfalls mit geschlossenen Augen, per Handzeichen zwischen traurigen und fröhlichen Melodien entscheiden. Oder ich lasse sie die Melodien berühmter Fernsehserien erraten, wobei *Die Simpsons* meist am schnellsten erkannt werden. Sogar ein umfunktioniertes Trinkspiel, bei dem die Kids Musik, Mathe und Englisch kombinieren müssen, konnte ich in meine kleine Liste der großen Freuden aufnehmen. Die Sonnen-, Mond- und Sternenkinder aus den JÜL-Gruppen freuen sich meist die gesamte Musikstunde auf den großen Moment, in dem ich ihr Lieblingsspiel ankündige: Stopptanz. Dann zappeln sie fröhlich und ausgelassen durch den Klassenraum, lachen und hüpfen wild herum und scheinen für einen Moment alle Sorgen zu vergessen, die viele von ihnen in ihrem zarten Alter bereits haben.

Der Musikunterricht und speziell diese Spiele zeigen immer wieder, welche Zutaten für gelungenen Unterricht nötig sind: die Nähe zur Lebenswelt der Kinder, der Spaßfaktor und die geistige und körperliche Herausforderung.

Apropos Lebenswelt: Am Ende der Stunde kommt Cedric auf mich zu und schaut mich durch seine Brille auf der Nasenspitze schuldbewusst an.

»Herr Müller, sch'wollt nochma Schulligung sagen, wegen vorhin.«

Nachdem ich seine Entschuldigung angenommen

habe, fragt er mich beiläufig, ob ich einen Marcel aus der 5e kennen würde. Ich nicke und will wissen, wieso er mich das fragt. Er lächelt mich an.

»Marcel ist mein Onkel.«

14

ISCH HAB MIT
FLUGZEUG GEGEHT

Eine weitere Klasse, die ich in diesem Jahr etwas besser kennenlerne, ist die 4d. Hier unterrichte ich seit Anfang des Jahres Sport und Musik und wurde von Frau Juhnke außerdem für eine Doppelstunde als Zweitlehrer eingeteilt – gemeinsam mit dem Klassenlehrer.

Wegen des konstant hohen krankheitsbedingten Ausfalls in unserem Kollegium wurde ich bisher immer für Vertretungen in anderen Klassen eingesetzt, und so findet erst heute, über drei Monate nach Beginn des Schuljahres, mein erster Auftritt als Zweitlehrer in der 4d statt.

Im vorherrschenden Chaos habe ich zuerst Mühe, den Klassenlehrer zu finden, doch dann entdecke ich einen Mann, der zwischen brüllenden, spielenden, quatschenden, singenden, aus dem Fenster schauenden, malenden und sich prügelnden Kindern aus einem Buch vorliest – offenbar in der Annahme, jemand höre ihm zu. Ich suche mir einen Platz in der letzten Reihe und beobachte die Szene aus der Perspektive der Schüler.

Als ich mich nach einigen Minuten wieder erhebe, nimmt mich der Lehrer das erste Mal wahr und lächelt mich durch Krawall und Lärm hindurch freundlich an. Bei ihm handelt es sich um einen verdammt netten Typen – doch scheint er mir nicht, vielleicht nicht mehr, in der Lage zu sein, knapp dreißig Kinder auf einmal zu unterrichten.

»Äh, hallo?«, ruft er fragend in die Klasse. »Hört ihr mir noch zu?«

Noch? Allem Anschein nach hat hier von Anfang an niemand zugehört. Weil die Kids mich und die strengen Regeln des Sportunterrichts schon kennen, kehrt etwas Ruhe ein, als ich langsam zur Tafel gehe. In diesen Effekt habe ich verdammt viel Zeit und Energie investiert!

Die Kids erwidern meine Begrüßung mit den unterschiedlichsten Gesten und kommen sich anscheinend besonders cool dabei vor, mir zu demonstrieren, wie daneben sie sich bei ihrem Klassenlehrer benehmen können. Ich lasse das Chaos geschehen und setze mich an den Lehrertisch, um die Performance des Klassenlehrers weiter zu beobachten. Bis zur Pause ändert sich an der Unterrichtssituation wenig. Als er sich dann kurz entschuldigt, kommt ein Schüler aufgeregt auf mich zu.

»Herr Mülla, Sommerferien sch'ab Türkei gegeht!«

»Du bist in den Sommerferien in die Türkei gegangen?«, frage ich ihn ungläubig, woraufhin er stolz lächelt und nickt.

»Zu Fuß?«

»Ohaaaaaa, nein, is ieberweit«, erklärt er mir. »Sch'ab mit Auto gegeht.«

Ich frage ihn, ob er wirklich mit dem Auto bis in die Türkei gegangen sei.

»Ja, sch'wöre!«, entgegnet er und legt mit dem

ernsten Blick eines Mafiabosses die rechte Hand aufs Herz.

»Also, du hast unten ein großes Loch ins Auto gesägt und bist dann mit dem Auto gegangen?«, hake ich nach.

Er sucht angestrengt nach den richtigen Worten und erklärt mir dann, dass er »mit Auto gefahrt hat«. Als ich von ihm wissen will, ob er denn schon einen Führerschein habe, stößt er langsam an die Grenzen seiner Geduld.

Natürlich weiß ich, was er mir sagen will – aber ich bin nicht umsonst sein Lehrer und werde schließlich dafür bezahlt, ihn zu verbessern.

»Nein, meine Vater! Er hat Führerschein, und er is gefahrt!«

Na gut, das lassen wir mal gelten.

Ein Mädchen mischt sich in unseren Dialog ein.

»Hast du Sommer Türkei gegeht?«, will sie aufgeregt von ihrem Klassenkameraden wissen.

»Nein«, erklärt er konzentriert. »Sch'ab mit meine Vater gefahrt.«

»Hast du mit Flugzeug gefahrt?«, fragt sie ihn weiter, und als er ihr erklärt, dass sie mit dem Auto in die Türkei gefahren seien, beendet sie das Gespräch mit dem berühmten abschätzigen Schnalzen und der passenden Handbewegung.

»Mit Auto?«, fragt sie herablassend. »Ihr seid krasse Bauern, ja?«

Die sprachlichen Unfähigkeiten einiger Kinder sind so kolossal, dass die Vermittlung einfachster Sachverhalte oft nur auf langen Umwegen stattfinden kann. Andere Dialoge dagegen funktionieren extrem schnell und ohne unnötige verbale Schlenker, wie man an der folgenden Konversation zwischen zwei Jungs aus dieser Klasse erkennt:

»S'machst du?«

»Isch geh Schulhof!«

Ich erinnere mich noch gut daran, dass ich anfangs immer wieder probiert habe, die Kids von »isch« auf »ich« umzuschulen. Mit ein wenig Übung sind die meisten dazu sogar in der Lage – aber sobald sie wieder zum flüssigen Sprechen übergehen, wird aus »ich weiß« »sch'weiß«, aus »ich habe« wird »sch'abe« und aus »ich heiße« – klar – »sch'eiße«. Vollends aufgegeben habe ich meine logopädischen Versuche, als mir ein Schüler das Etikett seiner Wasserflasche zeigte. Darauf war zu lesen: Natürli*sches* Mineralwasser

Vermutlich kein Druckfehler, sondern ein sicheres Zeichen für die Lebendigkeit der Sprache.

15

EINZELKAMPF, EINZELKAMPF!

Während der Wetteransage im Radio habe ich mich heute Morgen gefragt, wie man am Anfang eines Jahrhunderts schon von einem Jahrhundertwinter sprechen kann, doch als ich das Haus verließ, war mir schlagartig klar, was der Moderator damit gemeint hatte. Als ich nur wenige Minuten später mit der Fünften zu Sporthalle laufe, klirrt die Kälte sprichwörtlich in der Luft über unserer kleinen Karawane. Die Kids und ich sind so warm wie möglich eingepackt, nur einem von uns scheinen die frostigen Temperaturen nichts auszumachen. Jamil hat meine Anweisung, seine Jacke anzulassen, schon wieder missachtet und rennt schreiend und hechelnd um uns herum.

Auf meine rhetorische Frage, was mit dem Jungen schon wieder los sei, kennen seine Mitschüler eine klare Antwort: Medikamente nicht genommen. Na, das kann ja heiter werden. Ich kenne Jamil ja nun schon ein paar Monate als Sportschüler und weiß, dass er wegen seiner ADHS-Diagnose schon lange Ritalin einnimmt. Als Lehrer versuche ich stets, alle Schüler fair zu behandeln, doch Jamil benimmt sich sogar unter Medikamenteneinfluss so krass daneben, dass es mir wirklich schwerfällt.

Weil sein Syndrom während meines Studiums aus nahezu jeder Perspektive beleuchtet wurde, habe ich mich damals intensiv mit dieser prominenten psychischen Störung im Kindesalter auseinandergesetzt und gelernt, dass Laien die Abkürzung oft falsch verstehen. Es handelt sich nämlich nicht um die Eigenschaft, ständig um die Aufmerksamkeit anderer zu buhlen, sondern um ein ernst zu nehmendes psychologisches Phänomen. Seinen Namen verdankt das Zappel-Philipp-Syndrom der Unfähigkeit von Betroffenen, ihre Aufmerksamkeit über einen längeren Zeitraum einer bestimmten Tätigkeit zu widmen. Leiden solche Menschen dann auch noch unter einem ständigen Bewegungsdrang, fügt man dem Akronym noch einen vierten Buchstaben hinzu – und fertig ist das Aufmerksamkeitsdefizit-Hyperaktivitätssyndrom, kurz ADHS.

Während unseres Marsches durch die Kälte fällt mir die Erfolgsgeschichte des Medikaments, das Jamil einnimmt, wieder ein. Kurz vor dem Ende des Zweiten Weltkriegs, als Wissenschaftler die von ihnen entwickelten Substanzen noch selbst ausprobierten, erfand ein Mitarbeiter eines Schweizer Chemiekonzerns ein Mittelchen, das ihn und seine Frau Rita zu geistigen und körperlichen Höchstleistungen befähigte. Seit 1954 ist diese Substanz, die romantischerweise nach der Ehefrau des Tablettenbäckers benannt wurde, auf dem deutschen Markt als Ritalin erhältlich. Immerhin siebzehn Jahre hat es dann gedauert, bis die Droge 1971 unter das Betäubungsmittelgesetz fiel.

So häufig, wie ADHS in den letzten Jahrzehnten diagnostiziert wurde, so inflationär wurde auch dieses Medikament verschrieben, und deshalb fand es im Laufe der Zeit Einzug in alle Bevölkerungsschichten. Heute wird es sogar von Studenten geschluckt, die nicht unter ADHS leiden, sondern unter etwas, das man besser als ALDS bezeichnen sollte – dem Akuten Leistungsdrucksyndrom. Unter dem Einfluss des Wirkstoffs Methylphenidat – einem Amphetamin, das die Wirkung bestimmter Neurotransmitter verstärkt – stellt stundenlanges und hochkonzentriertes Lernen nämlich überhaupt kein Problem mehr dar.

Andere Menschen kaufen Methylamphetamine übrigens in Form von bunten Pillen oder weißem Pulver und begeben sich unter deren Wirkung dann auf ausschweifende Tanzveranstaltungen, von denen sie sich anschließend mehrere Tage erholen müssen – oder landen mit irreversiblen neurologischen Störungen in der Psychiatrie.

Vorsicht ist bei der Einnahme solcher Substanzen also immer geboten, daher teile ich die kritische Meinung über dieses Medikament. Aber seitdem ich Menschen wie Jamil kenne, der ohne Ritalin nicht beschulbar scheint, bin ich zu der Ansicht gekommen, dass man es bestimmten Menschen nicht vorenthalten sollte.

Deutlich wird das besonders an den Tagen, an denen Jamil sein Ritalin nicht genommen hat, und heute erlebe ich es wieder einmal hautnah mit, was das bedeutet. Als Jamil nach dem Umziehen brüllend in die Halle stürmt, schießt er jeden Ball, der vor seinen Füßen landet, durch die Gegend, schubst andere Kinder, schmeißt sich auf den Boden, zappelt und imitiert paarende Hunde. Das volle Programm. Nach ungefähr einer Minute ungebremster ADHS-Randale kommt sein erstes Opfer weinend zu mir gerannt, also mache ich mich auf die Jagd nach ihm. Es ist gar nicht so einfach, jemanden zu fangen, wenn man ihn nicht berühren darf. Bei Berührungen kriegt man nämlich gern zu hören: »Isch zeig disch an, ja? Bei Polizei, ja?« Ihre Rechte kennen viele Schüler sehr gut, nur ihre Pflichten leider nicht.

Als ich endlich vor ihm stehe und ihm ruhig, aber bestimmt sage, dass er sich zusammenreißen muss, weil ich ihn sonst vom Sportunterricht ausschließe, macht er nicht den Eindruck, als würde er mir zuhören. Wie ein junger Hund steht er vor mir, komplett außer Atem, völlig überdreht und beschimpft seine Mitschüler.

»Du Missgeburt, isch kriege disch, ja? Dein Mutta is ...«

Er bemerkt, dass ich seit einer Minute aus nächster Nähe auf ihn einrede, und schreit mich plötzlich an. »Du bist kacke! Dein Unterricht ist scheiße! Sch'asse disch!«

Dann rennt er weiter. Eine weitere Minute später gibt es den nächsten Zusammenprall. Diesmal mit einem Mitschüler, der daraufhin mit Nasenbluten auf die Bank muss. Während ich zwei Schülerinnen kurzerhand zu Krankenpflegerinnen erkläre, knöpfe ich ihn mir erneut vor.

»Ich hab's dir gesagt! Jetzt ist es soweit, dass ...«

»Is mir egal, was du sagst. Sch'hasse dich, du bist scheiße und dein Unterrischt auch. Fick disch!«

Mit diesen Worten lässt er mich stehen. Ich atme tief durch und spule im Geiste mein Mantra ab, dass er nichts dafür kann, dass er krank ist und ich ihn dafür nicht bestrafen sollte. Aber irgendwie muss es mir trotzdem gelingen, die Sicherheit der anderen Kinder zu gewährleisten.

Vielleicht sollte ich mir für solche Notfälle eine Druckluftpistole zulegen und mit kleinen Ritalinkapseln befüllen. Die *Ritagun* – eine echte Marktlücke.

»Herr Müller, schnell!«, reißt mich eine Schülerin aus meinen Businessplänen.

Jamil liegt auf dem Boden und hält einen deutlich kleineren Mitschüler im Schwitzkasten. Als ich angerannt komme, ist der Kopf des Kleinen bereits knallrot angelaufen. Mit den Worten »Es reicht!« reiße ich Jamil von ihm herunter.

»Du Ficka, isch zeig disch an!«, schreit er.

»Is mir scheißegal«, brülle ich zurück und baue mich bedrohlich vor ihm auf.

Das hat gesessen. Immer das Gleiche: Nettigkeit ist Schwäche, das Einzige, was zieht, ist die nackte Autorität. Manchmal komme ich mir vor wie in einem Wolfsrudel.

Jetzt langt's mir, freies Spiel ist *over*! Mit meiner Trillerpfeife signalisiere ich den Schülern, dass sie sich im Kreis zusammenfinden sollen. Außer Jamil verstehen das alle und setzen sich in den Mittelkreis. Bei ihm scheint sich kurzfristig eine Art Tourettesyndrom eingestellt zu haben: »Du bist scheiße, sch'hasse disch, du Ficka, sch'asse disch, fick disch ...«

Einige Schüler müssen schmunzeln. In Ermangelung weiterer Ideen packe ich meine pädagogische Geheimwaffe aus: Ignoranz. Ich setze mich also zu den anderen in den Kreis und blende Jamil gekonnt aus. Es zieht. Er setzt sich gegenüber von mir hin und gibt Ruhe. Freu dich bloß nicht zu früh, denke ich mir, begrüße die Klasse und erzähle, was wir heute machen.

»Sag isch doch: Dein Unterrischt is scheiße!«, brüllt Jamil plötzlich wieder. »Und du bist auch scheiße, du Ficka!«

Ach, wie schön es doch wäre, einen Zweitlehrer dabeizuhaben – wie andere Sportlehrer auch. Der könnte sich dann um Jamil kümmern, ihn zur Seite nehmen, zur Not ins Sekretariat bringen, die Eltern anrufen und ihn abholen lassen. Der Möller, der ist zwar kein gelernter Sportlehrer, denkt man sich in der Schulleitung wahrscheinlich, aber der ist jung und unverbraucht. Da schicken wir die Zweitlehrer doch lieber zu den ausgebrannten Kollegen, die fast das Doppelte verdienen. Der Möller kommt schon klar …

Was bleibt mir also anderes übrig, als das Dilemma vor Ort zu klären? Ich kann Jamil ja schlecht ins Sekretariat bringen, während die anderen Schüler unbeaufsichtigt in der Halle herumturnen, sich dabei Arme und Beine brechen und ich am Ende – zu Recht – wegen verletzter Aufsichtspflicht verklagt werde.

Jamil ist noch immer am Schimpfen.

»Du Arschloch, fick disch, deine Mutter …«

»Weißt du, Jamil«, unterbreche ich ihn ruhig, »wenn jemand anderes so etwas zu mir sagen würde, dann würde mir das was ausmachen.«

Er wird hellhörig. Die ganze Klasse ist auf einmal mucksmäuschenstill. Dann fällt mir etwas ganz besonders Dummes ein.

»Aber bei dir macht mir das nichts aus, denn ich weiß, dass du nicht gesund bist.«

Idiot! Die ganze Zeit bist du so cool geblieben, und jetzt das!

Jamils Brust fängt an, sich zu heben und zu senken, die Tränen steigen ihm in die Augen, er zittert vor Wut.

»Du Wichser!«, brüllt er. »Du darfst nicht sagen, dass isch krank bin!«

Er steht auf und geht auf mich los. Ich sehe in seinem Blick, dass er nun keine Rücksicht auf Verluste mehr nimmt, auch nicht, wenn er mich dabei ernsthaft verletzen könnte. Die anderen Schüler, von denen ich mir jetzt wünsche, dass sie zur Schlichtung der Situation beitragen würden, springen auf und fangen reflexartig an, im Chor zu brüllen: »Einzelkampf, Einzelkampf!«

Ich kann es kaum fassen.

Jamil ist total außer Kontrolle. Wutentbrannt und mit ausgeholter Faust stampft er auf mich zu. Ich greife nach seinem Handgelenk, drehe mich schnell hinter ihn und drücke seine Arme fest auf seine Brust. Konfrontiert mit dem Angriff von Jamil ist dies die erste Reaktion, die mein geschocktes Hirn zustande bringt.

»Hört auf, ihn anzufeuern!«, verlange ich von den anderen, »und nehmt ihm schnell die Brille von der Nase, damit er sich nicht verletzt!«

Jamil ist außer Rand und Band, nicht mehr ansprechbar. Mit Schaum vorm Maul schleudert er mir alle ihm bekannten Schimpfwörter entgegen und wirft den Kopf wild um sich. Weil ich seine Arme festhalte, fängt er außerdem an, mit den Hacken um sich zu treten. Ich steige also auf seine Füße und schreie wieder, so laut ich kann.

»Holt sofort einen anderen Lehrer aus der anderen Halle! Schnell!«

Endlose Minuten später ist eine Kollegin vor Ort und beruhigt Jamil so weit, dass ich ihn loslassen kann. Sie führt ihn aus der Halle und dreht sich kurz zu mir um.

»Alles okay? Kannst du weitermachen?«

»Jaja, klar«, sage ich perplex und prüfe, ob ich irgendwo verletzt bin.

Dann kehrt wieder Stille ein. Der Rest der Klasse steht vor mir und starrt mich erwartungsvoll an. Ich zittere am ganzen Körper.

»Sofort hinsetzen!«, zische ich leise und messerscharf.

Und dann gilt: durchatmen, weitermachen. So läuft das hier.

Nach der Sportstunde, die hauptsächlich aus Standpauken und Strafrunden bestand, verlasse ich die Halle und zittere noch immer am ganzen Körper. Bei einer Zigarette frage ich mich schließlich, ob ich gestern die richtige Entscheidung getroffen habe. Die Senatsverwaltung hat meiner Vertragsverlängerung für die nächsten sechs Monate zugestimmt, also bin ich mal wieder zur Unterschrift in den Verwaltungsbunker gefahren.

Nach einer solchen Aktion wie eben hätte ich allerdings keinen weiteren Vertrag unterzeichnet. Lieber wäre ich vorübergehend arbeitslos geworden, als mich weiter diesem Terror auszusetzen!

Ich frage mich, wie lange ich das noch durchhalte. Wie gehen andere Lehrer mit solchen Situationen um? Wie hätte eine kleinere und ältere Kollegin, die über deutlich weniger Körperkraft verfügt als ich, auf den Angriff eines durchdrehenden Fünftklässlers reagiert?

Hoffentlich begegnet mir heute niemand mehr, der sich über das gute Gehalt von Lehrern oder die vielen Ferien beschwert. In meiner jetzigen Verfassung würde ich so jemanden wahrscheinlich am Ohrläppchen in die Schule schleifen und zu einer Woche Strafpraktikum verdonnern – mal schauen, ob es dann noch Anlass zum Neid gäbe!

16

NEUE PERSPEKTIVEN

Die Entspannung, die die Weihnachtsferien und der Jahreswechsel vor dem Einzelkampf mit sich gebracht hatten, war danach schnell verflogen, sodass die Winterferien eine bitter nötige Erholung darstellten. Mit Beginn des neuen Halbjahres im Februar verlief mein Dasein als Lehrer wieder im ständigen Auf und Ab. Auf entspannte und routinierte Tage, an denen ich mich über meinen frühen Feierabend und die abwechslungsreiche Zeit an der Schule freute, folgten solche, an denen ich wieder kurz davor war, den Job hinzuschmeißen und stattdessen lieber über meine Erfahrungen als Lehrer zu schreiben.

Zum Beispiel ein Buch, das all die Höhen und Tiefen dieses Jobs abbildet, das der Öffentlichkeit vor Augen hält, in welch bedrohlichem Zustand sich diese Institution befindet – und was das in naher Zukunft für unsere Gesellschaft bedeutet. Ich kann mir immer noch nicht vorstellen, dass verantwortliche Politiker auch nur die leiseste Ahnung davon haben, in welch katastrophale Lage sie unsere Bildungseinrichtungen mit ihren ständigen Sparmaßnahmen und undurchdachten Konzepten manövriert haben. Vor allem Gespräche mit älteren Kollegen bestätigen immer wieder, dass Berlins Schulen seit geraumer Zeit kaputtgespart und mit einer Reform nach der anderen ‚verschlimmbessert werden. Erschreckenderweise habe ich mich sogar an meine Bestürzung über die Zustände gewöhnt.

Jamil, der sich an den Vorfall aus dem Sportunterricht offenbar nicht mehr erinnern kann, hat die Einnahme seiner Medikamente wieder im Griff und begegnet mir nach den Ferien, als wäre nichts geschehen. Mich allerdings hat sein Angriff nachhaltig schockiert, weshalb ich in den folgenden Wochen eine stärkere Sensibilität für mein eigenes Wohlbefinden entwickele. Ich achte penibel darauf, mich nicht mehr ärgern zu lassen. Diese Einstellung bedeutet keineswegs, dass mir die Schüler und die Arbeit mit ihnen am Allerwertesten vorbeigehen, aber in den letzten Monaten habe ich ein deutlich dickeres Pädagogen-Fell entwickelt. Streitigkeiten schlichte ich seit Neuestem einen Tick später, meine Stimme wird seltener laut, und die meisten dummen Sprüche der Schüler belächele oder überhöre ich einfach. Kurz gesagt fehlt mir inzwischen die Energie, weiterhin gegen Windmühlen zu kämpfen.

So verstreichen die Monate, in denen ich mich erst von Unterrichtsstunde zu Unterrichtsstunde, dann von Pause zu Pause, dann von Wochenende zu Wochenende und schließlich von einem Ferienbeginn bis zum nächsten hangele. Es ist so weit: Wie meine Kollegen bin auch ich in eine Tretmühle geraten, in der die Zeit wie im Flug vergeht. Montag, Freitag, Montag, Freitag, Osterferien. Montag, Freitag, Montag, Freitag, Pfingsten. Und so weiter …

Mein Unterricht verläuft im zweiten Halbjahr relativ ereignislos, die Schüler kennen mich inzwischen gut und scheinen mir anzumerken, dass ich etwas gelassener geworden bin.

Weil Schule deutlich weniger Energie verschlingt, wenn man sich nicht permanent über sie aufregt, habe ich mehr Ressourcen für mein Privatleben übrig, was mir verdammt guttut. Mit dem zunehmend besseren Wetter nutze ich meinen frühen Feierabend für ausgedehnte Cafébesuche mit Sarah und unseren Freunden und verlege die Vor- und Nachbereitungsarbeit auf die Abende. In dieser Zeit komme ich auch endlich dazu, mit Sarah intensiver nach Wohnungen zu suchen. So wie sich das Schuljahr dem Ende zuneigt, scheint es also auch mit meinem WG-Leben zu sein.

Seit Beginn unserer Beziehung haben wir zwar fast immer zusammengewohnt, jedoch nie in einer gemeinsamen Wohnung. Stattdessen wurde entweder meine oder ihre WG zu einem gemeinsamen Zuhause. Doch jetzt, wo Sarahs Verbleib in Berlin geklärt ist, können wir uns endlich auf die Suche nach einer großen Wohnung für uns beide begeben.

Weil Berlin aufgrund seiner unerreichten Coolness inzwischen von zahllosen Wahl-Berlinern überschwemmt wird – die nicht nur die Mieten in die Höhe treiben, sondern nach und nach auch die Stimmung des Dorfes herstellen, aus dem sie einst geflohen sind –, ist die Suche nach einer bezahlbaren Wohnung in einem authentischen Berliner Kiez, der sich irgendwo zwischen Bioladen-Snobbismus und Kampfhundauslaufgebiet bewegt, ziemlich schwer geworden.

Während der frustrierenden Suche traf ich vor Kurzem jedoch eine alte Freundin, die mich spontan zum Kaffee nach oben bat. In ihrer Küche angekommen erklärte sie mir, dass die Wohnung gegenüber in zwei Wochen frei würde. Weil die Mieter schon ausgezogen waren und der Eigentümer meine Freundin darum gebeten hatte, die Schlüssel bis zu seiner Ankunft aufzubewahren, führte sie mich eine Minute später durch genau die Wohnung, von der Sarah und ich befürchtet hatten, dass wir sie entweder nie finden würden oder erst in ein paar Jahren bezahlen könnten: Altbau, drei Zimmer, hundertzehn Quadratmeter, Stuck, abgezogene Dielen und ein Wannenbad. Der Zustand der Wohnung erforderte ein paar kleine Reparaturarbeiten, und bei vier zu erklimmenden Stockwerken wäre auch ein Fahrstuhl eine nette Annehmlichkeit gewesen, aber dafür wartete diese Wohnung mit zwei Südbalkonen und einer unschlagbar günstigen Miete auf. Schon am nächsten Tag standen Sarah und ich gemeinsam in der Wohnung und sprachen mit dem Vermieter telefonisch alle Einzelheiten des Mietvertrags durch, den wir ein paar Tage später unterschrieben.

So kam es also, dass wir nach mehreren Jahren Couchsurfing endlich unsere Kartons packten und nur noch meine Sommerferien abwarten mussten, um den Plan in die Tat umzusetzen. Nachdem ich als Lehrer in den letzten achtzehn Monaten ein gefühltes Jahrzehnt erwachsener geworden war, sollte dies also ein weiterer Schritt aus der verlängerten Jugend hinaus und hinein ins ›richtige‹ Leben sein.

Mit Ende zwanzig konnte ich das ruhig wagen.

Den heutigen letzten Schultag, den ich mit ein paar Kolleginnen im Café ausklingen lasse, nutzt die Senatsverwaltung, um sich für die Verlängerung meines Vertrags zu entscheiden. Ich warte also ungeduldig auf den Anruf, der darüber entscheidet, ob ich in den nächsten sechs Wochen über ein regelmäßiges Einkommen verfüge oder nicht.

Es ist so weit, das Telefon klingelt. Nach ein paar Sekunden werden meine Kolleginnen aufmerksam und lauschen gespannt meinem Gespräch.

»Gut, okay. Dann komme ich jetzt vorbei und unterschreibe«, antworte ich meiner Sachbearbeiterin gut gelaunt.

Begeisterung macht sich breit, denn abgesehen von der rein kollegialen Hoffnung auf mein Wohlergehen wird meine Anwesenheit an der Schule inzwischen nicht nur von Schülern, sondern auch vom Kollegium geschätzt.

»Und wie lang wird der nächste Vertrag laufen?«, frage ich die Frau von der Senatsverwaltung. »Ein ganzes Jahr? Inklusive der Sommerferien? Super, danke! Bis gleich.«

Wir stoßen mit Milchkaffee und Apfelschorle auf meinen Erfolg an, und keine zehn Minuten später mache ich mich fröhlich vor mich hin pfeifend auf den Weg zur Senatsverwaltung und schließlich in die wohlverdienten – und bezahlten! – Sommerferien.

Nachdem der Umzug am ersten Ferienwochenende mithilfe einer Handvoll tatkräftiger Freunde geschafft ist, richte ich einen unserer Balkone für einen romantischen Sommerabend her. Die untergehende Sonne wirft ein warmes Licht auf das ge-

genüberliegende Haus, der Himmel über unserer Straße, in der sich vergnügte Menschen an Café-tischen unterhalten, ist wolkenlos. Bei lauer Temperatur stoßen Sarah und ich mit einem Glas Sekt auf meinen neuen Arbeitsvertrag und unsere erste gemeinsame Wohnung an. Es ist einer dieser Momente, in denen alles Glück auf unserer Seite zu sein scheint. Die Aussicht auf zwölf bezahlte Monate tröstet mich über all die Dinge hinweg, die mir im Schulalltag immer wieder sauer aufstoßen. Auch Sarahs Umzug nach Oldenburg, der das Ende unserer Beziehung hätte bedeuten können, blieb uns durch die kurzfristige Zusage aus Potsdam erspart. Als sich der Sekt und der Abend dem Ende zuneigen, schieben wir einige Kartons beiseite, platzieren die Matratze vor der offenen Balkontür und kramen unser Bettzeug heraus. Begleitet von der Geräuschkulisse unserer Straße schlafen wir glücklich und zufrieden ein. Es ist die erste Nacht in der neuen Wohnung, und sie ist perfekt.

Am nächsten Morgen steht die Sonne bereits hoch am Himmel und scheint in unser Zimmer. Ich blinzele ein paar Mal und muss mich erst einmal orientieren. Anhand der Geräusche, die ich aus dem Bad höre, kann ich erahnen, wo Sarah ist, und drehe mich noch einmal um. Das Gesicht der wärmenden Morgensonne zugewandt, döse ich noch einmal gemütlich ein.

Doch schon bald werde ich wieder geweckt, denn Sarah kommt aufgebracht aus dem Bad gerannt.

»Philipp, Philipp, guck mal!«, ruft sie und springt auf die Matratze. Dann hält sie mir einen Gegenstand vors Gesicht, den ich erst nach einigen Augenblicken als Schwangerschaftstest identifiziere. In einem Feld sind zwei Striche zu sehen.

»Ist es …«

»Ja«, erklärt sie mit zitternder Stimme. »Ich bin schwanger!«

Sie schaut mich erwartungsvoll an. Für eine gespielte Reaktion bin ich noch viel zu verschlafen, und so steigen mir umgehend Freudentränen in die Augen. Wir lassen uns gefühlte Minuten nicht los, lachen und weinen gemeinsam vor Freude und schlafen schließlich Arm in Arm in der Sonne ein. Pünktlich zum Einzug in die gemeinsame Wohnung ist es also so weit: Wir erwarten ein Kind.

Nur zwei Tage später sitzen wir im Untersuchungszimmer der Gynäkologin, die mithilfe des Ultraschalls feststellt, dass die Schwangerschaft bereits seit mehreren Wochen besteht und der Embryo sich brav dort eingenistet hat, wo er hingehört.

Damit ist es also offiziell: Wir werden Eltern!

17

ESEL RELOADED

Irgendwann ist aber auch das schönste Fest zu Ende. Die letzte Ferienwoche bricht an, und so wappne ich mich innerlich für die Dienstversammlung, mit der traditionell das Schuljahr begonnen wird.

Am Freitag, dem letzten Ferientag vor Schulbeginn, radle ich zur Schule. Gegen zehn Uhr trudelt das Kollegium kleckerweise und widerwillig in der Aula ein, die für die Versammlung in eine Art überdimensioniertes Lehrerzimmer umfunktioniert wurde. Doch es sieht nicht so aus, wie man es von einer Konferenz erwarten würde, nein: Die Stühle sind wie im Kino in mehreren Reihen hintereinander aufgestellt, und so entsteht bei allen Beteiligten der Eindruck, im vorderen Bereich fände ein Unterhaltungsprogramm statt, während sich die Zuschauer berieseln lassen können.

Eine denkbar schlechte Lösung.

Die alphabetisch geregelte Wahl des Protokollanten fällt heute auf mich, also stelle ich mir am Seitenrand einen Tisch auf. Nachdem auch die letzten Kollegen das Geplapper beendet und einen Platz gefunden haben, eröffnet Frau Juhnke mit der Vorstellung eines neuen Kollegen die Konferenz: Herr Springer ersetzt unsere bisherige Konrektorin Frau Sommer.

Das letzte Schuljahr mit unserer Klasse hat sie sichtlich erschöpft, dazu kam der mühsame Kampf um die Anerkennung als Konrektorin im Kollegium. Also hat sich Frau Sommer dazu entschieden, den Bezirk zu wechseln. Ihre Wunschschule liegt in einer Einfamilienhausgegend, und soweit ich in Erfahrung bringen konnte, war ihre Versetzung dahin erfolgreich. Glückwunsch.

Herr Springer, ein großer, sportlicher und sympathisch wirkender Typ, stellt sich uns vor. Dabei strahlt er – trotz seines für einen Konrektor geradezu jungenhaften Alters ... er ist unter vierzig! – eine angemessene Autorität aus, sodass im Plenum der Eindruck entsteht, bei ihm handele es sich tatsächlich um einen Vorgesetzten. Keine Selbstverständlichkeit, wie ich in den letzten Jahren feststellen durfte.

Als die Vorstellung vorbei ist und sich Herr Springer wieder hinsetzt, kehrt die alte Routine ein. Wie zu erwarten war, zeigen sich die meisten nur wenig interessiert an den Themen, die eigentlich gemeinsam besprochen werden sollen. Stattdessen tuscheln sie miteinander, lesen Zeitung, essen belegte Brote oder beginnen mit den Vorbereitungen für das kommende Schuljahr.

Ein Tagesordnungspunkt sorgt dann aber doch für Interesse: die Wiedereinführung der Erweiterten Schulleitung. Dabei handelt es sich um ein Gremium, das unter der Regie von Herrn Friedrich mehr oder weniger erfolgreich eingeführt, mit der Einstellung der neuen Schulleiterin jedoch vorerst ausgesetzt wurde. Nun, nach einem Jahr unter Frau Juhnke, soll die ESL-Runde also wieder regelmäßig tagen. Das geht natürlich nur, wenn dieses Gremium auch Mitglieder hat – außer der Schul- und Kitaleitung, die automatisch daran teilnehmen. Und das wiederum bedeutet, dass Kollegen dafür gewählt werden müssen.

»Wer ist denn grundsätzlich dafür, dass wir die ESL-Runde wieder ins Leben rufen?«

Zu Frau Juhnkes Freude gehen fast alle Arme im Saal nach oben, doch auf ihre Frage nach interessierten Kandidaten kehrt schnell Ruhe im Saal ein. Keine raschelnden Zeitungen mehr, kein Getuschel, keine Handzeichen. Niemand möchte jetzt in irgendeiner Form auffallen. Frau Juhnke weist noch einmal darauf hin, dass die Mitarbeit in der ESL die Möglichkeit biete, Einfluss auf die zukünftige Entwicklung der Schule zu nehmen, aber ob das jemanden tatsächlich dazu bewegt, sich zu melden, wage ich ernsthaft zu bezweifeln.

Nachdem vereinzelte Rechtfertigungen, sich nicht zu melden, verebbt sind, schauen sich Schulleiterin und neuer Konrektor ratlos an. Es entsteht eine peinliche Stille, die gefühlte Minuten andauert. Chrissi sieht mich herausfordernd an.

Ich? Quatsch! Ich bin Vertretungslehrer mit einem befristeten Vertrag – ich komme ja wohl kaum infrage. Ich schüttelte abweisend den Kopf, was Frau Juhnke mitbekommt.

Chrissi bricht endlich das Schweigen. »Können wir auch Vertretungslehrer vorschlagen?«, fragt sie forsch und nennt auf die erlöste Antwort der Schulleiterin hin meinen Namen.

Von Frau Juhnke werde ich um eine Stellungnahme gebeten, die mir ziemlich schwerfällt. Wie drücke ich das bloß diplomatisch aus? Schließlich saß ich vor mehr als einem Jahr bereits als Assistent von Herrn Friedrich in der Esel-Runde (wie sie vom Kollegium liebevoll genannt wird) – und die Ergiebigkeit dieser Veranstaltung habe ich stets bezweifelt. Das äußere ich nun laut, und Frau Juhnke erklärt mir, dass sie für ESL bereits ein Konzept entworfen habe und dass dafür zwei Stunden eingeplant seien, von denen die Mitglieder eine angerechnet bekämen. Aus einem gewissen Interesse an den Interna der Schulleitung nehme ich den Vorschlag an und schlage gleichzeitig Chrissi als weitere Kandidatin vor, die nach einem kurzen Zögern ebenfalls zustimmt. Nachdem sich noch zwei weitere Kolleginnen bereit erklärt haben, an unseren regelmäßigen Esel-Runden teilzunehmen, entfällt die Notwendigkeit einer Wahl, sodass wir von Frau Juhnke herzlich als neue Mitglieder der erweiterten Schulleitung begrüßt werden.

Nach einem kurzen Applaus steht ein weiteres Thema auf der Agenda, welches das Interesse des Kollegiums weckt.

»Wie Sie ja bereits wissen«, sagt Frau Juhnke, »soll unsere Schule eine Reformschule werden.«

Ein unzufriedenes Raunen geht durch den Saal, und unsere Schulleiterin hat alle Mühe, sich dagegen durchzusetzen. Kein Wunder: Das Projekt Reformschule wäre die mit Abstand größte Reform der letzten Jahrzehnte – im Falle einer Umsetzung! Diesmal geht es darum, unsere komplette Schule architektonisch und pädagogisch umzubauen. Unser Schulgebäude beherbergt bisher die JÜL-Gruppen der Klassenstufen eins bis drei und die Klassenstufen vier, fünf und sechs; in der Nähe unserer

Schule ist ein sogenanntes Förderzentrum unterge-
bracht. Bis vor Kurzem nannte man solche Schulen
noch Sonderschulen. Hier werden Kinder mit beson-
derem kognitiven oder emotional-sozialem Förder-
bedarf in Kleingruppen von der ersten bis zur zehn-
ten Klasse unterrichtet. Bei Geierchen heißt der Bau
nur noch Zombieschule.

Das Projekt Reformschule sieht nun vor, dass sich
sämtliche Schüler des Förderzentrums auf die ›normalen‹ Klassen verteilen (das heißt dann Inklusion),
während unsere Sechstklässler nicht mehr von der
Schule geschickt werden, sondern in siebte Klassen gehen, die in Kooperation mit einer benachbarten Oberschule neu gegründet werden. Im Jahr
darauf gehen die dann in die achten Klassen, und
diese Aufstockung findet so lange statt, bis unsere
Schule zur pädagogischen Heimat für alle geworden
ist: Grundschüler, Hauptschüler, Realschüler, Son-
derschüler und später auch Gymnasiasten. Da bisher allerdings sämtliche Räume in Benutzung sind,
müssen Fachräume und Teilungsräume abgeschafft
und zu Klassenräumen umfunktioniert werden. Einfache Rechnungen zeigen, dass so viele Schüler
überhaupt keinen Platz in unseren Gebäuden finden können, aber das scheint die Urheber dieser Reform nicht davon abzuhalten, diesen Monsterplan
durchprügeln zu wollen. Abgesehen davon bringt
eine solche Reform erhebliche strukturelle Herausforderungen mit sich: Die Schule braucht neue Lehrer, ausgeklügelte Stundenpläne müssen gewährleisten, dass die Kleinen nicht gleichzeitig mit den
Großen Pause haben, und nicht zuletzt müssen geeignete Unterrichtskonzepte, die auf die hohen Er-

wartungen aller Beteiligten ausgerichtet sind, entwickelt werden. Denn schließlich sind die Versprechen für die Reformschule nahezu unerreichbar hoch angesetzt.

Auf der Website des Landes Berlin ist zu lesen, dass mit der Reformschule »mehr Chancengleichheit und -gerechtigkeit durch längeres gemeinsames Lernen und eine optimale Förderung der individuellen Fähigkeiten und Fertigkeiten aller Schülerinnen und Schüler« gewährleistet wird. Außerdem wird »eine maximale Lern- und Leistungsentwicklung durch differenzierende Lernangebote und den Ganztagsbetrieb ermöglicht«.

In der Theorie klingt das alles ganz wunderbar, doch nachdem ich mich in den Ferien ausgiebig mit unserem Schulsystem auseinandergesetzt habe, scheint mir unsere Schule von einem solchen Idealzustand im Moment Lichtjahre entfernt zu sein. Unsere Schulleiterin legt jedoch Zweckoptimismus an den Tag und sieht das alles etwas anders.

»Denken Sie bitte an die Chancen, die dieses Projekt mit sich bringt«, erinnert sie das Kollegium, wird jedoch schnell unterbrochen.

»Ich möchte dazu jetzt mal etwas loswerden«, ruft Frau Renner in den Saal, woraufhin schnell Ruhe einkehrt.

Unter all meinen Kolleginnen ist sie mit Abstand die verbissenste. An einigen Tagen überrascht sie uns zwar mit gefährlich guter Laune, doch meist versprüht sie den Charme eines Pulverfasses, das bei der kleinsten Erschütterung zu explodieren droht. Nur ganz wenige haben den Mut, sich mit ihr anzulegen, und wer es schon einmal probiert hat, weiß:

Entweder man stimmt ihr zu oder die Diskussion endet in einem hysterischen Gekeife, dem man nur noch schwer entkommen kann. Wie der Unterricht bei ihr aussieht, weiß ich nicht, aber ich mag es mir selbst in meinen finstersten Träumen nicht ausmalen.

Geierchen brachte ihre Rolle einmal gut auf den Punkt. »Die Alte is fix und feddich, als Lehrerin nich mehr zu jebrauchen«, erklärte er mir nach meinem ersten Zusammenstoß mit ihr. »Aber die kannste immer jut als Waffe gegen die Schulleitung einsetzen. Wennse eens druffhat, denn isset Meckern.«

Nun bin ich aber äußerst gespannt auf ihren Beitrag.

»Ja, bitte, Frau Renner«, lenkt Frau Juhnke freundlich ein, die auch schon einmal das eher fragwürdige Vergnügen hatte, mit der Dame aneinanderzugeraten.

Frau Renner atmet tief durch, schließt die Augen und sammelt sich einen Moment. Die Ruhe vor dem Sturm ist beängstigend. Dann holt sie weit aus und erklärt uns, dass sie in mehr als dreißig Jahren im Schuldienst noch keine Reform erlebt habe, die bis zum Ende durchgezogen worden wäre. Dafür erntet sie Applaus, und zwar nicht nur vom älteren Teil des Kollegiums.

»Zuletzt war es die Einführung der Schuleingangsphase, dann kam JÜL – und was davon hat funktioniert? Nichts!«, schließt sie ihre flammende Rede ab.

Wieder Applaus. Frau Juhnke hat sich inzwischen hingesetzt und tut so, als würde sie sich etwas notieren. Ich möchte jetzt nicht in ihrer Haut stecken, doch als zukünftiges Mitglied der Erweiterten

Schulleitung identifiziere ich mich schon jetzt etwas mit der Idee der Reformschule. Außerdem habe ich bei der Unterzeichnung meines letzten Arbeitsvertrags schriftlich bestätigt, dass ich dem Projekt Reformschule zustimme und mich als Lehrer aktiv an der Umsetzung beteiligen werde. Wenn das die Kollegen wüssten – und erst Frau Renner! Kaum auszumalen …

»Frau Renner, ich verstehe Ihren Unmut«, versucht die Schulleiterin die aufgebrachte Dame zu beruhigen und weist dann sachlich darauf hin, dass das Projekt Reformschule bereits beschlossene Sache sei.

Zahlreiche Gegner des Projekts unterbrechen sie lauthals, zwei Kolleginnen stehen auf und verlassen kopfschüttelnd den Raum, ein Tumult droht auszubrechen.

Nur Geierchen sitzt seelenruhig in dem ganzen Chaos, liest seine Zeitung und isst Kekse. Als er meinen Blick bemerkt, kommt er zu mir rüber, legt mir zwei Kekse auf den Tisch und schaut mir fest in die Augen.

»Ick hoffe, du hast dir dit jut überlegt mit deiner Esel-Wahl! Jetzt hängste mit drin. Du bist für die Reformschule? Denn sach mir ma, warum!«

Er nickt mir auffordernd zu und schlendert wieder zu seinem Platz. Gute Idee eigentlich, ich könnte ja auch mal was sagen. Ich hebe meinen Arm für einen Wortbeitrag und warte, bis langsam wieder Ruhe einkehrt. Als es leise ist, versuche ich, meine Gedanken in Worte zu fassen. Zu Beginn räume ich ein, zwar kein gelernter Lehrer zu sein und nach all den Reformen, die ich nur aus Zeitungsberichten kenne, die Skepsis sehr gut verstehen könne. Dann nehme ich all meinen Mut zusammen und spreche aus, was seit Langem in mir brodelt.

»Egal, was sich hier ändert – es kann nur besser werden!«

Der begeisterte Applaus einiger Anwesender mischt sich mit den genervten Blicken ihrer Sitznachbarn und dem konsequenten Desinteresse von all jenen, deren Arbeitsweise sich nur noch als ›Warten auf die Rente‹ bezeichnen lässt.

»Ich weiß, dass es ein langer Weg ist, aber wir haben jetzt die Chance, einen ersten Schritt zu gehen, und ich finde, wir sollten es auch tun. Einige von euch glauben verständlicherweise nicht mehr daran, dass Schule verbessert werden kann – aber für diesen Zynismus bin ich zu jung.«

Während der Saal heiß über meine Aussage diskutiert, wandern meine Gedanken zum Ursprung dieser Missstände. Die Organisationsform der Schule, wie sie hier aktuell stattfindet, stammt schließlich aus einer ganz anderen Zeit und hat sich in einer völlig anderen Form der Gesellschaft entwickelt. Die Idee, alle Kinder einer Klasse wären um acht Uhr motiviert, Deutsch, und um zehn Uhr gierig darauf, Mathe zu lernen, entspringt einem Verständnis für die menschliche Natur, das spätestens seit den bahnbrechenden Erkenntnissen der Hirnforschung vollkommen überholt ist.

In der Uni habe ich gelernt, dass einige Philosophen dieses Menschenbild *Tabula rasa* nennen, was übersetzt nichts weiter als ›unbeschriebene Tafel‹ oder auch ›leeres Blatt‹ bedeutet. Es geht auf die Vorstellung zurück, alle Menschen wären von Geburt an identisch und ihre Persönlichkeit würde sich ausschließlich durch die Erfahrungen ausbilden, die sie im Laufe ihres Lebens machen. Diesen phänomenalen Unsinn vermittelte beispielsweise der Psychologe John B. Watson, indem er tatsächlich behauptete, er könne – ohne Rücksicht auf die individuellen Begabungen, Neigungen und Fähigkeiten – jedes Kind zu einem Spezialisten in jedem beliebigen Fachgebiet erziehen. Für Watson waren Menschen also so etwas wie genormte CD-Rohlinge, die bei ihrer Geburt in ihrem neurologischen Aufbau gleich sind und daher mit jeder beliebigen Software bespielt werden können.

Diesem Unsinn entsprechend gestaltet sich auch der Aufbau unseres Schulsystems: gleiche Lehrkonzepte für alle, gleiche Lehrbücher, gleiche Stundenpläne, gleiche Klassenarbeiten, gleiche Anreize und gleiche Strafen. Auch die Vermutung, Kinder im gleichen Alter würden sich auf gleichen Entwicklungsstufen befinden, geht aus diesem falschen Menschenbild hervor. Auf die unterschiedlichen Voraussetzungen, mit denen viele Kinder eingeschult werden, kann ein solch starres System natürlich keineswegs adäquat reagieren.

Wenn ich es richtig verstanden habe, soll die Idee der Reformschule nun genau diese Strukturen aufbrechen. Sie soll Kindern die Möglichkeit bieten, sich ihrer individuellen Vorlieben und Abneigungen, ihrer Stärken und Schwächen entsprechend zu entwickeln. Die Lehrer einer solchen Schule sind nicht mehr reine Wissensvermittler, sondern werden zu Gastgebern in einer lernfreundlichen Umgebung.

Das bisherige Schulsystem, so ist zumindest mein Eindruck, serviert Kindern Einsichten und Erkenntnisse wie ein schlechtes Essen, das sie zu einem bestimmten Zeitpunkt wieder hochwürgen und erbrechen müssen, um es daraufhin für immer aus ihrem Kopf zu streichen. Es produziert Kinder, die auf die Frage, wie alt der Kapitän eines Schiffs mit vier Schafen und acht Ziegen an Bord sei, »Zwölf!« antworten. Tatsächlich gibt es Untersuchungen über die Kreativität von Kindern, die zu dem Ergebnis kommen, dass die Bereitschaft, über bestimmte Konventionen hinaus zu denken, mit jedem Jahr in der Schule abnimmt. Und noch ein weiteres Gewächs scheint bei Kindern mit jedem Schultag mehr zu verwelken: die Neugier. Dieser leistungsstarke Motor für Entwicklung und Lernerfolg wird nicht selten von Klasse zu Klasse so stark gedrosselt, dass er bei vielen Kindern irgendwann kaum noch anspringt.

Unser Schulsystem schafft also ein Lernumfeld, von dem sich ohne Weiteres behaupten lässt, dass Kinder *trotz* Schule etwas lernen – nur eben meistens außerhalb.

Die Bereitschaft vieler Schulleiter und Lehrer, ihre Arbeitsweise, ihre pädagogischen Grundüberzeugungen, ja sogar ihr gesamtes Menschenbild zu ändern, so scheint es mir zumindest, ist jedoch gering – was mich vor dem Hintergrund ihrer inhaltlichen und emotionalen Arbeitsbelastung kein bisschen wundert.

Anders ausgedrückt: Die verkrusteten Strukturen des bisherigen Schulsystems sind nicht ansatzweise in der Lage, den pädagogischen, psychologischen und soziologischen Anforderungen unserer multi-ethnischen Wissens- und Informationsgesellschaft gerecht zu werden. Stattdessen schafft Schule das, was sie eigentlich verhindern soll: einen Graben zwischen Arm und Reich, zwischen dumm und klug, zwischen erfolglos und erfolgreich.

Dass ein derart überfordertes System das Falsche mit erschreckender Präzision richtig macht, ist dabei nicht weiter verwunderlich, und so manifestiert sich genau hier und heute, in der Aula der Ludwig-Feuerbach-Schule, die große Frage, vor der große Teile des gesamten deutschen Schulsystems stehen: Reagieren wir unter größter Anstrengung endlich auf die veränderten Bedingungen, unter denen Schule heute stattfindet, oder belassen wir alles beim Alten und gehen damit die reelle Gefahr ein, dass sich die aktuelle Bildungskatastrophe zu einer Sozialkatastrophe ausweitet?

Eine Sozialkatastrophe, von deren Ausmaß wir eine leise Ahnung bekommen, wenn wir die Zahlen der Jugendarbeitslosigkeit mit denen der offenen Lehrstellen vergleichen, die unbesetzt bleiben, weil ausbildende Betriebe unter den Absolventen des aktuellen Schulsystems keine geeigneten Bewerber finden.

In der Diskussion um die Einführung der Reformschule scheiden sich die Geister zwischen denen, die zum Umdenken bereit sind, und solchen, die aus der Reformflut der vergangenen Jahrzehnte gelernt haben, dass alles anders wird – aber nichts besser. Und obwohl ich Verständnis für jeden habe, der nach unzähligen Reformen müde geworden ist, plädiere ich lautstark und entschlossen dafür, dass wir

auch pädagogisch endlich im 21. Jahrhundert ankommen!

Während das Kollegium noch diskutiert, erinnere
ich mich auf einmal wieder an einen Umstand, den
ich manchmal noch vergesse: Ich werde bald Vater
sein. Meine Perspektiven auf Schule, Bildung und
Gesellschaft haben sich mit der Nachricht über Sarahs Schwangerschaft natürlich schlagartig verändert, man könnte auch sagen: verschärft. Nun stehe
ich vor der Situation, mein Kind schon bald in die
Hände dieser Gesellschaft zu geben. Und weil auch
das Einzugsgebiet unserer Wohnung sehr, sagen
wir mal: durchwachsen ist, ist die Möglichkeit, mein
Kind auf eine Schule wie diese zu schicken, verdammt real geworden.

Ich stelle mir vor, wie das kleine Wesen, um das
sich Sarah und ich mehrere Jahre sorgsam gekümmert, das wir gehegt und gepflegt und wie unseren
Augapfel beschützt, dem wir beim Laufenlernen zu-
geschaut und beim Sprechenlernen zugehört haben, mit dem wir gelacht und geweint, mit dem wir
Geburtstage gefeiert und das wir durch Krankheiten
begleitet haben, wie dieses kleine Wesen in sechs
Jahren durch die schmutzigen Hallen eines trostlosen Schulgebäudes läuft. Wie es versiffte Toiletten
benutzen muss, von frustrierten und ausgebrannten Lehrern unterrichtet und von dissozialen Mit-
schülern beschimpft und geschlagen wird. Ich male
mir aus, wie unser Kind nach und nach den Spaß am
Lernen, die Neugier, den Entdeckungsdrang und
die Kreativität verliert. Als ich mir schließlich durch
den Kopf gehen lasse, wie unser Kind irgendwann
nach Hause kommt und sagt: »Dings, Papa, isch geh

Schwimmbad! Gebe mal Geld, du Opfer!«, läuft mir ein eiskalter Schauer den Rücken hinunter. Ich bin kurz davor, meinen Mietvertrag per E-Mail zu kündigen und für mich und meine kleine Familie eine Wohnung in Zehlendorf oder Prenzlauer Berg zu suchen. Alles, denke ich mir, alles nur, damit mein Kind nicht einer solchen Welt ausgesetzt ist, mit der ich mich hier täglich herumschlage.

Es ist erschreckend, denn all die Gedanken, die mir jetzt durch den Kopf jagen, sind höchst elitär. Wie es bei Perspektivwechseln nun mal so ist, ist auch meine anstehende Vaterschaft mit einem erstaunlichen Erkenntnisgewinn verbunden. Auf einmal habe ich vollstes Verständnis für all die Eltern, die nach den ersten Monaten an unserer Schule alles daran setzen, um ihr Kind auf eine andere Schule zu bekommen. Nicht, weil die Lehrer alle mies wären, die Schulleitung die Situation trotz aller Bemühungen nicht in den Griff bekommt oder die Aula nach vergammeltem Blumenkohl riecht, sondern weil sie traurig und angsterfüllt sind. Traurig darüber, dass ihr Kind immer wieder frustriert nach Hause kommt und weil bei Elternabenden und Gesprächen mit der Klassenlehrerin schnell klar wird, warum das Lernpensum der Klasse so gering ist. So entwickelt sich bei ihnen vermutlich die Angst, ihr Kind würde schnell den Anschluss verlieren und im Vergleich zu Kindern an anderen Schulen immer krasser hinterherhinken.

Während meiner erschreckenden Gedanken läuft die Diskussion um die Reformschule immer noch so unsachlich und hysterisch weiter, wie sie bereits begonnen hat, und endet irgendwann auch genauso ergebnislos und frustrierend, was ich im Protokoll mit folgenden Worten zusammenzufassen versuche: *Der bereits erfolgten Entscheidung für die Teilnahme am Projekt Reformschule stehen noch immer viele kritische Stimmen entgegen.*

Als der Rummel vorbei ist, beglückwünscht Frau Juhnke mich und die anderen frischgebackenen Mitglieder der Erweiterten Schulleitung. Danach bittet sie mich ins Sekretariat. Auf dem Weg dorthin komme ich mit unserem neuen Konrektor, der sich wie vermutet als netter Kerl erweist, ins Gespräch. Der verschiedenen Probleme an unserer Schule scheint er sich durchaus bewusst zu sein.

»So, Herr Möller«, beginnt er das übliche Begrüßungszeremoniell. »Sie sind also der Quereinsteiger. Frau Juhnke hat mir schon viel von Ihnen erzählt.«

»Sicherlich nur Gutes«, entgegne ich mit einem breiten Grinsen.

»Ausnahmslos!« Er lächelt ebenfalls, und nachdem er sich mit einem kurzen Seitenblick vergewissert hat, dass uns niemand zuhört, bittet er mich um eine ehrliche Einschätzung der Situation.

Also erkläre ich ihm, dass ich seit meinem Einstieg schockiert bis sprachlos über das bin, was sich hier Schule nennt. Als er mich dazu auffordert, in diesem schonungslosen Ton fortzufahren, freue ich mich darüber, endlich auch mal eine Supervisionsstunde zu erhalten – wenn auch eine ganz und gar ungewöhnliche. Ich berichte Herrn Springer zuerst von den unsanierten Toiletten, die regelmäßig überlaufen und trotz Reinigung einen ekelerregenden Geruch verströmen.

»Jede durchschnittliche Imbissbude würde sich dafür schämen«, stelle ich ohne mit der Wimper zu zucken fest und fahre mit meiner Erfahrung in den Klassenräumen fort. Diese sind nämlich größtenteils unrenoviert, und die »Renovierungsarbeiten« werden gerne lautstark während der Unterrichtszeit durchgeführt.

Die Schüler, das versuche ich möglichst vorwurfsfrei zu formulieren, stammen zu großen Teilen aus bildungsfernen Elternhäusern, benehmen sich teilweise wie die Axt im Walde und halten dieses Benehmen für vollkommen normal. Ständige Prügeleien, sogar Handgreiflichkeiten gegenüber Lehrern und permanente Unruhe stellen den Unterrichtsalltag dar. Das Leistungsniveau ist dementsprechend unterirdisch, und in vielen Klassen findet nicht das statt, was die Bezeichnung Unterricht verdient. Bis Frau Juhnke kam, berichte ich dem Konrektor, wurde die Schule von einem vollkommen überforderten Typen geleitet, der von Management so viel Ahnung hatte wie ich vom Pokern.

Die Unzufriedenheit im Kollegium nimmt verständlicherweise konstant zu, der Krankenstand ist entsprechend hoch, und einige Kollegen sind meiner Meinung nach überhaupt nicht mehr in der Lage, ihren Beruf auszuüben. Am Ende des letzten Schuljahres haben meines Wissens knapp die Hälfte aller Lehrer einen Versetzungsantrag eingereicht.

Er nickt bedächtig.

»Und was ich bisher über die kommunale Schulpolitik weiß ...«, fahre ich leise fort, doch er kommt mir zuvor.

»Was dort passiert«, versichert er mir, »sprengt

garantiert jede Ihrer Vorstellungen von Dilettantismus.«

Dann überrascht er mich, indem er mir berichtet, dass wir uns für Berliner Verhältnisse auf einer eher mittelmäßigen Schule befänden.

»Glauben Sie mir«, sagt er mit einem ernsten Blick. »Es geht noch viel schlimmer.«

Nach diesem Satz lächelt er wieder, reicht mir die Hand und stellt sich mir als Tom vor. Im Büro angekommen, freut sich Frau Juhnke, dass wir beiden uns ein bisschen kennengelernt haben, und an ihrem Blick meine ich zu erkennen, dass sie ganz genau weiß, worüber wir gerade gesprochen haben.

»Danke für Ihr Engagement, Herr Möller«, sagt sie erleichtert und bietet mir einen Platz und Kaffee an. Dann erläutert sie mir, dass sie nach dem Weggang von Frau Sommer vorhabe, mich als stellvertretenden Klassenlehrer der neuen 6a einzusetzen – der alten 5a, die ich bereits in Musik und Sport unterrichtet habe.

»Und wer wird die Klasse leiten?«, frage ich gespannt, woraufhin sie mir zu meiner großen Freude berichtet, Herrn Geier für diese Aufgabe auserkoren zu haben. Im kommenden Schuljahr werde ich also noch mehr mit ihm zu tun haben – bestens!

Ganz nebenbei setzt sie mich darüber in Kenntnis, dass ich nun auch Englisch unterrichten werde, aber an solche Neuigkeiten habe ich mich ja bereits gewöhnt.

Mitglied der erweiterten Schulleitung, stellvertretender Klassenlehrer und jetzt auch noch Englisch!

»Ist ja unglaublich«, meint Sarah, als ich ihr zu

Hause von meinen neuen Aufgaben berichte. Der Umstand, dass ich ohne das Studium, das sie die nächsten Jahre beschäftigen wird, alle möglichen verantwortungsvollen Aufgaben übernehmen darf, scheint sie – verständlicherweise – zunehmend zu frustrieren.

18

SCH'WEISS KEINE ENGLISCH

Nach dem Wochenende sind die Sommerferien endgültig vorbei. Ich betrete die Schule in dem Wissen, ab jetzt gemeinsam mit Herrn Geier eine Klasse zu unterrichten, die andere Lehrer nur noch auf dienstliche Anweisung betreten. Das bedeutet in der Praxis: Sie verweigern sich der Arbeit in dieser Klasse – es sei denn, es droht ein Disziplinarverfahren.

Na gut.

Bevor ich das Lehrerzimmer Richtung 6a verlasse, atme ich noch einmal tief durch. Ich weiß schließlich, was mich erwartet: eine Klasse, die nun den fünften Klassenlehrer bekommt, die auseinandergerissen und wieder zusammengelegt wurde. Eltern, die von den ständigen Lehrerwechseln zu Recht die Nase voll haben und sich regelmäßig über das sinkende Leistungsniveau beschweren. Einen sogar für unsere Schule außergewöhnlich hohen Anteil an sozial benachteiligten Kindern. Und ein Aggressionspotenzial, das in nahezu allen Situationen erkennbar ist. Bei dieser Liste, die ich lange fortsetzen könnte, atme ich besser noch ein zweites Mal durch … Puh!

Auf dem Weg nach oben begegnen mir bereits die ersten Schüler aus der Klasse, und als ich den Klassenraum erreiche, stürmen alle auf mich zu und rufen wild durcheinander.

»Herr Mülla, wir waren deine Ferien?«

»Herr Mülla, Ferien isch hab Türkei gegeht!«

»Machen wir jetzt Musik?«

»Hast du eine Freundin?«

Und so weiter und so fort.

Mit Worten braucht man dagegen gar nicht anzukämpfen, deswegen gehe ich langsam und leise zum Lehrertisch und lege meine Jacke und meine Tasche ab. Dabei fällt blöderweise mein Feuerzeug aus der Tasche, und an den folgenden Fragen, mit denen die Kids mich daraufhin bombardieren, lässt sich gut erkennen, in welcher Lebenswirklichkeit sie unterwegs sind.

»Ohaaaaaa, eine Feuerzeug!«, brüllt Ali und weckt damit die Aufmerksamkeit der anderen.

»Herr Müller, rauchst du?«

»Herr Müller, trinkst du Bier?«

»Herr Müller, spielst du Karten um Geld?«

So sieht's also aus: Wer ein Feuerzeug bei sich führt, steht schnell im Verdacht, an halblegalen Pokerturnieren teilzunehmen!

»Ja, manchmal. Ja, gerne. Nein, nie«, beantworte ich die drei Fragen in der Reihenfolge, schnappe mir ein Stück Kreide und male drei Kreise an die Tafel. Dieses einfache Belohnungs- und Bestrafungssystem haben die Kids über die Ferien wohl nicht vergessen.

»Züüüüüsch, die drei Kreise«, klingt es respektvoll aus den Reihen.

»Vallah, schnell hinsetzen!«

»Ohaaaaa, er's übertrieben streng!«

Nach weniger als einer Minute ist vorläufig Ruhe eingekehrt, was ich als neuen Rekord verbuche. Ich setze mich mit halbem Hintern auf den Lehrertisch und will meine erste Frage stellen. Zum Glück fällt mir noch rechtzeitig ein, dass ich zuvor immer auf die alte Erst-melden-und-dann-sprechen-Regel hinweisen muss.

Kaum ist meine Frage gestellt, was die drei Kreise bedeuten, fangen vier Kids gleichzeitig an zu reden. Ich schließe die Augen, atme langsam aus, drehe mich zur Tafel um und wische einen der Kreise ab. Währenddessen entsteht ein kurzes Gemurmel, die vier Vorlauten werden als Opfer und Spasten bezeichnet, und als ich mich wieder umdrehe, ist Ruhe eingekehrt. Dieser Zustand ist hier jedoch ständig in Gefahr: Schon der kleinste Fehler meinerseits, ein herunterfallender Stift oder auch nur ein Vogel, der am Fenster vorbeifliegt – und schon bricht Chaos aus. Bis dann wieder Ruhe eingekehrt ist und ich zum Unterrichtsthema zurückkommen kann, gibt es längst den nächsten Anlass zur Unruhe.

Der einzige Weg aus diesem Teufelskreis heraus besteht meiner Erfahrung nach in meinem Auftritt als frontalpädagogische Dampfmaschine. Mit im Militärton vorgetragenen Befehlen komme ich hier halbwegs voran. Das widerspricht zwar komplett meinen pädagogischen Vorstellungen, aber es funktioniert. Lasse ich die pädagogische Leine ein bisschen länger, bekomme ich fast immer sofort die Quittung dafür.

Jack meldet sich. Wann immer ich die Chance dazu bekomme, versuche ich ihn zu fördern. Er hat in der Lotterie des Lebens ein wirklich schweres Los gezogen. Vielleicht sogar eine Niete. Er wird sogar von den Außenseitern der Klasse verarscht, weil die glauben, sich so bei den Coolen beliebt zu machen. Bei einer Körpergröße von 1,70 Metern wiegt er – als Sechstklässler! – sicher siebzig Kilo. Nicht nur aus dem Sportunterricht im letzten Jahr weiß ich, dass er nicht in der Lage ist, diese Körpermasse kontrolliert durch den Alltag zu bewegen. Seine Fortbewegung wirkt wie ein mühsames Stolpern, was besonders bizarre Züge annimmt, wenn er fröhlich durch die Gegend rennt.

»Diese drei Kreise«, beginnt Jack unsicher, »die malst du immer an die Tafel, wenn …«

Er bemerkt, dass die Mädels sich bei seinen Worten bereits das Lachen verkneifen müssen, und kommt ins Schleudern.

»Und wenn du einen davon abwischst, na ja, dann …«

Er wird immer nervöser, was alle anderen deutlich spüren und immer lauter über ihn lachen. Kommentare über seine Dummheit und seine Mutter bedeuten für mich, dass ich eingreifen muss, also bringe ich die Klasse mit dem Abwischen eines weiteren Kreises zur Ruhe. Dann lasse ich Samira erklären, was es mit den Kreisen auf sich hat.

»Immer, wenn wir zu laut sind«, sagt sie wie aus der Pistole geschossen, »wischst du einen Kreis ab. Wenn kein Kreis mehr übrig ist, gibt's eine Strafe oder keine Belohnung.«

Pfiffig ist sie ja, die Samira – auch wenn sie einfach nicht verstehen will, dass Lehrer mit »Sie« angesprochen werden. Als ich es ihr einmal erklären wollte, reagierte sie ausgesprochen verwundert.

»Wieso Sie?«, wollte Samira wissen. »Du bist doch keine Frau!«

Auch wieder wahr. In einem solchen Umfeld sind pfiffige Kerlchen wie sie jedoch meist unterfordert. Diese Unterforderung drückt sich unterschiedlich aus – bei Samira äußert sie sich erfahrungsgemäß in permanenter Unruhe, Nervosität und oft auch in Aggression. Zusätzlich scheint sie entweder frühreif oder mit einer sehr modebewussten weiblichen Bezugsperson aufzuwachsen. Ständig beäugt sie sich in ihrem kleinen Handspiegel, feilt sich die Nägel oder kritzelt in ihren Supermodel-Malbüchern herum. Wenn ich sie ermahne, setzt sie blitzschnell ihr Ich-bin-doch-aber-so-niedlich-Gesicht auf und ist extrem verwundert, wenn sie die gleichen Konsequenzen über sich ergehen lassen muss wie andere auch.

Nachdem das System der drei Kreise also für alle in Erinnerung gerufen wurde, verklickere ich der Klasse, dass ich ab sofort auch ihr Englischlehrer bin und Herrn Geier bei der Klassenleitung unterstützen werde.

Der Einzige, der sich über meinen neuen Job als Englischlehrer nicht zu freuen scheint, ist Amir. Er lernt nämlich Französisch und erklärt mir, warum er gern mehr Unterricht bei mir hätte.

»Sie sind immer so lustig, und wenn es sein muss trotzdem streng. Außerdem sind Sie der erste Musiklehrer, der mehr kann als ich!«

Amir hätten wir mal an die Uni einladen sollen, als es um die Frage ging, was einen guten Lehrer auszeichnet. Zwei Wochenenden lang haben wir um den heißen Brei herum geredet, Texte analysiert und Referate gehört – und am Ende wusste niemand, wie er ein besserer Pädagoge sein kann. Amir dagegen schafft es, die Anforderungen auf drei Faktoren herunterzubrechen: Humor, Konsequenz und Fachwissen.

Ich bedanke mich bei ihm für das Kompliment und erkläre, dass auch ich mir diese Dinge teilweise hart erarbeiten musste und in meinem Job als Lehrer schon viele Rückschläge erlitten habe. Dann schicke ich ihn in den Französischunterricht und widme mich der Unruhe, die während meines Gesprächs mit ihm entstanden ist.

»So. Nun wisst ihr also, dass ich euer neuer Englischlehrer bin.«

»Yes, very gut«, brüllt Justin rein und lacht danach hysterisch. Die Dialoge zwischen mir und ihm sind meist so schräg, dass alle anderen aufmerksam zuhören, wenn wir uns unterhalten. Wie ich im letzten Jahr am eigenen Leib erfahren habe, leidet auch Justin unter stark ausgeprägtem ADHS und weist heftige kognitive Differenzen auf. Weniger professionell ausgedrückt könnte man auch sagen, dass er vollkommen Banane ist – aber das wäre unfair. Ein kurzer Blick hinter seine familiären Kulissen verrät vieles: Als Ältester von vier Brüdern musste Justin vor Kurzem miterleben, wie seine Mutter im Krankenhaus landete. Nach der Geburt des vierten Sohns beging sie einen erfolglosen Suizidversuch und ließ sich danach nie wieder bei der Familie blicken. Mit der alleinigen Erziehung der Kinder vollkommen überfordert, gab der berufstätige Vater die zwei größeren Söhne zu seiner Mutter, und so leben Justin und sein Bruder nun bei seiner Oma und ihrem Lebensgefährten mit dem interessanten Namen

Opilein. Die beiden gehören zum Sozialhilfeadel, tragen ihre Trainingsanzüge und Hausschuhe auf der Straße stolz wie eine Uniform und verbringen einen Großteil des Tages auf der Couch oder beim Bäcker. Beim Zahnarzt oder Frisör waren die beiden offensichtlich schon länger nicht mehr, und kein Fitnessprogramm würde es schaffen, die Folgen ihres Lebenswandels aufzufangen.

Auf dem letzten Laternenfest lernte ich Justins Familie kennen.

»Diese Laternenumzüge werden och immer schlechter, ey!«, pöbelte Opilein damals. »Hier wird ja nichmal jesungen! Justin, hier jehn wa nich mehr hin!«

Auf meine Empfehlung, einfach selbst zu singen, stimmten Oma und Opilein schnell ein schönes Lied an. »Nur nach Hause, nur nach Hause …«, tönten die Damen so laut wie schief und setzten die Darbietung der Stadionhymne des Hertha BSC bis zur Ankunft an der Schule fort.

Seit ich Justins Hintergrund kenne, kann ich sein Verhalten deutlich besser einordnen und ärgere mich weniger über die massiven Störungen, die nicht erledigten Hausaufgaben und seine völlig chaotische Heftführung.

»Also, Justin, was heißt denn *very*?«

»Weiß ich nich!«

»Aber du hast es doch eben gesagt!«

»Echt?«

Sein Kurzzeitgedächtnis ist nicht besonders gut entwickelt, sein Langzeitgedächtnis hingegen ist fast gar nicht vorhanden. Die anderen Schüler schmeißen sich vor Lachen fast auf den Boden, aber im Gegensatz zu seinem Sitznachbarn Jack genießt Justin die Rolle als Klassenclown in vollen Zügen. Mit der Zeit habe ich auch die Dosierung herausgefunden, in der ich Justin und seinen albernen Beiträgen Raum geben kann, ohne dass die ganze Klasse ausrastet.

»Du hast also vergessen, was du vor fünf Sekunden gesagt hast?«, frage ich.

»Ja, Herr Mülla, du weißt doch: Isch bin ein bisschen balla-balla.«

Dann beginnt er damit, wild zu zappeln, und ist kurz davor, sich auf den Boden fallen zu lassen. Das ist der Moment, in dem ich ihn stoppen muss. Wenn ich ihn jetzt damit durchkommen lasse, fängt er an, unseren Hausmeister zu imitieren, macht dann Witze über seinen schrägen Opa und beruhigt sich nur mit sehr viel Aufwand meinerseits wieder. Und das gilt es auf jeden Fall zu vermeiden!

Nachdem ich ihn etwas bremsen konnte, erkläre ich der Klasse, dass wir im Englischunterricht hauptsächlich eines tun werden: Englisch sprechen. Den Tipp hat mir Chrissi gegeben, die – im Gegensatz zu mir – studierte Englischlehrerin ist. Also immer rinn ins Jetümmel! Ich verteile die Englischbücher und die Arbeitshefte, die vom Verlag so gut gestaltet wurden, dass ich mich als ungelernter Lehrer nicht mit zäher Vorbereitung herumschlagen muss, sondern mich voll auf den Unterricht konzentrieren kann. Doch bevor ich loslege, muss ich erst einmal prüfen, was die Klasse in Englisch so draufhat.

»Wir fangen mit einem Bericht aus den Ferien an. Wer kann auf Englisch beschreiben, was er im Sommerurlaub gemacht hat?«, will ich wissen.

Drei Kinder melden sich.

»Ja, Cai-Thao, bitte!«

»In my holidays, I visited my aunt in … äh … Süddeutschland, and it was very nice!«

»Sehr gut!«, lobe ich sie und übersetze für die anderen, was Cai-Thao gesagt hat. Chrissi hat mir nämlich auch erklärt, dass ich meinen Unterricht auf keinen Fall ausschließlich auf Englisch halten soll. Es gebe zwar Stimmen, die das empfehlen, aber die Kinder würden in der Regel kein Wort verstehen. Stattdessen solle ich meine Fragen und Anweisungen immer erst auf Englisch formulieren und dann auf Deutsch wiederholen.

»Okay, who else? Wer möchte noch von seinen Ferien berichten?«

Eigentlich ist es mies, aber weil sich sowieso immer dieselben melden, frage ich gern die Schüler, die nicht freiwillig mitmachen. Schließlich sollen sich alle am Unterricht beteiligen. Also frage ich Ali. Im Unterricht wirkt er meist freundlich und zurückhaltend, doch auf dem Schulhof sieht das vollkommen anders aus.

»No«, antwortet er schüchtern.

»Möchtest du nicht antworten, oder warst du nicht im Urlaub?«

»Doch, isch hab Libanon gegeht, aber sch'weiß keine Englisch.«

Man kann Ali sprachlich anmerken, dass er mit der Muttersprache seiner Eltern aufgewachsen ist, und bevor man sich aufmacht, jemandem wie ihm Englisch beizubringen, sollte man vielleicht erst einmal mit Deutsch anfangen. Aber das ist hier nicht meine Aufgabe. Zumindest noch nicht.

»So, Ali went to Libanon. Did you enjoy it? Hat's Spaß gemacht?«

Er schüttelt den Kopf, also frage ich ihn nach dem Grund für seine Antwort.

»Sch'weiß nisch. Libanon is voll heiß und schmutzig und so.« Er lächelt verlegen.

»So you like the weather in Germany more? Magst du das Wetter hier mehr?«, will ich von ihm wissen, doch Deutschland, antwortet er, sei ihm zu kalt.

Libanon zu heiß, Deutschland zu kalt. In dieser einfachen Formel verbirgt sich das klassische Problem vieler Migranten: Egal, wo sie sind, sie fühlen sich nicht wohl. Eine Bekannte von mir und Sarah sagte mal, hier in Berlin gelte sie immer als Türkin und in der Türkei immer als Deutsche. Für mich persönlich ist dieses Problem nicht so leicht nachvollziehbar, denn für mich ist das Deutschsein eines meiner geringsten Identifikationsmerkmale.

Ich bin zuerst einmal ich, Philipp Julian Möller. Dann Säugetier, dann Mensch, dann Berliner, dann Europäer und schließlich Erdenbürger – aber Deutscher? Das kommt weit hinten. Doch mit der nationalen Identifikation ist es vielleicht wie mit vielen anderen Dingen: Sie fällt einem erst dann auf, wenn man sie nicht hat.

Nach ein paar weiteren Antworten schließe ich die Stunde mit einem Rap ab, mit dem die Kinder Englisch lernen sollen. Was viele Schulen bisher versäumen, haben Schulbuchverlage offensichtlich begriffen: die Lerninhalte in die Lebenswelt der Schüler transportieren, sie praktisch erfahrbar machen. Während der Song läuft, verteile ich die Texte. Beim zweiten Hören sollen die Kids bereits mitrappen, was erstaunlich gut funktioniert. Anschließend verteilen wir die Textpassagen auf einzelne Schüler, wobei der Refrain von allen gerappt werden soll. Mit dem letzten Takt entlasse ich die Kids in die große Pause und ziehe mein Resümee: Bis auf wenige Ausnahmen gehen die Englischkenntnisse der meisten über *Yes* und *No*, *Hello* und *Thank you* kaum hinaus. Einige Vokabeln kennen die Kids zwar, aber ansonsten schweben die Ergebnisse der PISA-Studien über dem Klassenzimmer: Mühsam reingestopftes Wissen auf Kommando erbrechen, das funktioniert gerade so. Aber von der Anwendung sind die meisten meilenweit entfernt.

19

GEIER, ÜBERNEHMEN SIE!

In der nächsten Doppelstunde bin ich gemeinsam mit Geierchen für Naturwissenschaften eingeteilt. Als er mit dem Klingeln unsere Klasse betritt, sitze ich bereits am Lehrertisch und warte auf ihn. Er grinst mich an, schmeißt seine Sachen auf den Lehrertisch und beginnt.

»So, Klappe halten, aber alle! Ick bin Herr Geier, euer neuer Klassenlehrer. Wir prüfen jetzt erst mal die Anwesenheit.«

Dann schnappt er sich das Klassenbuch und stellt seine interkulturelle Inkompetenz unter Beweis. Nahezu jeden Namen, der ihm nicht vertraut ist – und das sind viele! –, spricht er falsch aus.

»Wat ist dit hier?«, fragt er beim ersten Blick auf die Liste und rückt sich seine rosa Lesebrille zurecht.

»Kai-Tau? Ist dit wat zu essen?«

Die Kids lachen, und Cai-Thao meldet sich.

»Nein, das bin ich«, erklärt sie ihm mit einem Lächeln. »Das spricht man *Dschai-Taho* aus.«

»Aha. Und dit soll ick mir merken? Ick nenn dich einfach Kathi, wa?«

Die Klasse bricht wieder in lautes Gelächter aus, und auch ich kann es mir nicht mehr verkneifen. Der Typ ist einfach zu geil! Jeden seiner Kommentare verbindet er mit einem höchst ansteckenden Lachen, und so wird den Kids sofort klar, dass er es nicht böse meint. Er setzt seine Comedy-Show fort.

»Mohamed-Ali is hier? Der Boxer?«

»Nein«, erklären zwei Jungs im Chor, »es ist zwei Namen!«

So geht er die weiteren Namen durch, bis er bei Enis angekommen ist.

»Enis?«, fragt er überrascht. »Dit reimt sich ja uff Penis! Mensch, wat ham sich denn deine Eltern dabei jedacht?«

Die Kids halten sich vor Lachen die Bäuche und zu meiner Beruhigung lacht auch Enis mit. Dann erklärt er seinem Lehrer, dass man den Namen so ausspricht, als würde ein Doppel-N in der Mitte stehen.

»Und warum stehtet denn nich da?«, fragt Geierchen nach.

»Gipps nich in Türkei.«

»Wir sind aber nich inne Türkei hier, schon jemerkt? Na jut, fangwa mal an …«

Dann erklärt er den Kids in aller Ruhe und dem nötigen Ernst, wie er sich den Unterricht vorstellt. Dabei beherrscht er in Perfektion einen Grundsatz, den ich mir in den letzten Monaten mühsam erarbeiten musste: Teaching is timing! Herr Geier schafft es, in jedem Moment genau den richtigen Ton zu treffen. Mal leise, mal laut, mal streng, mal kumpelhaft, mal schnell, mal langsam. Er scheint ein perfektes Gespür für Pausen zu haben, moduliert seine Stimme so, dass es Freude macht, ihm zuzuhören, und in keinem einzigen Moment der folgenden Minuten kommt Langeweile auf. So harsch er auch sein mag und so unorthodox seine Methoden auch sind: Er ist ein verdammt guter Lehrer! Trotz seiner grenzwertigen Sprüche und seiner teilweise lümmelhaften Art gibt es nicht einen Moment in dieser Stunde, in der sich eines der Kids beleidigt oder gar beschämt zeigt.

»Und wat sitzt du hier rum und hältst Maulaffen feil?«, fragt er mich plötzlich und schickt mich dann los, um Kaffee für uns zu holen. Er schmeißt mir sein riesiges Portemonnaie zu, aus dem Hunderte von Kassenbons quellen und das vor Kleingeld zu platzen droht.

»Wie trinkst 'n deinen Kaffee?«, frage ich ihn.

»Süß und blond – wie ick!«, erklärt er mir und lacht dreckig über seinen eigenen Witz. Wie die gesamte Schülerschar. »Und jetzt hopp-hopp. Ick hab Durscht wie 'ne Zicke!«

Kopfschüttelnd verlasse ich den Klassenraum und begebe mich auf den Weg zum Bäcker. Als ich mit den Kaffeebechern zurückkomme und den Klassenraum betrete, traue ich meinen Augen nicht. Geierchen steht vor der Klasse und hält in der einen Hand einen riesigen Fisch, in der anderen ein riesiges Messer. Auf den Tischen der Kinder sind kleinere Fische verteilt, an denen einige bereits interessiert herumspielen, während andere sich angeekelt die Nase zuhalten. An der Tafel hat er den Aufbau eines Fisches skizziert.

»Die Dinger hab ick gestern in Polen jefangen«, erklärt er mir, als ich den Kaffee abgestellt habe und ihn fragend anstarre. »Geil, wa? So, Leute!«, wendet er sich wieder der Klasse zu. »Wir werden heute einen Fisch sezieren. Dit heißt: Messer rinn, und uff dit Viech!«

Dann entlässt er wieder ein kurzes und diabolisches Lachen, legt seinen Fisch auf der Zeitung ab, die er auf dem Lehrertisch ausgebreitet hat, und bittet die Kinder nach vorne. Die bilden in Sekundenschnelle eine riesige Traube um ihn herum und rangeln um die besten Plätze. Ich stelle mich auf einen Stuhl und beobachte die Operation von oben. So lebensnahen Unterricht habe ich noch nie erlebt! Als Geierchen das Anglermesser unterhalb des Kopfes in den Fisch einführt und diesen der Länge nach aufschlitzt, wenden sich einige Kinder angewidert ab. Ein paar ganz harte Jungs – oder zumindest solche, die sich dafür halten – bleiben eiskalt vorne stehen und beobachten, wie Geierchen nach und nach die Eingeweide aus dem Fisch holt und alle Teile sorgfältig erklärt. Als die Kids wieder auf ihren Plätzen sitzen, geht er die Bezeichnungen an der Tafel noch einmal durch und gibt schließlich den Startschuss.

»So, und jetzt seid ihr dranne!«

Dann streift er sich die OP-Handschuhe ab, schnappt sich seinen Kaffee und stellt sich zu mir.

»Großartig!«, beginne ich unser Gespräch.

»Großartig? Dit is normal!«

»Und wer außer dir macht das noch?«

»Na, keena, dit is ja dit Problem in unsern Schulsystem: keene Praxis! Wenn ick wat über Fische vermitteln soll, muss ick den Kindern Fische zeigen. Gerade bei den armen Teufeln hier. Die kennen Fisch doch höchstens von Käpt'n Iglo!«

Immer, wenn es um grundsätzliche Dinge geht, um Fragen der Unterrichtsmethodik oder um den sozialen Hintergrund der Kids, entzündet sich in Geierchen eine flammende Überzeugung, an der man merkt, dass er mit jeder Faser seines Körpers Lehrer ist. Ein Überzeugungstäter und wie für diesen Beruf geschaffen. Bisher habe ich niemanden gesehen, der die Kids so sehr für seinen Unterricht begeistern kann. Er schafft etwas, das in unserem Schulsystem offensichtlich längst vergessen wurde: Spaß.

Aus der Hirnforschung wissen wir, was gute Pädagogen lange vermutet haben. Lernen findet am besten dann statt, wenn der Lernende Freude oder sogar Begeisterung empfindet. Nur wenn im Gehirn genug Neurotransmitter unterwegs sind, die für Wohlbefinden sorgen, also hauptsächlich Dopamin und Serotonin, kann das passieren, was aus neurobiologischer Sicht als Lernen verstanden wird: das Entstehen und Verstärken von Verknüpfungen im Gehirn, den sogenannten Synapsen. Ohne diese Botenstoffe finden Lernprozesse deutlich langsamer oder gar nicht statt.

Aus meinem Studium weiß ich noch, dass im Extremfall sogar das Gegenteil erreicht werden kann. Koppelt man den Unterrichtsstoff mit negativen Reizen, wie zum Beispiel einschläferndem Gerede oder ständigem Bloßstellen der Kids, können Kinder dem Lerngegenstand gegenüber nachhaltige Aversionen entwickeln. Diese werden sie unter Umständen bis ins Erwachsenenalter gar nicht mehr oder eben nur mit viel Aufwand los.

Das hängt damit zusammen, dass unser Gehirn, also jenes für das Lernen zentrale Organ, eine gigantische und höchst komplexe Assoziationsmaschine ist. Jeder äußere Sinneseindruck wird innerhalb von Millisekunden mit einem Gefühl belegt – und zwar lange, bevor der bewusste Verstand auch nur eine Chance hat, sich einzumischen.

»Ick hab schon immer so unterrichtet«, erklärt mir Geierchen, »aber ick sach dir: Dit zehrt auch anne Nerven. Und wennde denn siehst, dass alle anderen mit deutlich weniger Uffwand dit gleiche Geld verdienen, fragste dich auch irgendwann: Wat soll dit eigentlich?«

»Du siehst ja, was es bringt! Die Kids haben Spaß und lernen etwas.«

»Aber«, entgegnet er und stößt mir mit dem Zeigefinger schmerzhaft auf die Brust, »am Ende dankt et dir keena! Meine letzte Klasse hab ick drei Jahre lang geleitet, hab mir den Arsch uffjerissen für die. Und weeßte, wie viele Eltern zur Abschlussfeier jekommen sind? Zweie, und die ham noch nichmal danke jesacht!«

Er schüttelt frustriert den Kopf und erklärt mir zum wiederholten Male die wichtigste Lektion seines Lebens: »In diesen Land, Möller, hilft dir keena, merk dir dit! Du musst dich um allet selbst kümmern!«

In diesem Zusammenhang spricht er noch einmal die dringende Empfehlung an mich aus, mir so schnell wie möglich einen richtigen Job zu suchen. Seit unserem ersten Gespräch am Anfang meiner Laufbahn macht er keinen Hehl aus seiner Meinung, ich würde hier meine Zeit verschwenden.

»Am Ende kriegste nüscht als 'n feuchten Händedruck. Wirste sehen.«

Mit diesen Worten nimmt er seinen Unterricht wieder auf, dessen letzte Minuten ich mit Wonne verfolge. So beginnt also mein zweites volles Schuljahr als Lehrer an der Seite von Herrn Geier.

Zu Hause angekommen, warten Sarah und ihr Bauch auf mich. Der hat inzwischen deutlich sichtbare Ausmaße angenommen, und gelegentlich spüre ich sogar die Bewegungen unseres Babys, von dem wir seit Kurzem wissen, dass es ein Mädchen wird, durch die Bauchdecke. Nachdem Sarah und ich uns mal wieder gemeinsam über Geierchen und seine originelle Art amüsiert haben, erzähle ich ihr von seiner Einstellung zu meinem Job.

»Wichtiger als seine Meinung ist doch, dass es dir Spaß macht, oder?«, gibt Sarah zu bedenken.

Von Spaß würde ich zwar nicht unbedingt sprechen, aber inzwischen finde ich tatsächlich mehr und mehr Gefallen an meiner Arbeit. Vor allem mit der Aussicht darauf, innerhalb der Erweiterten Schulleitung nun auch einen Blick hinter die Kulissen des Schulwesens werfen zu können, fühle ich mich in meiner Lehrerhaut immer wohler. Doch je näher der Zeitpunkt rückt, ab dem ich nicht mehr nur für mich, sondern für eine kleine Familie verantwortlich bin, desto stärker wird auch mein Wunsch nach einem unbefristeten Arbeitsvertrag und einem höheren Gehalt – und beides ist in meiner aktuellen Situation ausgeschlossen. Also setze ich mich abends an den Rechner und suche nach möglichen Wegen, ein Staatsexamen als Lehrer zu erlangen. Irgendeine mittelfristige berufliche Perspektive muss her!

Die Informationen dazu sind allerdings nicht eindeutig, also krame ich einen Zettel hervor, auf dem mir ein Mitglied des Personalrats einen Ansprechpartner zu diesem Thema genannt hat. Höchste Zeit, die Sache anzugehen.

Ein einfacher Anruf bei der zuständigen Dame

für den dauerhaften Quereinstieg in den Schuldienst hätte natürlich gereicht, aber da die telefonische Erreichbarkeit bei Behörden meist recht eingeschränkt ist, bin ich Anfang dieser Woche kurzerhand persönlich bei ihr reingeschneit.

Mein Gespräch im Hochhaus am Alexanderplatz ist dann aber deutlich kürzer, als mir lieb war: keine Chance! Lehrer können wirklich nur diejenigen werden, die das gesamte Studium inklusive erstem Staatsexamen, Referendariat und zweitem Staatsexamen absolviert haben. Mit der Aussage meiner Schulleitung passt das allerdings nicht zusammen.

»Da gibt es definitiv Möglichkeiten, Herr Möller«, versichert mir Frau Juhnke am nächsten Tag und verweist mich an den Konrektor. Tom ist sich sicher, dass Quereinsteiger wie ich nach drei Jahren im Schuldienst die Möglichkeit haben, eine berufsbegleitende Fortbildung zu besuchen und danach eine Staatsexamensprüfung abzulegen.

Dazu fehlen mir allerdings noch zwei Jahre. Nun gut, da mein Gehalt für die nächsten zwölf Monate gesichert ist, widme ich mich erst einmal wieder dem Schulalltag – und der ist fürs Erste auch spannend genug.

20

SCHWULE DINOSAURIER

Als ich den dunklen und schmutzigen Flur unserer Schule betrete, erkenne ich Geierchen schon von Weitem an seinem zackigen Schritt. Er erblickt mich, kommt in seiner typischen Art auf mich zu und beginnt wie beinahe immer mit einer rhetorischen Frage.

»Samma, haste einklich schomma'n Ausflug jemacht?«

Äh – Ausflug? Bevor ich antworten kann, ist Geierchen schon eine Runde weiter.

»Is ejal, ick muss nämlich zum Arzt. Krisste schon hin. Pass uff: Ab zehne is die Bowlingbahn am Gärtnerplatz reserviert. Kennste?«

Ich nicke stumm.

»Jut. Hier is dit Bahnticket, achte-dreißig kommen die Verrückten inne Klasse. Denn machste Ansage: Wer Stress macht, kriegt's mit Geier zu tun! Denn spuren die schon. Klar?«

Diesmal nicke ich nicht, was Geierchen aber nicht stört.

»Jut. Um Neune latschste los. Die machen zwar imma een uff fußkrank, aber dit schaffen die schon. Vorne springste mit denen inne Bahn, zack bis Gärtner. Hier is die Kohle, die Jungs vonna Bowlingbahn wissen Bescheid. Super. Danke dir!«

Ein kameradschaftlicher Schulterschlag komplettiert seine Ansage, dann stiefelt er grinsend davon. In meiner Hand halte ich ein paar zerknitterte Scheine Bargeld und ein Gruppenticket für die BVG.

»Ach so«, fällt ihm da noch ein, »is schon morgen! Schulleitung weiß Bescheid, bist ausjetragen!«

Na gut, da ist er also: mein erster Ausflug. Ohne weitere Begleitung eines Erwachsenen und mit einer sechsten Klasse.

Wird schon, Möller, wird schon …

Als ich am nächsten Morgen um acht Uhr in die Klasse komme, sitzt Talibe schon auf ihrem Platz und malt auf dem Tisch herum. Auf meine Frage, ob sie den Ausflug vergessen habe, reagiert sie mit einem leeren Blick und zuckt dann mit den Schultern. Während sie mir erklärt, warum sie trotz der Ansage, erst um halb neun in der Schule zu erscheinen, jetzt schon hier sei, setze ich mindestens zwanzig Mal dazu an, sie sprachlich zu korrigieren – aber wo soll ich da anfangen?

Mein persönliches Umfeld besteht aus vielen Menschen mit Migrationshintergrund, und von einigen wurde ich darum gebeten, sie auf Sprachfehler aufmerksam zu machen. Hier an der Schule habe ich das keine zehn Minuten durchgehalten. Sprache lebt eben, habe ich mir gedacht, mich vom weichen ›ch‹ und sämtlichen Präpositionen verabschiedet und angefangen, mich mit dem Füllsel ›Dings‹ anzufreunden.

Ich trage Talibe auf, ihr Gekritzel vom Tisch zu radieren, und hole mir noch einen Kaffee. Bei meiner Rückkehr haben sich immerhin ein paar Schüler mehr im Klassenraum versammelt. Als sie mich sehen, rennen sie wie wild geworden auf mich zu, und nur mit einer lauten Warnung vor dem heißen Kaffee kann ich verhindern, dass die ersten an meinem Bauch abprallen.

Ich weiß schon, warum ich den habe.

Die Erste bremst, die anderen versuchen es auch, scheitern jedoch und verursachen ein Massenstolpern. Während sie sich wieder sortieren, brüllt mich Ali an: »Herr Mülla, wir gehen Bowling, iebergeil! Sch'mach Strike, ja? Vallah, sch'wöre, sch'mach Strike!«

Mit wilden Bowling-Trockenübungen steht er vor mir. Wenn er nachher tatsächlich so bowlt, nehme ich mir besser einen Helm mit.

Dann brüllen die anderen wild durcheinander und wollen wissen, ob sie ihr Handy anhaben und *Bin Laden* gehen dürfen. Ich schicke sie auf ihre Plätze, doch das war wohl nicht präzise genug.

»Auf den Stuhl, nicht auf den Tisch. Mit dem Hintern, nicht mit dem Kopf. Füße vom Tisch. Ja, genau so. Super!«

Selbst schuld, wenn ich mich so unkonkret ausdrücke.

Dann erlaube ich ihnen ausnahmsweise, ihre Handys anzuschalten, lasse mir erklären, dass *Bin Laden* ein kleines Geschäft in der Nähe der Schule ist, wo sie ihre Süßigkeiten kaufen, und verbiete ihnen dann, auf dem Weg zur U-Bahn dort Halt zu machen. Daraufhin fällt Melek mal wieder etwas auf.

»Ohaaaaa, ers ieberstreng! Züüüsch!«

»Melek«, unterbreche ich sie und weise sie darauf hin, dass sie seit Anfang des Schuljahres jedes Mal den gleichen Satz herausposaunt, wenn ich Regeln aufstelle.

»Aber warum erlaubst du uns nisch *Bin Laden*?«, will sie beleidigt wissen.

Ich schließe einen Moment die Augen, um meine Bestürzung über ihre Ausdrucksweise zu verbergen, und erkläre ihr dann, dass ich aufkommenden Neid verhindern will, weil sich einige mehr als andere leisten können. Über die fortgeschrittenen Ausmaße ihres jungen Körpers kann sie dann gerne Herr Geier aufklären, ich halte mich da raus.

Während meines kleinen Disputs mit Melek füllt sich die Klasse immer weiter. Über die Anwesenheitsliste merke ich, dass zwei Kinder fehlen. Auf meine Frage nach Jack und Justin weiß Samira schnell eine Antwort.

»Sie kommen nisch mit, ihre Eltern hamm kein Geld«, freut sie sich. »Sie sind Hartz IV.«

Wie Samiras Mutter ihr Geld verdient, frage ich besser nicht. Beim letzten Mal endete das in Tränen.

Ich gebe also den Startschuss für unser kleines Abenteuer und erinnere die Kinder daran, dass sie sich auf ein Gespräch mit Herrn Geier freuen können, wenn sie aus der Reihe tanzen. Und damit wird es still. Außer ein paar leisen und andächtigen »Ohaaaaaaa« und »Züüüüüüüsch« ist kein Wort mehr zu hören. Der Typ hat's echt drauf, denke ich mir. Die Kids respektieren und mögen ihn.

Nach nur wenigen Minuten und ein paar Schubsereien hat sich die Klasse darauf geeinigt, wer nebeneinander läuft, vorne und hinten geht. Die Schlange hat sich formiert, wir gehen los. Zwei

Stopps später – inklusive der Androhung, noch einmal in den Klassenraum zu gehen oder den Ausflug ganz abzubrechen und stattdessen für die Deutscharbeit zu üben – stehen wir vor dem Schulgebäude, wo aus der Schlange wie erwartet nun eher ein Haufen geworden ist. Der Fußweg verläuft ohne weitere Zwischenfälle. Niemand rennt auf die Straße oder bewirft fahrende Autos mit Müll, es finden nur wenige Streits statt, und bei roten Ampeln bleiben manche Schüler sogar ohne mehrmalige Anweisung stehen.

An der U-Bahn-Station wird es dann schon spannender. Hier muss ich nun vor Publikum beweisen, dass ich die Meute im Griff habe. Einige Fahrgäste stehen bei unserem Anblick direkt auf und fliehen aus dem Waggon. Hab ich auch schon oft gemacht. Ja, ist schon hart, aber irgendjemand muss es ja tun!, gebe ich den übrigen Passagieren mit Blicken zu verstehen und mache mich an die Feinabstimmung.

»Samira: Nimm die Füße runter! Rico: Weg von der Tür! Ali, Enis und Khalim: leiser!«

Klappt doch. Eine ältere Dame nickt mir respektvoll zu. Mit einem langsamen Kopfnicken und einem freundlichen Lächeln gebe ich ihr zu verstehen, dass dies meine leichteste Übung sei.

Wenn die wüsste …

Während der Fahrt haben die Mädels um Samira herum einen Mann mit langen Haaren entdeckt, zeigen auf ihn und kichern. Einige Jungs erzählen sich gegenseitig Lügengeschichten und schwören danach auf Gott und ihre Mutter, alles sei genau so passiert. Bis die freundliche U-Bahn-Stimme den

Gärtnerplatz als nächste Station ankündigt, verläuft die Fahrt also ohne nennenswerte Zwischenfälle.

»So, Leute, wir steigen aus!«, rufe ich durch den Waggon.

Die Kids sammeln sich an den Türen, streiten sich heftig um die Betätigung des Türöffners und stürmen dann auf den Bahnsteig. Dort angekommen, zähle ich mühevoll durch und gebe der Truppe dann zu verstehen, dass wir gemeinsam und NUR gemeinsam nach oben gehen, um dort zu entscheiden, wie wir die restliche Zeit verbringen. Geierchen hat wohl auf dem Weg hierher mit vielem gerechnet, denn wir haben noch eine knappe Stunde Zeit bis zu unserem Termin auf der Bowlingbahn.

»Herr Mülla, wir könnten doch schon Bowling gehen und da chillen und Klingeltöne verschicken«, erreicht mich bereits auf dem Weg nach oben der erste Vorschlag, den ich natürlich direkt abschmettere.

Stattdessen schlage ich einen Spaziergang durch den Gärtnerkiez vor, denn obwohl der Sommer eindeutig vorüber ist, herrscht draußen noch recht sonniges und mildes Wetter. Meine Idee stößt auf wenig Begeisterung. Mal wieder scheinen die Kids den Charakter meiner Vorschläge zu unterschätzen: Ein Vorschlag ist kein Vorschlag, sondern eine Anordnung! Oben angekommen, möchte ich die heimatkundlichen Kenntnisse meiner Klasse auf die Probe stellen und frage in die Runde, wo wir uns nun befinden.

»Gärtnerplatz, vallah!«, ruft Oktay missmutig aus dem hinteren Teil der Kindertraube, die ich um mich geschart habe.

»Genau, Oktay. Wisst ihr auch, wofür diese Gegend berühmt ist, wer hier so wohnt?«

»Sch'weiß nisch«, überlegt er. »Opfer? Juden?«

Bevor mir die Tragweite seiner Gedanken bewusst wird, kläre ich ihn darüber auf, dass es sich beim Gärtnerplatz um Berlins berühmtesten Schwulenkiez handelt.

Allgemeine Bestürzung bricht aus. Einige der Mädels verstecken sich ängstlich hinter ihren Freundinnen. Angeekelte Gesichter mischen sich mit hysterischem Gelächter.

»Wo hast du uns hingebracht, Herr Mülla? Bist du verrückt?«, fragt Aygül.

Ich weiß natürlich, dass das Thema Sexualität – vor allem Homosexualität – in diesem Alter zu Lachsalven führt, aber das hier ist etwas anderes. Die Klasse wirkt völlig verstört auf mich, nahezu entrüstet.

»Herr Mülla, Schwulheit ist verboten«, erklärt mir Oktay endlich. »Von Gott!«

Na, herzlichen Glückwunsch: Religiös bedingte Intoleranz in der sechsten Klasse! Ich bin kurz davor, den Ausflug abzubrechen. Schließlich erklärt mir Oktay dann auch noch stolz, dass seine Mutter ihm das beigebracht habe. Um eine Begründung für das Homo-Verbot gebeten, ist es dann allerdings die sonst so stille Medina, die den weltanschaulichen Vogel abschießt.

»Weil Adam und Eva waren auch nicht schwul«, erklärt sie im vollen Brustton der Überzeugung. »Sonst würde es uns jetzt nicht geben.«

Ich stehe mit offenem Mund vor der Klasse und staune. Wie schafft man es bloß, Menschen von einem solchen Unsinn zu überzeugen? Ich dachte immer, das funktioniert nur bei Kleinkindern, denn die sind nun einmal darauf angewiesen, uns Erwachsenen jeden Quatsch abzukaufen.

»Aber Medina«, beginne ich noch immer leicht schockiert. »Adam und Eva haben nie existiert. Das ist nur ein Märchen, so wie Hänsel und Gretel oder Harry Potter. Wir Menschen wurden nicht gebastelt, sondern sind entstanden – so wie alle anderen Lebewesen auch.«

Nun starren mich die Kinder mit offenen Mündern an. Wo bin ich hier nur gelandet? Aber wenn ich schon dabei bin, denke ich mir, rücke ich gleich mit der ganzen Wahrheit heraus und erkläre, dass manche Männer sich halt in Männer verlieben und manche Frauen eben in Frauen.

Damit habe ich wohl einen empfindlichen Nerv getroffen. Die Kids stehen wie angewurzelt da und gucken, als hätte ich ihnen gerade erzählt, dass es keinen Weihnachtsmann gibt. Ob ich das noch hinterherschicken soll?

Nein, meine Entrüstung über diese Haltung verdirbt mir jeglichen Spaß an der Desillusion. Mir reicht's. Strafspaziergang durch den Kiez! Volle fünfundvierzig Minuten. Vorbei an Männern, die Arm in Arm in knallengen Lederhosen durch die Straße laufen, an all den belebten Cafés mit Regenbogenflagge und fast ausschließlich männlichem Publikum. Schocktherapie gegen Homophobie. Die Kinder können schließlich nichts dafür, und auch deren Eltern wurde dieser Unsinn vermutlich schon im Kindesalter eingetrichtert.

Am Kreisverkehr des Platzes angekommen, drehe ich mich zu den Kids um, breite die Arme aus und heiße die Klasse herzlich wilkommen im Berlin des 21. Jahrhunderts, in dem jeder so schwul oder lesbisch sein darf, wie er oder sie will. Mit gespielter Einsicht schaltet sich Melek ein und erklärt mir, dass natürlich jeder machen könne, was er wolle, und widerspricht ihrer Pseudotoleranz schon im nächsten Satz: »Kumma: Gott hat es verboten, also sie sind alle Sünder!«

Auf die Frage, ob ich mit diesem gewissen Herrn Gott mal persönlich sprechen könne, verschränkt sie die Arme und schüttelt energisch den Kopf.

»Aber sch'wöre – es gibt ihm! Und du kannst nisch beweisen, dass es ihm nisch gibt.«

Im ersten Moment klingt das natürlich nach einem schlagkräftigen Argument, aber wenn ich an alles glauben würde, dessen Gegenteil ich nicht beweisen kann, dann wäre ich angesichts der Zwerge, Elfen, Götter, Einhörner und sonstigen Fantasiewesen auf diesem Planeten wahrscheinlich schon längst verrückt geworden. Dass die Beweislast für eine Behauptung beim Behauptenden liegt, ist ja schon für manch Erwachsenen schwer verdaulich, also muss ich mit einem Beispiel arbeiten.

Ich konfrontiere Melek mit der Aussage, in meinem Garten stehe ein unsichtbarer Dinosaurier, der allen Mädchen namens Melek verbiete, Süßigkeiten zu essen. Um meiner Aussage noch mehr Glaubwürdigkeit zu verleihen, schwöre ich am Ende meiner Ausführungen theatralisch auf den heiligen Saurus Rexus. Abschließend imitiere ich ihre Kinderargumentation inklusive Mundart.

»Und du kannst nisch beweisen, dass es ihm nisch gibt.«

Die Kids lachen sich kaputt, nur Melek ist sichtlich aufgebracht. Mit einem Lolli im Mund verschränkt sie die Arme vor der Brust und erklärt mir, dass sie mir kein Wort glaube. Dann wird sie still und denkt nach. Ich kann den sprichwörtlichen Groschen in ihrem Kopf fast fallen hören. Als sie verstanden hat, worauf ich hinauswill, kontert sie mit dem stärksten Argument, dass ich von einer Sechstklässlerin erwarten kann.

»Du bist doof!«, sagt sie entschieden und streckt mir ihre blau gefärbte Lolli-Zunge raus.

Auch Ali scheint meinen Dino-Vergleich verstanden zu haben.

»Auf jeden, kumma, kumma, Herr Mülla«, brüllt er begeistert. »Isch sage so: Eine durschsischtige Geist, er hat mir verboten Hausaufgaben, Dings. Dann du musst mir auch nisch glauben.«

Zufrieden stimme ich ihm zu. Nachdem ich der Klasse also die Grundzüge des kritischen Denkens verdeutlicht habe, setzen wir unseren Spaziergang durch den Kiez fort. Obwohl dieses Areal nur wenige Kilometer Luftlinie vom Wohnort meiner Schüler entfernt ist, erwecken einige von ihnen den Eindruck, als seien sie auf einem anderen Stern gelandet. Um Missverständnissen vorzubeugen, nehme ich mich gegen Ende unseres Spaziergangs noch einmal der etwas verwirrten Fraktion um Melek und Oktay an und erkläre ihnen, dass hierzulande jeder das Recht habe zu glauben, woran er will. Ich verdeutliche ihnen auch, dass die Vorschriften eines Glaubens immer nur für diejenigen gelten, die dieser Glaubensgemeinschaft angehören – nicht für andere.

»Glaubt, was ihr wollt, und macht, was ihr wollt, solange ihr die Freiheiten anderer damit nicht verletzt. Okay?«, schließe ich meine kleine Lektion ab, als wir unser Ziel erreichen.

Das Chaos auf der Bowlingbahn ist nicht größer als erwartet, und so verläuft der restliche Ausflug relativ gelassen.

Doch die Nachricht von meiner spontanen Unterrichtseinheit in Sachen Selbstbestimmungsrecht scheint in der Schule schnell die Runde gemacht zu haben. Schon am nächsten Tag kommen zwei unbekannte Schülerinnen auf mich zu.

»Herr Mülla, glaubst du bei Gott?«, fragt mich eine der beiden.

Ich schüttele lächelnd den Kopf.

»Sch'asse disch!«, sagt sie und schaut mich dabei todernst an.

»Glaubst du Jesus?«, fragt die andere.

Wieder schüttele ich den Kopf.

»Dann is gut.«

VOLL PORNO, ALTA!

Nur ein paar Wochen nach unserem spannungsgeladenen Ausflug an den Gärtnerplatz erreicht mich beim Betreten des ranzigen Lehrerzimmers eine Anfrage, die auf weitere packende Erlebnisse schließen lässt.

»Sag mal Philipp«, ruft eine Kollegin durch den großen Raum, als sie mich erblickt. Sie leitet eine der sechsten Klassen und gehört zu den eher jüngeren Damen unseres Teams. Mit wallendem blondem Haar rauscht sie auf mich zu und trägt ihr Anliegen vor. »Traust du dir zu, mit den Jungs aus meiner Sechsten sexuellen Aufklärungsunterricht zu machen?«

Da ich zögere, erklärt sie mir, dass sie alle Inhalte bereits vorbereitet habe, aber wegen des Themas unbedingt einen jungen Mann für diese Aufgabe einsetzen wolle.

»Muss es denn unbedingt ein Mann sein?«, frage ich sie, ziehe diese Frage aber aufgrund eigener Beschränktheit sofort zurück. Klar muss es ein Mann sein! Ich stimme also widerwillig zu und meine Kollegin atmet erleichtert auf. Anhand der Beschreibung ihrer Schüler kann ich mir schon jetzt gut vorstellen, was mich morgen erwartet: ein Haufen frühpubertierender Möchtegern-Machos, die meinen, alles zum Thema Sexualität zu wissen, genaugenommen aber keine Ahnung haben.

Meine Kollegin zeigt mir ihre Unterlagen und skizziert den Ablauf der Doppelstunde. Am folgenden Tag betrete ich den kleinen Raum, in dem die Jungs bereits versammelt sind.

»Züüüsch, Herr Mülla, wir machen Porno-Unterricht, iebergeil«, begrüßt mich einer von ihnen.

Da ich die Klasse bisher kaum kenne, stelle ich mich vor, lasse die obligatorischen Namensschilder basteln und schärfe den Jungs ein paar Regeln ein. Dazu gehört das Verbot, jemanden für seine Fragen auszulachen oder sich schlüpfrige Geschichten auszudenken.

Mohammed aus der ersten Reihe glänzt mit einem passenden Kommentar.

»Isch hab schomma ein Olle geknallt«, ruft er stolz.

Mein mildes Lächeln versteht er richtig und entschuldigt sich für diesen unglücklichen Einstieg. Seine fragwürdige Wortwahl nutze ich für die Ankündigung unserer ersten Aufgabe: das Einordnen von Begriffen in drei Kategorien, die ich auf gelben Zettelchen an die Tafel hänge. Mit meiner Hilfe sollen die Kids erörtern, welche Begriffe biologische Bezeichnungen darstellen, welche eher verniedlichend und welche Beleidigungen sind, die man sich besser verkneift.

»Meinen Sie so was wie Fotze?«, fällt Dragan aus der zweiten Reihe ein.

Weil dieses Wort mich immer erst einmal zusammenzucken lässt, schaue ihn einen Moment streng an, erinnere mich dann aber daran, dass es heute genau darum geht. Also werfe ich ihm ein Stück Kreide zu und fordere ihn auf, das Wort unter den entsprechenden Zettel zu schreiben. Während er schreibt, erkläre ich, dass Dragan damit einen Jackpot geknackt hat und sich niemand darüber wundern soll, für dieses Wort einen Tritt zwischen die Beine zu bekommen.

»In die Eier?«, fragt Mohammed, der sein Käppi auf der Spitze des Kopfs trägt und zu den Typen gehört, mit denen ich mich jedes Mal im Bus anlegen möchte, weil er mit seinem Handy laut Musik hört. Auch er bekommt von mir ein Stück Kreide und auf dem Weg zur Tafel seine Kopfbedeckung abgenommen. So gehen wir die von meiner Kollegin vorbereiteten Begriffe durch, die die Jungs relativ zielsicher den richtigen Kategorien zuordnen können. Beim Befüllen der Kategorie Beleidigung muss ich sie in ihrer Kreativität zwar etwas bremsen, aber ansonsten verläuft dieser erste Teil ohne weitere Zwischenfälle.

Das ändert sich allerdings, als Julian, ein sehr zurückhaltender Junge aus dem hinteren Teil der Klasse, den Begriff Homosexualität zuordnen soll. Die Machos aus den ersten Reihen brechen in schallendes Lachen aus und rufen ihn bei einem Spitznamen, den sie ihm offensichtlich schon vor längerer Zeit verpasst haben: Julian-Schwulian. Als er mit hochrotem Kopf an der Tafel ankommt und den Begriff in der Kategorie biologische Bezeichnung einsortieren will, korrigiert ihn Dragan lauthals: »Aber das is doch eine Beleidigung!«

Auf diesen Moment habe ich nur gewartet. Ich warte ab, bis Julian wieder auf seinem Platz angekommen ist, lasse dann Ruhe einkehren und setze mich mit verschränkten Armen auf den Lehrertisch. Dann schaue ich Dragan fest in die Augen und frage ihn, ob er überhaupt wisse, was Homosexualität sei.

»Dis heißt schwul sein«, erklärt er mir. »Also wenn ein Mann einen anderen Mann ein Arschfick macht – und das is verboten!«

In der Widerlegung dieser These bin ich ja mittlerweile geübt, also erkläre ich ihm, dass es kein Verbrechen ist, weil es beim freiwilligen Sex zwischen zwei gleichgeschlechtlichen Partnern keine Opfer gibt. Das verstehen die Jungs relativ schnell. Dann schreibe ich das Wort Schwuchtel in die Kategorie Beleidigung und schärfe den Jungs ein, dass ich für dieses Wort Hofreinigungsstunden verteile. Auch das kapieren sie, und so rufe ich eine kurze Pause aus, um die Tafel für unser nächstes Thema vorzubereiten: Pornos.

Als ich mich wieder umdrehe, sind die zwei Chef-Machos der Gruppe schon sehr praxisorientiert dabei. Mohammed hockt auf allen vieren auf seinem Tisch und imitiert lautes Frauenstöhnen, während Dragan hinter ihm kniet und so tut, als würde er ihn laut ächzend von hinten nehmen. Ich stelle mich neben die beiden, stütze meine Hände in die Hüften und nicke anerkennend, bis sie mich entdecken.

»Wir wollten nur zeigen, wie Doggy-Style geht«, erklärt Mohammed.

Mit einer gehörigen Portion Ironie lobe ich die beiden und freue mich insgeheim über die gelungene Überleitung. Als ich wieder vor der Tafel stehe und gerade beginnen möchte, erreicht mich schon die erste Frage.

»Hast du schomma ein Porno geguckt, Herr Mülla?«, will Dragan wissen.

Ich überlege kurz, wie ich darauf reagieren soll, doch bei einer solchen Frage gilt offensichtlich schon die kürzeste Verzögerung als Antwort. Während mein Kopf ein wenig rot wird, brechen sogar die schüchternen Jungs aus den hinteren Reihen in lautes Gelächter aus. Nach ein paar Momenten der ungezügelten Freude bremse ich die Klasse, indem ich Kreidestückchen verteile und die Schüler darum bitte, sämtliche Porno-Websites an die Tafel zu schreiben, die sie kennen. Wollen wir doch mal schauen, wie weit diese Sechstklässler schon in die Tiefen des virtuellen Sex-Dschungels vorgedrungen sind.

Die Beteiligung an der Übung ist rege, und die Sammlung, die dabei entsteht, erstaunlich. Eine Schultafel besteht ja immerhin aus insgesamt sechs Quadratmetern, und als die Jungs sich nach einigen Minuten setzen, sind kaum noch freie Stellen zu finden. Zeit, meinen roten Faden zu verlieren.

»Da staunst du, wa, Herr Mülla?«

Allerdings.

Was nun? Die Verfügbarkeit nichtjugendfreier Inhalte für Kids diesen Alters stellt in der Tat eine krasse medienpädagogische Herausforderung dar. Es ist ja schließlich nicht so, dass man einen Altersnachweis braucht, um eine solche Website aufzurufen. Was empfinden Kinder und Frühpubertäre beim Betrachten derlei Bilder wohl? Wie erklärt man ihnen, was dort vor sich geht? Oder klären sie sich ganz einfach selbst auf, indem sie sich im Alter von zwölf Jahren Analverkehr in Full-HD anschauen?

Weil mir genau solche Fragen gestern Abend schon

unter den Nägeln brannten, las ich mir die Ergebnisse einer Befragung von Elf- bis Dreizehnjährigen durch, die im Auftrag einer Organisation für Sexualberatung durchgeführt wurde. Nach der am häufigsten genannten Emotion Ekel fühlten sich viele der befragten Kids durch Pornos angemacht oder gaben an, etwas dazugelernt zu haben; aber auch Wut, Scham und Angst kamen in der Liste der Antworten vor. Nun ist es sicherlich nicht möglich, die Auswirkungen von Pornografie auf Menschen an der Schwelle zwischen Kindheit und Jugend in einer einzigen Studie abzubilden, aber trotzdem waren diese Ergebnisse nicht so verheerend, wie ich befürchtet hatte.

Was auch immer die Spezialisten sagen: Weil die meisten der Jungs in der Klasse Zugang zu den Filmchen haben und ohnehin das meiste schon gesehen haben, setze ich alles dran, ihnen einen bewussten Umgang damit zu vermitteln. Schließlich haben weder Tabus noch das Verteufeln bestimmter Themen Menschen davon abgehalten, sich trotzdem – oder gerade deshalb – mit Sexualität auseinanderzusetzen. Meine Kollegin hat mich wahrscheinlich nicht umsonst damit beauftragt, den Jungs zu erklären, dass Pornos wenig mit der sexuellen Realität zu tun haben. Auf meine entsprechende Frage, ob mir jemand den Unterschied erklären könne, weiß einer der Jungs aus dem vorderen Teil der Klasse eine Antwort.

»Pornos sind noch geiler als eschta Sex«, ruft er und streichelt dann mit wildem Blick die imaginäre Frau, die er sich gerade auf seinem Schoß vorstellt.

Als die erneuten Lacher verklungen sind, erkläre

ich, dass die Perspektive, aus denen Pornos meist gedreht sind, nicht viel mit der Wirklichkeit zu tun haben. Weil Frauen dort häufig als minderwertig dargestellt werden, warne ich die Jungs davor, sich am Verhalten männlicher Pornodarsteller ein Beispiel zu nehmen.

»Wieso nisch?«, will Dragan verwundert wissen.

»Weil Frauen genauso viel wert sind und genauso viel zu sagen haben wie Männer – auch im Bett.«

Sein Kommentar darauf – das hätte ich mir denken können – lässt mich zusammenzucken.

»Männer können alles bestimmen«, sagt er selbstbewusst, »weil wir können die Frauen in Fresse schlagen!«

Es ist zum Davonlaufen! Dieser Macho-Mist, diese Bereitschaft zur Gewalt gegenüber Schwächeren und diese Selbstverständlichkeit, mit der die Errungenschaften der Gleichberechtigung mit Füßen getreten werden, lassen mich immer wieder erstarren. Nach Dragans erschütterndem Satz stehe ich einen Moment wie angewurzelt vor der Klasse und suche nach einer angemessenen Reaktion. Dann wird mir mal wieder klar, dass gegen Dummheit nur ein Kraut gewachsen ist: Bildung.

Unter den verwunderten Blicken der Schüler wische ich die Tafel ab und formuliere eine neue Überschrift: MÄNNER UND FRAUEN – NICHT GLEICH, ABER GLEICHWERTIG! Dann unterstreiche ich das letzte Wort und frage Dragan, ob er tatsächlich meint, dass stärkere Menschen über schwächere bestimmen können.

Er nickt.

»Dann bestimme ich, dass du morgen in einem

pinken Kleid zur Schule kommst«, befehle ich ihm streng. »Mit hochhackigen Schuhen, einer blonden Perücke und geschminkt.«

Als er mir widersprechen will, füge ich leise hinzu, dass ich ihm sonst die Fresse polieren würde. Dann herrscht Stille. Er überlegt, setzt mehrmals zum Sprechen an und überlegt weiter. Schließlich lächelt er mich verlegen an und erklärt mir dann einsichtig, dass es Fälle gebe, in denen auch er unter dem Recht des Stärkeren leiden würde. Seiner Antwort entnehme ich, dass das Mitgefühl, das ich eben in ihm hervorgerufen habe, tatsächlich etwas bewirkt hat.

Ich nehme die Jungs mit auf eine kleine Reise durch die jahrtausendelange Geschichte der Unterdrückung, Verfolgung und Hinrichtung vermeintlich Schwächerer. Anhand von aktuellen Beispielen der Misshandlung von Frauen in weiten Teilen der Welt konfrontiere ich sie mit der These, dass es sich dabei um ihre Mütter, Schwestern, Cousinen, Tanten oder Freundinnen handeln könnte. Um meine Ausführungen noch stärker in die Lebenswelt der Jungs zu transportieren, füge ich außerdem hinzu, dass es sich bei solchen Ländern teilweise um die Heimat ihrer Eltern handele.

Abschließend lese ich den Satz an der Tafel vor und mache den Minimachos klar, dass es natürlich Unterschiede im Fühlen, Denken und Handeln von Männern und Frauen gibt, dass dies aber nicht zur Unterdrückung des einen Geschlechts durch das andere führen dürfe. Wegen der ablehnenden Gesichter einiger Jungs mache ich noch einmal unmissverständlich klar, dass kein Mann einer erwachsenen Frau irgendwelche Vorschriften machen darf – weder über ihre Lebensweise noch über ihre Sexual-partner, ihre Kleidung oder ihren Beruf.

Einige Schüler wirken darüber regelrecht empört, aber das ist mir egal. Wenn es um die allgemeine Gültigkeit der Menschenrechte geht, bin ich zu keinem Kompromiss bereit – vor allem nicht bei der Erziehung von Kindern und Jugendlichen.

In der letzten Viertelstunde kümmern wir uns dann im Schnelldurchlauf um die Basics der menschlichen Anatomie, den Prozess des Erwachsenwerdens und den Vorgang der Geburt. Das war auch bitter nötig, denn einige von den Jungs haben davon so viel Ahnung wie ein Schwein vom Eierlegen. Am Ende der Stunde wissen dann auch wirklich alle, dass der Penis kein Knochen ist und aus welcher der weiblichen Körperöffnungen die Kinder kommen.

Ist doch immerhin ein Anfang.

22

MISS NOVEMBER UND DER DILETTANTISMUS

Als Zweitlehrer fühle ich mich manchmal wie ein Praktikant, was damit zusammenhängt, dass ich während der Stunde gerne zum Kopieren geschickt werde. Aber das gehört für einen Quereinsteiger vermutlich dazu. Auf meinem heutigen Weg, der mich durch die leer gefegten Gänge unserer Schule zum Kopierer führt, werde ich Beobachter einer sehr aufschlussreichen Szene.

Frau Herrmann, die Klassenlehrerin einer JÜL-Gruppe, sitzt mit zwei Schülerinnen an einem Tisch auf dem Flur und schaut ihnen verträumt dabei zu, wie sie Mandalas ausmalen. Dabei hockt sie zurückgelehnt auf einem Kinderstuhl, die Beine übereinandergeschlagen, die Hände in den Hosentaschen, und gibt nacheinander wahllos wirkende Kommentare wie »Ach super!« oder »Das ist aber toll.« von sich. Auf mich wirkt Frau Herrmann schon immer ein wenig abwesend. Sie ist relativ jung, vermutlich Mitte vierzig, und lächelt immer, wirklich immer – und immer gleich. Es ist dieses sanfte Lächeln, von dem ich bis heute nicht weiß, ob es von Zufriedenheit oder Verrücktheit zeugt. Dazu blinzelt sie oft und sehr lange. Insgesamt gehört Frau

Herrmann zu den eher langsam agierenden Exemplaren unserer Spezies. Alles, was sie tut, wirkt auf mich wie in Zeitlupe. Dazu passen ihre weiten Klamotten und ihr schlendriger Gang. Von meinen Kollegen weiß ich, dass Frau Herrmann bereits mehrere Dauerkrankschreibungen hinter sich hat, allein lebt und sich zurzeit um ihre schwer kranke Mutter kümmert. Wegen ihrer geringen Belastbarkeit setzt Frau Juhnke sie neben ihrer Tätigkeit als Klassenlehrerin ausschließlich als Zweitlehrerin ein. Dort wird sie von den Kollegen dann mit der Betreuung einzelner Schüler oder kleiner Gruppen beauftragt, wahrscheinlich aus Rücksicht. Chrissi, die stets bestens informiert ist, formulierte ihre Position dazu vor Kurzem sehr deutlich.

»Frau Herrmann ist echt 'ne nette Frau – aber an der Schule eigentlich zu nichts mehr zu gebrauchen.«

Im gesamten Kollegium ist es ein offenes Geheimnis, dass Frau Hermann ihre Klasse überhaupt nicht im Griff hat, und von den Kindern hört man, sie würden bei ihr fast nur Bilder ausmalen oder spielen. Es tut mir natürlich leid, dass sie so überfordert ist, aber ich frage mich, warum so eine Frau überhaupt noch als Lehrerin arbeiten darf.

Als ich mich dem Tisch auf dem Flur nähere, malen die Mädels unbeirrt weiter, während Frau Herrmann zusammenzuckt, als ich sie grüße. Ich erwidere ihr sanftes Lächeln und gehe kommentarlos weiter.

Hinter mir höre ich, wie sie die Mädchen fragt: »Also, ihr beiden, wollen wir jetzt wieder reingehen?«

So wird das bestimmt nichts, aber das ist nicht mein Problem!

Während der Kopierer seine Arbeit erledigt, werfe ich einen Blick auf den Vertretungsplan und entdecke dabei, dass ich heute als Zweitlehrer in Frau Hermanns Klasse eingeteilt bin.

»Das kann ja was werden«, flüstere ich vor mich hin. Solche lehrertypischen Selbstgespräche sollte ich mir schleunigst wieder abgewöhnen. Dieses leicht verrückte Phänomen habe ich inzwischen bei so vielen Kollegen festgestellt, dass ich Geierchen gebeten habe, mir in den Hintern zu treten, sollte ich in seiner Gegenwart einmal damit anfangen. Seitdem weiß ich, dass seine Stiefel ganz schön spitz sind.

Auf meinem Rückweg wundere ich mich nur wenig darüber, dass die Mädels und Frau Herrmann immer noch auf dem Flur sitzen. Als sie mich erblickt, fällt ihr etwas ein.

»Vielleicht hat der Herr Möller ja eine Idee, wie wir euch dazu motivieren können, wieder in die Klasse zu gehen.«

Bei ihrem Sprechtempo hat dieser Satz sicherlich dreißig Sekunden gedauert. Ich bleibe neben dem Tisch stehen und schaue die Mädels fragend an.

»Wir wollen nicht rein«, nölt die eine, während die andere unbeeindruckt weitermalt.

»Das ist mir doch egal. Rein mit euch!«, sage ich in freundlichem, aber bestimmtem Ton und mache dazu aufscheuchende Handbewegungen.

Die beiden packen ohne weitere Beschwerden ihre Sachen ein und gehen in die Klasse. An Frau Herrmanns Stelle wäre mir das ziemlich peinlich, aber die steht auf, schaut lächelnd durch mich durch und bedankt sich. Meinen Hinweis auf den kommenden gemeinsamen Unterricht nimmt sie freudig entgegen.

»Ach ja, das ist gut. Wir machen Kunst.«
Kunst machen – ein wahrlich dehnbarer Ausdruck.

Nach ein paar unspektakulär verlaufenden Schulstunden nähere ich mich Frau Hermanns Klasse und höre schon von Weitem viele laute Kinderstimmen. Im Vorbeigehen verhindere ich eine drohende Prügelei und betrete schließlich den Klassenraum. Wie erwartet sitzt Frau Herrmann mitten im Chaos und starrt lächelnd aus dem Fenster. Ein Blick auf die Uhr verrät mir, dass die Stunde bereits begonnen hat, aber das scheint hier noch niemand bemerkt zu haben. Ich stelle mich vor die Tafel und räuspere mich hörbar. Stille kehrt langsam ein. Die mühsame Arbeit, mir einen Ruf als strengen Lehrer zu verschaffen, hat sich gelohnt. Nicht nur die Klasse, auch Frau Herrmann scheint etwas überrascht von meiner Anwesenheit.

»Was machst du denn hier?«, fragt sie mich verwundert.

»Ich bin zur Vertretung hier eingetragen. Wir hatten doch heute Morgen schon …«

»Ja, weiß ich doch«, entgegnet sie, als hätte der erste Teil des Dialogs nie stattgefunden.

Merkwürdig.

Die Kids sind schnell zu ihrer Spielroutine zurückgekehrt, sodass der Geräuschpegel wieder steigt. Ich wiederhole mein Räuspern etwas lauter und füge beinahe flüsternd hinzu, dass bei drei alle auf den Plätzen sitzen. Die meisten der Kinder kenne ich vom Pausenhof, aber als gesamte Klasse hatte ich sie noch nie vor mir.

Am besten bekannt ist mir ein blonder Junge

mit dem Namen Fabian. Er ist stolzer Besitzer der sehr beliebten Schuhe, in deren Sohlen Rollen eingebaut sind. Nach ein paar Schritten Anlauf zieht er die Spitze des vorderen Fußes hoch und gleitet dann halbwegs elegant durch die Gegend. Mit diesen Schuhen cruist er so häufig durch die Gänge, dass ich mich frage, ob er überhaupt richtig gehen kann.

Mehrmals pro Woche bekomme ich rein zufällig mit, dass er in irgendeine Streiterei oder Rauferei verwickelt ist, auf die in der Regel hysterische Wut- und Heulanfälle seinerseits folgen, die erst nach mehreren Minuten vorbei sind. Auch hier ist es nicht anders.

Als einer seiner Mitschüler ihn beim Rollern im Weg steht, entfährt ihm ein lauter Wutschrei. Nur schwer kann er sich daraufhin wieder beruhigen. Die Nerven dieses Kerlchens scheinen vollkommen blank zu liegen. Frau Herrmann nimmt die Szene nicht zur Kenntnis und wendet sich der Klasse zu.

»So, Kinder, wir haben ja beim letzten Mal schon mit den Collagen angefangen.«

Ob sie merkt, dass ihr höchstens zwei Kinder zuhören?

»Und damit machen wir jetzt weiter. Okay?«

Die Klasse verhält sich, als wäre Frau Hermann überhaupt nicht da. Ob ich ein Foto von ihr machen soll, um sicherzustellen, dass ich sie mir nicht einbilde?

Sie lächelt mich zufrieden an und teilt mir mit, sie würde sich mal rasch einen Tee kochen gehen.

Ja, bitte, dann kann ich hier wenigstens für Ruhe sorgen.

Als sie den Raum verlassen hat, weise ich die Schüler dazu an, sich ihre Collagen zu holen, was diese ohne Widerrede tun. Einige Augenblicke später befinden sich Hunderte ausgeschnittener Bilder, Scheren, Klebestifte und die unvollendeten Kunstwerke auf den Tischen. Die Aufgabe bestand offensichtlich darin, irgendwelche Bilder aus irgendwelchen Zeitschriften auszuschneiden und diese wahllos auf weiße DIN-A3-Bögen zu kleben. Anders kann ich mir die bisherigen Arbeitsergebnisse nicht erklären. Von einer Zweitklässlerin, die ich vom Hof kenne, lasse ich mir diesen Nonsens erklären.

»Also«, beginnt sie und überlegt einen Moment. »Da vorne liegen Zeitschriften, und aus denen sollen wir Bilder ausschneiden und auf das Papier kleben.«

Aha, super. Als mein Blick durch das mit optischen und akustischen Reizen überflutete Klassenzimmer schweift, reagiert aus irgendeinem Grund plötzlich mein Lustzentrum. Es zwickt einmal kurz im Gehirn. Und, na gut, auch in der Leistengegend. Ich erachte das als Fehler in der Matrix und ignoriere den Impuls. Dann laufe ich weiter durch die Klasse und schaue mir die Collagen an – aber da ist es wieder: Irgendetwas stimuliert mein sexuelles Verlangen! Was ist das bloß?

Ich scanne meine Umgebung auf der Suche nach der Ursache für diese deplatzierte Reaktion und werde schließlich auf der Collage eines Drittklässlers fündig: Brüste. Splitternackte, wohlgeformte, weibliche Brüste, und dazu eine bis zum Bauchnabel unbekleidete junge Frau.

»Wo hast du das Bild denn her?«, frage ich den Schöpfer des Kunstwerks, das mit Luxuskarossen,

Unterwäschemodels und verschiedenen Jagdmessern überladen ist.

»Na, aus der Zeitschrift da vorne«, entgegnet er unschuldig. »Meine Nachbar – er hat auch!«

Er zeigt auf die Collage des Jungen neben ihm, und auch hier entdecke ich Damen, deren Bekleidung nur wenig Raum für Fantasie übrig lässt. Auch auf den Collagen der restlichen Klasse finde ich bei genauerer Betrachtung jede Menge nackte Haut, Brustwarzen, Piercings und Tattoos.

Ich meine zwar, von einer moralinsauren Prüderie weit entfernt zu sein, und müsste lügen, wenn ich sagen würde, die meisten der hier dargestellten Abbildungen würden mir nicht gefallen – aber was hat so etwas in einer Gruppe sechs- bis neunjähriger Kinder zu suchen?

Als Frau Herrmann von ihrer spirituellen Reise zum Planeten Rooibos zurückkehrt, konfrontiere ich sie mit den Bildern.

»Wirklich?«, fragt sie mit dem Maximalgehalt an Überraschung, den sie in der Lage ist auszudrücken. »Woher haben die denn bloß diese Bilder?«

»Aus den Zeitschriften«, erkläre ich ihr ungeduldig. »Wo kommen die überhaupt her?«

»Die haben die Kinder mitgebracht. Na, das ist ja was …«

Geistesabwesend blättert sie in einer der Zeitschriften herum, als uns die Pausenklingel unterbricht. Als die zweite Stunde anbricht, löst Frau Herrmann das Problem, indem sie die Collagen wegräumen lässt und eine Stunde Deutsch einschiebt. Dazu verteilt sie kurzerhand ein paar Arbeitsblätter und setzt sich wieder an ihr Pult. Von dort aus beantwortet sie die Fragen der wenigen Kids, die sich zu ihr vortrauen und ihre Meditation unterbrechen.

Ich hingegen bin nonstop im Einsatz. Permanent muss ich Einzelne zur Ruhe auffordern, kleinere Rangeleien schlichten und Fragen beantworten, wie ich sie von Kindergartenkindern erwartet hätte.

Am besten gefällt mir jedoch die Aktion eines Jungen aus der Gruppe der Sonnenkinder, der mitten in der Stunde seine Sachen packt und zur Tür geht. Als ich ihn frage, was er vorhat, wartet er mit der coolsten Antwort auf, die ich je von einem Sechsjährigen gehört habe: »Mir reicht's. Ich mach mich vom Acker!«

Nach der Stunde treffe ich Chrissi und berichte ihr von meinem Erlebnis. Die drängt mich dazu, das Ganze an die Schulleitung weiterzugeben, denn ihrer Meinung nach muss Frau Juhnke die Beschwerden über Frau Hermann von allen Seiten bestätigt bekommen.

Aber ich zögere. Soll ich wirklich eine Kollegin verpetzen?

»Philipp, denk doch bitte mal an die Kinder«, fordert Chrissi mich eindringlich auf. »Die verschlafen die ersten Jahre ihrer Schullaufbahn – und ich glaube, du weißt, was das pädagogisch bedeutet!«

Sie hat recht. Unabhängig von der Vermittlung einer grundsätzlichen Arbeitseinstellung, die in der Schule in allen Fächern unbedingt beachtet werden sollte, habe ich herausgefunden, dass sämtliche Arbeitshefte, die nach langer Diskussion für den gesamten JÜL-Bereich angeschafft wurden, bei Frau Herrmann im Schrank liegen – vollkommen unbearbeitet.

Im Schulleitungsbüro angekommen, tue ich mich schwer, mein Anliegen vorzutragen, doch schon nach ein paar vorsichtigen Worten ahnt Frau Juhnke, worauf ich hinauswill.

»Also, wenn es dabei um Frau Herrmann geht«, beruhigt sie mich, »dann weiß ich Bescheid.«

»Auch von den nackten Frauen?«, will ich von ihr wissen, aber immerhin das scheint ihr neu zu sein. Ich berichte ihr von den Collagen und merke außerdem an, dass Frau Herrmann auf mich insgesamt etwas abwesend wirkt.

»Das haben Sie schön ausgedrückt«, sagt Frau Juhnke lächelnd und klärt mich dann über die gesundheitliche Lage und katastrophale berufliche Performance meiner Kollegin auf. Wegen des Beamtenstatus, den Frau Herrmann genießt, sei es der Schulleitung jedoch unmöglich, daran etwas zu ändern.

»Mir sind die Hände gebunden«, gibt Frau Juhnke schließlich resigniert zu, und als Tom den Raum betritt, informiert sie ihn sofort über die Neuigkeiten.

»Frau Herrmann bastelt mit ihrer Klasse Titten-Collagen«, sagt sie provokativ und entschuldigt sich mit einer kurzen Handbewegung für ihre Ausdrucksweise.

»Super«, antwortet Tom mit einem Lächeln im Gesicht. »Die können wir ja dem Hausmeister schenken. Kann er sich neben die Titten-Kalender in seiner Werkstatt hängen. Miss November sieht gar nicht so übel aus.«

»Wo bin ich hier nur gelandet?«, fragt Frau Juhnke laut und schlägt die Hände vors Gesicht.

Während sie sich seufzend die Augen reibt, nehme ich den Faden wieder auf und erzähle von dem Stapel unbearbeiteter JÜL-Materialien in Frau Herrmanns Schrank. Auch das scheint Frau Juhnke nicht gewusst zu haben, und es strapaziert ihre Geduld endgültig über. Entschieden macht sie sich eine Notiz, bedankt sich dann bei mir und versichert mir kopfschüttelnd, sich um alles zu kümmern.

Während der wenigen ruhigen Phasen meiner nächsten Stunden frage ich mich, ob ich wegen des Gesprächs ein schlechtes Gewissen haben sollte, komme aber zu dem Schluss, dass ich meine Entscheidung im Interesse aller Beteiligten getroffen habe. Auch dem von Frau Herrmann. Denn auch wenn sie es sich selbst nicht eingesteht, ist unübersehbar, dass sie mit ihrer Aufgabe vollkommen überfordert ist. Leider ist sie damit wahrscheinlich nicht die Einzige. Von Gesprächen mit erfahrenen Kollegen weiß ich, dass es an fast jeder Schule mindestens eine solche Kollegin gibt. Mindestens eine Person, von der alle wissen, dass sie immer den gleichen Unterricht durchzieht, zudem mehrmals im Jahr krankgeschrieben ist und ständig den Eindruck macht, als stünde sie unter hoch dosierten Beruhigungsmitteln.
Aber weil das System der Staatsdienerschaft solche Fälle nicht vorgesehen hat, sind die Schulleitungen machtlos – die Klapperkandidaten müssen mitgeschleppt werden, komme, was wolle. Eine Kündigung ist wegen des Beamtenstatus nicht möglich, und eine Versetzung – wenn sie überhaupt erreicht werden kann – verlagert das Problem auch nur an eine andere Schule und hilft weder den bis-

herigen noch den zukünftigen Schülern und Kollegen weiter.

Zu Hause führe ich meine düsteren Gedanken gemeinsam mit Sarah fort, und weil wir uns mit unseren Spekulationen über das derzeitige Renteneintrittsalter nicht zu weit aus dem Fenster lehnen wollen, bemühen wir das zuverlässigste Instrument der Informationsbeschaffung, das die Menschheit bisher entwickelt hat. Nach nur wenigen Klicks kennen wir die Daten etwas genauer und fragen uns jetzt erst recht, warum nicht schon längst ein Aussteigerprogramm für Lehrer entwickelt wurde. Wenn es auf politischer Ebene entweder keine Kompetenz oder keine Bereitschaft gibt, die Arbeitsbedingungen für Lehrer zu verbessern, warum wird dann nicht wenigstens auf den Umstand reagiert, dass es laut Statistischem Bundesamt gerade mal fünfunddreißig Prozent aller Lehrer schaffen, erst mit Erreichen der gesetzlichen Regelaltersgrenze aus dem Beruf auszuscheiden? Warum Lehrer im Ruhestand im Durchschnitt gerade mal achtundfünfzig Jahre alt sind, können wir nach meinen Erfahrungen an der Schule sehr gut nachvollziehen, aber die Gründe für das Fehlen sinnvoller Konzepte in diesem Zusammenhang erschließen sich uns nicht.

Warum setzt man diese Menschen, die zwar nicht mehr in der Lage sind, eine Schülermeute in Zaum zu halten, aber über tonnenweise wertvolle Berufserfahrung verfügen, nicht in der Ausbildung ihrer Nachfolger ein? Warum findet man für sie keine Jobs in der Verwaltung, der Schulpsychologie oder in einer der zahlreichen anderen staatlichen Ein-

richtungen? Warum entlässt man diese teuer aus-
gebildeten, wandelnden Erfahrungsschätze in die
frühzeitige Rente, wodurch ein immenser volkswirt-
schaftlicher Schaden entsteht, weil ihr Potenzial zwischen Balkonpflanzen, Kreuzworträtseln und Tho-
mas Gottschalk verwelkt?

Die einzige plausible Antwort, die wir im Laufe
des Abends auf diese vielleicht etwas naiv anmutenden Fragen finden, ist so traurig wie erschreckend:
Dilettantismus. Die scheinbar grenzenlose Unfähigkeit einiger Politiker, den Job zu erledigen, für den
wir sie gewählt haben, macht mich echt fertig.

23

AUA, MEINE RÖBELSÄULE!

Die Vertretungsstunde bei Frau Herrmann und mein anschließendes Gespräch mit der Schulleitung haben mich in den letzten Tagen noch viel beschäftigt, doch spätestens heute sollte ich auf andere Gedanken kommen. Der Grund dafür ist eine der größten Herausforderungen, die an mich als Lehrer gestellt werden: die Pausenaufsicht.

Wenn sechs Jahrgänge mit jeweils vier Klassen à durchschnittlich fünfundzwanzig Kids gleichzeitig auf dem betonierten Hof unserer Schule spielen, ist Hochspannung garantiert. Bei zwei Lehrkräften, die für diese Aufgabe immer gemeinsam eingeteilt werden, bin ich in der nächsten halben Stunde also rein rechnerisch für das Wohlergehen von dreihundert Kindern verantwortlich.

Wenn's weiter nichts ist ...

Mit meiner Trillerpfeife und einem belegten Brot ausgestattet betrete ich also die Arena und stelle mich auf pure Action ein. Als nach nur wenigen Sekunden ein Fünftklässler direkt vor meinen Augen aus vollem Tempo aufs Knie fällt, zucke ich unwillkürlich vor Schmerz zusammen. Als Kind habe ich mich gerne über meine Mutter amüsiert, die beim Beobachten meiner Stürze immer ähnliche Reaktionen zeigte, doch inzwischen geht es mir so wie ihr damals. Während der Junge trotz der dicken Hose, die er zu dieser kalten Jahreszeit trägt, mit schmerzverzerrter Miene vom Boden aufsteht, kann ich regelrecht spüren, wie mein Knie mitleidet.

Dass man dieses Gefühl Empathie nennt, wusste ich zwar schon länger, aber erst in der Uni habe ich erfahren, wie dieses Mitgefühl entsteht. Dafür sorgen nämlich spezielle Nervenzellen in unserem Gehirn, die von ihren Entdeckern passenderweise Spiegelneuronen genannt wurden. Diese ganz besonderen Zellen spiegeln in unserem Gehirn nämlich genau die Gefühle wider, die wir bei anderen beobachten. Ohne Spiegelneuronen würde uns jedes Lächeln, jede Träne und jeder Wutausbruch anderer Menschen vollkommen kalt lassen, denn nur die Existenz dieser Nervenzellen sorgt dafür, dass wir das Gesehene selbst empfinden. Sowohl Mitgefühl als auch Intuition, vor allem aber das Nachahmen von Gestik oder Mimik wären ohne sie nicht möglich, weshalb Hirnforscher die Spiegelneuronen als physiologische Grundlage emotionaler Intelligenz bezeichnen. Sämtliche Entwicklungs- und Kommunikationsprozesse, die wir erleben, erfordern die ständige Mitarbeit dieses verdammt klugen Prinzips der Reflexion.

Daran muss ich während meiner Arbeit als Lehrer sehr oft denken, denn nicht nur Freude oder Schmerz, sondern auch das Gefühl der Einsamkeit und der sozialen Ausgrenzung übertragen sich hier in jeder Minute unfreiwillig auf meinen gesamten Fühl- und Denkapparat. Ein dicker Junge in Armeekleidung, der in diesem Moment vor meinen Augen allein über den Hof schlendert, ist der nächste Auslöser solch bedrückender Gefühle in mir. Er hört auf den außergewöhnlichen Namen Terrence, ist stark übergewichtig, hat heftige X-Beine und trägt eine Brille, die seinen Silberblick massiv verstärkt. Zu seiner Tarnkleidung haben ihm seine Eltern den passenden Ultrakurzhaarschnitt verpasst, und so erfüllt Terrence sämtliche Kriterien für die Rolle des Opfers.

»Kummaaaa, er ist ieberfett, vallah!«, kommentiert eine Mitschülerin seine Versuche, sich irgendeiner Gruppe anzuschließen.

»F'jeden, er sieht aus wie Krieg, Alta«, meint eine andere.

»Geh ma weg, du fetter Krüppel!«, ruft ihm ein Junge hinterher und erntet für die Aktion den Beifall seiner Freunde.

An dem Verhalten der Schüler zeigt sich deutlich, dass wir Menschen zwar mit der hirnphysiologischen Voraussetzung für Empathie auf die Welt kommen – die Fähigkeit, uns tatsächlich in andere hineinversetzen zu können, ihre Gefühle zu teilen und deshalb ein natürliches Interesse am Wohlergehen anderer Lebewesen zu haben, muss jedoch durch eine stabile Erfahrung von Mitgefühl im Säuglings- und Kleinkindalter erlernt werden. Ich erinnere mich zwar an Situationen, in denen ich als Kind an der Ausgrenzung anderer Kinder beteiligt war, aber im Vergleich zu den Aktionen auf diesem Schulhof erscheinen mir unsere Späße geradezu billig. Außerdem hatte ich das Glück, in meiner Kindheit immer wieder an Erwachsene zu geraten, die mir die Grenzen meines Verhaltens deutlich aufgezeigt haben, sodass ich ein Gefühl für die emotionalen Schmerzgrenzen meiner Mitmenschen entwickeln konnte. Das massiv rücksichtslose Verhalten vieler Kinder auf diesem Hof erweckt in mir allerdings nicht den Eindruck, als hätten solche Lernprozesse jemals bei ihnen stattgefunden.

»Erinnere dich mal an deine Kindheit«, flüstert mir das Teufelchen auf meiner rechten Schulter ins Ohr. »Du hast auch Mist gebaut!«

»Stimmt«, meldet sich das Engelchen auf der linken Schulter zu Wort, »aber glücklicherweise hast du dafür Ärger bekommen – sonst würdest du heute vielleicht immer noch Mist bauen!«

Weil aber auch für das Erlernen von Empathie gilt, dass Hans umso schwerer lernt, was Hänschen nicht gelernt hat, bin ich nahezu pausenlos dabei, den Kids ihre Grenzen aufzuzeigen und ihnen die Gefühle ihrer Streitpartner möglichst greifbar zu vermitteln.

Das traurige Lächeln, das Terrence mir zuwirft, erwidere ich intuitiv, dann schlendert er weiter auf seiner erfolglosen Suche nach sozialer Anerkennung. Ich hoffe inständig, dass die Sorgen solcher Kids von Sonderpädagogen aufgefangen werden, mache mir dabei aber wenig Illusionen. Aus meiner Arbeit in der Erweiterten Schulleitung weiß ich inzwischen, dass der Bedarf an Personal, das für den Umgang mit sozialen Härtefällen geschult ist, gerade mal zu zehn Prozent gedeckt ist. Nicht einmal die Elendsverwaltung funktioniert also.

Irgendwann, denke ich mir, rastet eines dieser Kinder mal aus, und zur mitgefühlten Einsamkeit und Verzweiflung, die ich gegenüber Terrence empfinde, gesellt sich wieder einmal die ernsthafte Sorge um die Zukunft unserer Gesellschaft.

Die kleine Lütfiye reißt mich aus meinem Weltschmerz.

»Herr Mülla, komm schnell! Es gibt ein Schlägerei, und einer heult ieberkrass!«

Bei meiner Ankunft windet sich Jeremy, einer meiner Sportschüler aus der zweiten Klasse, vor Schmerz im Sand und hält sich dabei den Rücken. Als ich ihn frage, was passiert sei, zieht er sein Gesicht aus dem Sand, das mit einer lustigen Panade aus Tränen, Rotze und Sand geschmückt ist. Ich muss ein bisschen lachen, und so verzieht sich auch sein wut- und schmerzverzerrtes Schnitzelgesicht unwillkürlich zu einem schiefen Lächeln.

»So ein Junge ... Er hat misch erwürgt!«

Erwürgt? Dafür wirkt Jeremy aber recht lebendig.

»Außerm«, setzt er hechelnd fort, »er hat misch Röbelsäule geschlagen!«

»Wohin hat er dich geschlagen?«

»RÖ-BEL-SÄU-LE!«, brüllt Jeremy, und einige Teile der Panade fliegen dabei von seinem Gesicht. An seiner Körperhaltung erkenne ich, dass er seine Wirbelsäule meint. Dann zeigt er auf einen Drittklässler, der die ganze Szene offensichtlich schon länger beobachtet und schnell wegguckt, als wir ihn erblicken. Es ist Burhan, ein überdurchschnittlich sportlicher, aber leider auch äußerst aggressiver Junge. Auch heute trägt Burhan das Fußballoutfit, mit dem er bei jedem Wetter in die Schule kommt. Als ich auf ihn zugehe, verschränkt er die Arme, zieht beide Augenbrauen zusammen und setzt einen Schmollmund auf. Sein Puls steigt sichtbar und er nimmt Jeremy ins Visier, der hinter mir auf ihn zuläuft.

Auf meine Bitte, den Vorfall zu erklären, regt Burhan keine Miene, sondern durchbohrt Jeremy mit einem mörderischen Blick. In meiner behüteten Kindheit hätte ich mir angesichts einer solchen Konfrontation vermutlich vor Angst in die Hosen gepullert.

»Burhan?«, frage ich eine Spur strenger.

Er fängt an, so heftig durch die Nase zu atmen, dass die Rotze immer raus- und reingezogen wird. Ich weiche etwas zurück, denn eine Sorte Kinderrotz reicht mir für heute.

Dann, aus heiterem Himmel, brüllt er: »Er hat misch Ficka gesagt!«

»Was redet er, ja?«, kontert Jeremy blitzschnell.

Während dieser sehr häufig gestellten Frage ist es offensichtlich wichtig, immer mit durchgestrecktem Arm und offener Handfläche auf das Gesicht des Befragten zu deuten.

»Is nisch so, wa?«, erwidert Burhan wild gestikulierend, bevor er von einem rasenden Wutanfall heimgesucht wird. »Sch'wöre«, schreit er, »er hat misch Ficka gesagt, ja? Aber sch'ab ihn gesagt, sch'ab keine Angst! Sch'ab keine Angst vor ihn, ja?«

Die Tränen schießen ihm in die Augen, er verliert die Kontrolle über sich und will wieder auf Jeremy losgehen. Mit ausgestrecktem Arm und den lauten und deutlichen Worten »Burhan, beruhig dich, ich bin Lehrer!« kann ich ihn gerade noch zurückhalten, blind auf Jeremy einzudreschen.

Diesen Satz muss ich oft sagen, wenn sich bei den Kids der Aggroschalter umlegt und sie nur noch eine Farbe sehen: Rot! Er erinnert sie daran, dass sie in der Schule sind, wo ihr Handeln (manchmal) auch Konsequenzen hat.

Voll blindem Hass rotzt Burhan auf den Boden, guckt Jeremy an und zischt: »Sch'wöre, nach der Schule isch ficke deine Leben!«

Dabei stellt er sich auf die Zehenspitzen und hält seine zur Pistole geformte Hand von schräg oben an Jeremys Kopf und zieht ab. Dann stampft er davon.

Ich gucke ihm hinterher und überlege mir Konsequenzen. Mal schauen, was die Klassenlehrerin dazu sagt, denke ich, und setze meinen Kontrollgang über den Hof fort.

Doch ich komme nicht weit, denn während ich mich mit dem Beseitigen diverser Rotz- und Sandreste in meinem Gesicht beschäftige, muss ich wohl unaufmerksam gewesen sein. Weil es auf unserem Hof keinen separaten Fußballplatz gibt, müssen die Jungs der fünften und sechsten Klassen zwangsweise mitten auf dem Hof spielen.

Mit prall aufgepumpten Lederbällen, versteht sich.

Einige der Jungs lassen sich kaum noch als Kinder bezeichnen und haben dementsprechend kräftige Schüsse. Eine meiner Kolleginnen hat schon zwei unfreiwillige Kopfbälle und anschließende Krankschreibungen wegen leichter Gehirnerschütterungen hinter sich. Nun bin ich also dran – musste ja irgendwann mal passieren!

Der Ball trifft mich von der Seite auf Wange, Ohr und Auge. Ich torkele leicht, sehe ein paar Sterne und kann nach ein paar Sekunden blinzeln und Augenreiben auch wieder etwas sehen. Vor mir stehen die Spieler beider Mannschaften und starren mich erwartungsvoll an. Schnell sammeln sich weitere Schüler, sodass ich binnen Sekunden inmitten einer Schar Kinder stehe.

»Ohaaaaa, Herr Mülla! Er wird gleich iebersauer!«

»Er hat Ball in Fresse bekommen, vallah, sch'wöre – jetzt gipps Tadel!«

Der Schütze steht mit dem Ball in der Hand vor mir und wimmert kleinlaut seine Entschuldigung, wobei er fast anfängt zu heulen.

»Schon gut«, beruhige ich ihn. »Ihr habt ja keinen anderen Platz zum Spielen. Pass einfach besser auf, ja?«

Zehn Minuten der Pause sind vorbei. Die Bilanz: Zweimal vollgerotzt und einen Fußball an den Schädel bekommen. Mal sehen, was sonst noch passiert.

Ich sehe meine Kollegin, die am Rand des Hofes steht, ihr Wurstgraubrot isst und in die Ferne starrt. Nach zwanzig Berufsjahren ist das wahrscheinlich normal, doch damit stehen nun wohl alle sechshundert Kids unter meiner Aufsicht.

»Herr Mülla, Herr Mülla!«

Der nächste Auftrag.

Görkan aus der Sechsten, einer der Schulbosse, hat einem Viertklässler ins Gesicht geschlagen. Meiner Einschätzung nach ist er mindestens Achtklässler. Bei der Einbürgerung gab es keine Geburtsurkunde, also mussten sich die Behörden auf die Altersangabe seiner Eltern verlassen. Wahrscheinlich wurde er im dritten Mond nach dem großen Sturm geboren, doch damit können unsere Kalender nicht viel anfangen.

Während ein paar Mitschüler sein Opfer mit blutender Nase ins Sekretariat abtransportieren, gehe ich zu Görkan und frage ihn verärgert, warum er ständig Mist baue. Wie ein Fels in der Brandung steht er vor mir und lächelt müde. Trotz meiner Körpergröße muss er kaum nach oben gucken. Er zuckt mit den Schultern und bringt den Spruch, der sich wie ein Virus an unserer Schule verbreitet hat: »S'miregal!«

»Du fliegst bald von der Schule, Alter«, entfährt es mir.

»S'miregal!«

Auch auf meine Frage nach dem weiteren Verlauf seiner Schullaufbahn findet er keine andere Antwort. Görkan ist alles egal, und angesichts seiner Perspektivlosigkeit würde es mir vielleicht genauso gehen.

Ich weise ihn darauf hin, dass er von den Eltern des Jungen eine Anzeige wegen Körperverletzung bekommen kann.

»Sch'weiß. Sch'ab schomma gekriegt«, antwortet er und kann sich ein kurzes, stolzes Lächeln nicht verkneifen.

»Soll ich dich zur Schulleitung begleiten, oder gehst du alleine hin?«, frage ich resigniert.

Welche Strafe ihm dort droht, kann ich kaum einschätzen, denn das hängt ganz davon ab, wer seinen Fall bearbeitet und welche Laune derjenige heute hat. Einen verbindlichen Maßnahmenkatalog oder eine zentrale Datenbank für die bisherigen Regelbrüche der Kids habe ich an unserer Schule nämlich vergeblich gesucht, und so muss jede Konsequenz wie auf einem Basar neu verhandelt werden – blöder geht's wohl kaum!

»Allein«, erklärt er mir selbstbewusst.

Er richtet den Kragen seiner Jacke auf und stolziert drauflos, sodass die umherstehenden Schüler respektvoll zurückweichen. Von denen muss ich mir jetzt auch noch erklären lassen, was passiert ist.

»Kumma, kumma, Herr Mülla«, fängt einer hektisch an.

»Ja, ich gucke«, sage ich betont langsam, um ihn etwas zu beruhigen. Ohne Erfolg.

»Kumma: Erst Mert-Çan geht so zu ihn und sagt so: ›Dings, geh ma jetz, ja?‹ Dann Görkan sagt so: ›Was, ja?‹, dann er sagt so: ›Züüüüüsch, dein Mutta!‹«

Ein anderer unterbricht ihn: »Was redest du, ja?« Der ausgestreckte Arm darf nicht fehlen! »ER hat zu IHN gesagt!«

Als die beiden mein Was-redet-ihr-da-eigentlich?-Gesicht erblicken, schnalzen sie mit der Zunge und imitieren dann Görkans bedrohlichen Gang. Mühsam versuche ich das Geschehen zu rekonstruieren.

Danach sind immerhin fünfzehn Minuten der Pause rum. Mehr als die Hälfte, geil!

Plötzlich steht Geierchen vor mir.

»Wat hast 'n du da im Jesicht?«

Stimmt ja, die Rotze. Ist inzwischen festgetrocknet. Egal, ich reibe sie mit der Hand weg.

Geierchen grinst mich breit an.

»Kommste mit Kaffe trinken, eene rochen?«

»Nee, Rolf, ich hab Aufsicht. Guck doch, was hier los ist.«

Und da fällt es mir auf: Die Garage mit den Spielzeugen ist offen. Von dort können sich Schüler unter anderem Holzbretter leihen, die mit vier Rollen und einem Seil versehen wurden.

»Ach du Scheiße«, fällt Geierchen ein. »Die Hartz-IV-Skateboards. Ick verkrümel mir!«

Das Spiel mit den Dingern ist bereits in vollem Gange: Ein kleinerer Schüler kniet auf dem Brett, während einer der Älteren das Seil in der Hand hat und den kleinen um sich herum schleudert. Von diesen Duos gibt es dann drei bis vier, die gegenseitig versuchen, sich von den Brettern zu rammen. Falls nach ein paar Versuchen nichts passiert ist, hilft einer der Größeren schon mal mit dem Fuß nach. Wer vom Brett fliegt, landet automatisch mit den Knien auf dem Asphalt. Tränen, Blut, Sekretariat, Pflaster, Rest der Pause auf der Krankenbank. Besonders klug sind die Kids, die sich auf die Boards stellen und rufen: »Zieh misch mal, vallah!«

Schon beim Gedanken an das Ergebnis dieser Aktion tun meine Ellenbogen und mein Hinterkopf weh.

»Ach, Philipp«, sagen die Kollegen immer, wenn ich dafür plädiere, die Dinger abzuschaffen, »womit sollen die denn sonst spielen?«

Mit empathisch gefühlten Ganzkörperschmerzen beobachte ich das Hartz-IV-Boarding, und obwohl ich mich kurz vor den Zusammenstößen abwende, bleiben mir die Simultanschmerzen nicht erspart. Da die Gehirne von uns Menschenaffen eine gigantische unbewusste Festplatte enthalten, reichen den Spiegelneuronen nach ein paar Lebensjahren schon die Anfänge einer Bewegung aus, um aktiv zu werden. Den Ausgang basteln sie dann selbst zusammen und belohnen uns im Anschluss mit den passenden Gefühlen.

Hinter vorgehaltener Hand wage ich einen Blick auf die Uhr: dreiundzwanzig Minuten vorbei. Ich kann also mit dem Einsammeln anfangen. Im Tonfall eines Gefängniswärters scheuche ich die Kids in das Schulgebäude und laufe auf meinem Weg in die nächste Stunde an der Krankenbank vorbei. Drei Kids sitzen dort. Nase, Knie und Röbelsäule.

Eigentlich eine ganz normale Hofpause.

24

NICHT ANDERS, SCHLIMMER

In der Vorstellungswelt eines Grundschülers, daran erinnere auch ich mich sehr gut, gibt es keine größere Zäsur als den Übergang von der Grund- in die Oberschule. Dieses einschneidende Erlebnis, das die allermeisten Berliner Schüler zwei Jahre später durchmachen als die restlichen Kinder der Republik, steht auch den Kids meiner 6a bald bevor. Das Halbjahreszeugnis der sechsten Klasse kommt kurz nach dem Jahreswechsel im rasenden Tempo auf sie zu, und weil es als Bewerbungszeugnis für die Oberschule gilt, ist es das wichtigste Zeugnis der gesamten Grundschulzeit. Anhand dieser Sammlung subjektiv zusammengestellter Zensuren wird also die nächste Weiche im Leben unserer Schüler gestellt.

Geierchen, der mich schon länger für seine Ausflüge einsetzt, hat mich mit der nächsten Expedition in die echte Welt beauftragt: Der Besuch an einer Oberschule steht an. Nach einer längeren Busfahrt erreichen wir einen flachen Betonbunker, doch bevor wir diesen betreten können, müssen wir zunächst an den Oberschülern vorbei. Angesichts der rauchenden, verpickelten, laut pöbelnden Teenager könnte das ein spannendes Unterfangen werden.

»Kumma, diese kleinen Pisser, Alta!«, lispelt einer von ihnen, als wir am Haupteingang der Schule ankommen.

Seine Hosen hat er sich in die Socken gesteckt, und seine viel zu kurze, geöffnete Jacke gibt den Blick auf einen Ed-Hardy-Pullover frei. Diese Marke ist aus mehreren Hundert Metern an den völlig überladenen, kreischend bunten Mustern zu erkennen, die gern in der gruseligen Mischung aus Rosen und Totenköpfen präsentiert werden. Weil der geneigte Ed-Hardy-Träger für diese mit Plastiksteinchen dekorierten Stil-Backpfeifen im Original diverse Hundert-Euro-Scheine abdrücken muss, hat sich die florierende chinesische Plagiatindustrie des Problems angenommen und kurzerhand die türkischen Straßenmärkte mit ihrem kopierten Schrott überflutet. Nachdem ein Großteil meiner Schüler also in den letzten Sommerferien ›Türkei gegeht hat‹, werden mir tagtäglich Ed-Hardy-Produkte verschiedenster Couleur zugemutet: Federtaschen, Lineale, Hefter, Hosen, Jacken, Schultaschen, Mützen – alles, was das Pseudo-Luxus-Herz begehrt.

»Was glotzt ihr denn so? Noch nie 'n Model jesehen?«, pöbelt das Fashion Victim, als ich mit meiner Klasse vorbeigehe. Die Lache seiner Kumpels über diesen gar nicht mal so schlechten Spruch lässt auf einen ungefähren IQ im Bereich der Außentemperatur schließen.

»Model?«, fragt Samira verwundert und bleibt mit den Händen in den Hüften stehen. Nachdem sie ihm empfahl, sich einen Spiegel und wirksame Produkte gegen seine Akne zu kaufen, zieht er noch einmal tief an seiner Zigarette und bläst ihr den Rauch ins Gesicht. Diese Reaktion lässt deutlich erkennen, dass ihr Spruch gesessen hat.

»Was denn, du kleine Schlampe, soll isch disch mal ...«

»Ist gut jetzt!«, schalte ich mich ein und schiebe Samira weiter.

Meine restlichen Schüler lachen ihn im Vorbeigehen allesamt aus, was ich irgendwo zwischen Mut und Leichtsinn ansiedeln würde – der Unterschied ist ja bekanntlich nicht besonders groß. Provoziert durch das Gelächter der Klasse wirft der Junge Samira noch mehrmals die Beleidigung hinterher, von der ich immer noch nicht weiß, ob man sie mit F oder V am Anfang schreibt. Ist mir auch egal.

Wir landen in einem Foyer, das dem unserer Schule in Sachen Sauberkeit in nichts nachsteht, und werden von der Konrektorin, einer großen, hageren Dame mit feuerrotem Haar, empfangen. Sie führt uns in einen großen Computerraum, der im Gegensatz zu unserer Schule bereits mit Flatscreens ausgestattet ist. Trotz seiner Größe und der vielen Fensterflächen schafft es dieser Raum, unfassbar hässlich zu wirken. Ich schwöre meine Schüler noch einmal darauf ein, sich gut zu benehmen, woraufhin sie mir lauthals und in Anwesenheit der Konrektorin erklären, dass sie sich hier sowieso nicht bewerben würden.

Gut, dass wir hier sind, denke ich mir, und schreibe dem prächtig gefüllten Konto der vergeudeten Personalkosten wieder ein paar Stunden gut. Mithilfe der Regeln, welche die Konrektorin meinen Kids erklärt, mache ich mir ein Bild von der Schule. Es ist düster, und in der Galerie meiner Fantasie hängt es in der Abteilung FSK 18. Nein: 21.

»Wir legen großen Wert auf Gemeinsamkeit«, erklärt die Konrektorin mit hoher Stimme. »Und wer sich an diese Regeln nicht hält, den schließen wir von der Gemeinschaft aus.«

Was kann ich mir denn bitte darunter vorstellen? Dass die Schule irgendwann leer ist?

Egal. Weil ich heute noch nichts gegessen habe und inzwischen spürbar unterzuckert bin, nehme ich einen leichten Kopfschmerz wahr. Also bitte ich die Konrektorin, während der Führung auf meine pädagogischen Kompetenzen zu verzichten. Sie empfiehlt mir, nach meinem Imbiss einen Besuch bei der Schulleiterin, Frau Meyer, einzulegen, da diese noch ein paar Informationen für mich hätte. Dann verabschiedet sie sich mit den Kids zum Rundgang durch das mausgraue Schulgebäude. Als Letzter läuft Amir der Truppe hinterher. Er schaut mich kurz traurig an, dann auf den Boden und schüttelt langsam den Kopf. Ich klopfe ihm verständnisvoll auf die Schulter und begebe mich in die Mensa, die ich beim Betreten dieses Schulknasts schon entdeckt habe.

Dort angekommen, wird mir klar, dass Tom mir bei unserem ersten Gespräch am Schuljahresanfang keinen Mist erzählt hat: Unsere Schule rangiert tatsächlich im Mittelfeld! In den Top Ten der unattraktivsten Arbeitsplätze für Akademiker hat diese Oberschule vermutlich beste Chancen auf einen Platz auf dem Treppchen. Auf dem Weg zur Essensausgabe lerne ich, dass drei von vier Schülern das schlimmste Wort der deutschen Sprache mit F schreiben und einer mit V – zumindest an der Wand.

An den versprengten Tischen sitzen lustlose Prolls und finstere Gestalten, die von aufgebrezelten Tussen umgarnt werden. Ich versuche, möglichst unauffällig durch den Saal zu schleichen, doch ein paar Jungs nehmen mich wahr und fragen gut hörbar: »Wer ist er, ja?«

Das ist eine merkwürdige Situation für mich. Bevor ich als Lehrer gearbeitet habe, gehörte ich zu den eher ängstlichen Zeitgenossen. Schon der kleinste aggressive Blick – selbst von körperlich deutlich unterlegenen Typen! – hat gereicht, um mir zumindest ein mulmiges Gefühl einzujagen. Ich habe meine Jugend in Berlin-Reinickendorf verbracht, einem sehr großen Bezirk mit einem sehr starken sozialen Gefälle. Als ich mit dem Eintritt in die Oberschule erstmals in die krasseren Gegenden in Reinickendorf-Süd, vor allem aber ins Märkische Viertel vorstieß, häuften sich die Situationen, in denen ich angepöbelt oder abgezogen wurde. Weil ich meist der Größte in unserer Gruppe war und ein ungeschriebenes Gesetz unter testosteronbeladenen Streithähnen lautet, immer zuerst den vermutlich Stärksten einer Gruppe einzuschüchtern, sah ich mich oft mit Typen konfrontiert, die mich dazu aufforderten, ihnen mein Geld oder meinen Walkman zu geben – oder mich ganz einfach nur zu verpissen. Irgendwann, nachdem mein Körper ausreichend in die Höhe geschossen war, holten auch meine bis dahin schmächtigen Schultern und mein Brustkorb auf, und als ich am Ende meiner Pubertät endlich nicht mehr aussah wie ein Kleiderständer, wurden die Pöbeleien seltener und hörten irgendwann ganz auf. Was jedoch geblieben ist, ist meine vollkommene Unfähigkeit, mit den Drohgebärden männlicher Rivalen umzugehen.

In meinem Job als Lehrer bin ich jedoch gezwungen, diesen Umgang mehr und mehr zu erlernen, und so habe ich in den letzten Monaten eine autoritäre Ausstrahlung entwickelt, welche die Stressmacher meist davon abhält, sich in irgendeiner Form mit mir anzulegen. Aber hier an der Oberschule sind die Muskeln der Jungs schon deutlich ausgeprägter, viele wandern auf meiner Augenhöhe durch den Saal und der Geruch von Pubertät liegt förmlich in der Luft. Testosteron und Östrogen – entgegen der landläufigen Meinung sind diese Hormone wirklich riechbar!

Und nicht nur die Jungs machen auf mich den Eindruck, als sei der pädagogische Umgang mit ihnen eine deutlich größere Herausforderung als an der Grundschule, nein: Auch die Mädels wirken nicht gerade so, als seien sie willens oder in der Lage, sich mit Relativpronomen, Algebra oder der Geschichte des Nationalsozialismus auseinanderzusetzen. Einige von ihnen glotzen mich im Vorbeigehen ungeniert an, mustern mich von oben bis unten, andere machen Kaugummi kauend sogar den Eindruck, als würden sie mich gleich um ein Date bitten.

Trotzdem ich innerlich aus mehreren Gründen schwer irritiert bin, versuche ich, mir äußerlich nichts von meiner Unsicherheit anmerken zu lassen. Ich stelle mich am Ende der Schlange zum Essen an und sehe mich im Raum um, bevor ich mich der Speisekarte widme. Ein Blick in die Auslage macht allerdings deutlich, dass sämtliche ernährungswissenschaftliche Erkenntnisse der letzten zwanzig Jahre auch an dieser Schule nicht bekannt sind. Pizza, Schoko-Croissants und Waffeln mit Puderzucker. Dazu das Trio infernale der Erfrischungsgetränke: Cola, Fanta und Sprite.

Da ich wirklich Hunger habe, entscheide ich mich für die Pizza. Ein paar Jungs hinter mir haben wohl den gleichen Gedanken und tauschen sich lautstark darüber aus.

»Sch'nehm Pizza«, sagt eine hohe Teenagerstimme.

»Pizza macht spizza, Alta«, entgegnet eine tiefere.

»Vallah, Döner macht schöner, du Muschi, sei ma leise jetzt, ja?«

Dann fällt dem anderen etwas ein.

»Sch'wöre, letzte Mal sie hatten kein Pizza mehr, diese Hurentöschta.«

»Was? Sch'wöre, wenn sie kein Pizza mehr haben, dann isch bringe sie um!«

Mit einem Faustschlag auf die Tablettablage unterstreicht er die Ernsthaftigkeit seiner Aussage, was mich endgültig vergessen lässt, mich an einer Oberschule zu befinden. Ich drehe mich ruckartig um und gebe den Jungs mit einem einzigen Blick zu verstehen, dass sie sich ein bisschen zusammenreißen sollen.

Glaube ich zumindest.

Doch mein Image als strenger Lehrer existiert hier nicht, und auch meine 1-Meter-90-Gestalt scheint die Jungs nicht zu beeindrucken. Der größere von beiden, ich schätze ihn auf ungefähr hundert Kilo bei 1,70 Metern, fühlt sich direkt provoziert und pöbelt mich ohne Vorwarnung an.

»Was guckst du so, du Schwuchtel?«

Das ist nicht das erste Mal, dass ich von solchen Typen als Schwuchtel bezeichnet werde. Merkwürdig.

Jetzt gilt es allerdings, cool zu bleiben. Die Aufmerksamkeit der gesamten Mensa gilt nun mir und dem Pulverfass. Spontan entscheide ich mich für die Risikovariante. Mit einer duckmäuserischen Reaktion wie »Schon gut!« oder »Sorry!« komme ich hier sowieso nicht weiter. Schließlich handelt es sich immer noch um einen Schüler. Außerdem habe ich noch ein Ass im Ärmel.

Ohne meine Augenbrauen auch nur einen Millimeter anzuheben, reiße ich meine Augen so weit wie möglich auf und lasse einen Moment verstreichen. Dann bitte ich ihn in aller Ruhe um seinen Namen.

Das bringt ihn allerdings noch mehr in Rage.

»Was, meinen Namen? Warum willst du meinen Namen wissen, du Schw…«

»Name und Klasse!«, sage ich lauter, tiefer und mit der Selbstverständlichkeit eines Lehrers. Das scheint er zu registrieren und zeigt erste Risse in der Fassade.

»Wieso, bist du Lehrer, oder was?«

»Ich habe gleich einen Termin bei Frau Meyer«, gehe ich seiner Frage aus dem Weg. »Die kennt dich doch bestimmt, oder?«

Jetzt habe ich ihn. Genauso wie die Youtube-Legende, die sich, ohne es zu wissen, mit dem wahrscheinlich berühmtesten Türsteher Deutschlands anlegt, schaltet er von einer Sekunde auf die andere um.

»Meinen Sie unsere Schulleiterin?«, fragt er betreten.

Auf meine Frage, ob es hier noch eine andere Frau Meyer gebe, schaut er sich unsicher um. Die Anwesenden haben längst gemerkt, dass es zu keiner Schlägerei kommt, und sich daher gelangweilt abgewandt. In seinem besten Sonntagnachmittagton bittet er mich, den Vorfall nicht der Schulleiterin zu melden, was ich ihm mit einem kurzen Nicken zusichere. Dann bestelle ich statt der unappetitlich anmutenden Pizza einen Schokoriegel gegen meine Kopfschmerzen und ein Wasser gegen die trockene Kehle und verlasse die Mensa in Richtung Schulleitungsbüro. Frau Meyer scheint ja einen ganz guten Ruf zu haben.

Am Büro angekommen, öffnet mir eine ausgesprochen freundliche Frau die Tür und stellt sich mir als Schulleiterin vor. Wegen meiner Kopfschmerzen entschuldige ich mich für den Verzehr des Schokoriegels und lasse sie ein wenig von ihrer Schule erzählen. Dass sich keiner meiner Schüler hier bewerben will, sage ich ihr nicht. Das weiß sie bestimmt auch so.

Sie berichtet mir davon, dass die Schule vier Jahre lang ohne Schulleitung auskommen musste, bevor sie eingestellt wurde. Warum, sei ihr zwar unklar, aber es habe dazu geführt, dass die Bezirksverwaltung die Schule als Abstellgleis für sämtliche Schüler genutzt habe, die woanders nicht aufgenommen wurden. In dieser Zeit seien jegliche pädagogischen Konzepte den Bach hinuntergegangen, und bei ihrer Ankunft habe sie Zustände vorgefunden, die sie eher in einem Jugendknast erwartet hätte. Deswegen fahre sie eine sehr harte Linie, um wenigstens schulähnliche Zustände herzustellen.

»Obwohl ich es am Anfang sehr schwer gehabt habe, von den Schülern ernst genommen zu werden«, räumt sie selbstbewusst ein, was ich sehr sympathisch finde.

Das Gespräch tut uns beiden offensichtlich gut, denn wir plaudern angeregt über unsere Erfahrungen in Berliner Schulen. Weil sie schon verschiedene Bezirke kennengelernt hat, erzähle ich ihr, dass ich bald Vater werde, und frage sie spontan nach einem Tipp für einen Wohnort, der für ein stabiles soziales Umfeld und entsprechend funktionierende Schulen bekannt ist. Nach einem lauten Lachen überlegt sie einen Moment, doch dann fällt ihr auf, dass sie über solche Fragen als Mutter nie nachdenken musste. Ihre Kinder sind in meinem Alter und wurden in den Achtzigern eingeschult, da waren fast alle Regelschulen noch intakt.

»Ich glaube, ich würde nach Potsdam ziehen. In Berlin haben Sie nur noch die Wahl zwischen Pest und Cholera.«

Meinem fragenden Blick begegnet sie mit einem Verweis auf den Berliner Sozialatlas, auf dem die roten Flecken immer größer und die grünen immer kleiner werden. Und auch in den grünen Bereichen wie Prenzlauer Berg, Mitte oder Zehlendorf, warnt sie mich, sei der Schulalltag nicht unproblematisch. Das falsche Handy oder uncoole Klamotten reichten an vielen Schulen schon aus, um ein Kind ins soziale Abseits zu befördern.

»Es tut mir leid, aber nach dem, was ich in den letzten Jahren mitbekommen habe, will ich Ihnen keine Hoffnung machen.«

Ich verabschiede mich, sammele die Kinder wieder ein und lasse mir von der Konrektorin bestätigen, dass sie sich nur ein bisschen danebenbenommen haben. Ihrem Gesichtsausdruck ist deutlich zu entnehmen, dass sie Schlimmeres gewöhnt ist. Weil auch meine Schüler etwas schockiert von diesem Ausflug sind, verläuft der Rückweg ausgesprochen ruhig.

Zu Hause kann ich Sarah hinter ihrem Bauch kaum noch entdecken. Der Geburtstermin ist zwar erst in sechs Wochen, aber für meine Begriffe sieht Sarah so aus, als könnte es jeden Moment losgehen. Weil die Vorstellung, bald unser Kind im Arm zu halten, nun auch für mich immer greifbarer wird, berichte ich meiner Freundin von dem Tipp der Rektorin, auf der Suche nach guten Schulen in einer kinderfreundlichen Umgebung nach Potsdam zu ziehen. Sie überlegt einen Moment, schüttelt dann aber den Kopf.

»Ich will auf jeden Fall in Berlin bleiben«, sagt sie entschieden. Dann erinnert sie mich an unsere Freunde, die um die Ecke wohnen, an meine Eltern, die ebenfalls in Berlin leben, und an die ungezwungene Stimmung dieser Stadt, an die Lebensfreude, die Vielfalt und die damit verbundenen Freiheiten.

»Ich hab als Jugendliche fünf Jahre in Baden-Baden gelebt«, hält sie mir vor Augen, »das hat mir gereicht!«

25

IRGENDWANN IST IMMER
DAS ERSTE MAL

Die Schreie gehen uns durch Mark und Bein. So etwas haben wir noch nie gehört, nicht einmal im Fernsehen. Bei jedem Schrei aus dem benachbarten Kreißsaal drückt Sarah meine Hand ein bisschen doller. Der Kreißsaal ist übrigens gar nicht rund, was ich bei der Besichtigung des Krankenhauses vor ein paar Wochen ziemlich verwirrend fand.

Es ist mitten in der Nacht, wir befinden uns in einem kleinen Untersuchungsraum auf der Geburtsstation und warten auf eine Ärztin. Gerade eine Stunde ist es her, dass unser Töchterchen sich angekündigt hat. Wir waren uns nicht ganz sicher, denn der errechnete Geburtstermin ist schließlich erst in drei Wochen, sind aber vorsichtshalber ins Krankenhaus gefahren.

Auf eine vorzeitige Geburt sind wir natürlich nicht vorbereitet. Keine Krankenhaustasche gepackt, keine Lieblingsmusik dabei, kein geruchsarmes Essen für mich mitgenommen. Das sei total wichtig, erklärte uns unsere Hebamme im Vorfeld, denn die Geruchsnerven einer Frau in den Wehen seien sehr empfindlich. Genau wie all ihre anderen Nerven auch. Ich solle mich deshalb darauf vorbereiten, während der

Geburt von meiner Frau angeschrien zu werden. Eventuell auch beschimpft.

Na und?

Die Ärztin betritt das Zimmer, beginnt mit der Untersuchung und erklärt uns nach ein paar Handgriffen, dass unsere Tochter noch heute Nacht zur Welt kommen werde.

Krass. Tochter. Heute. Welt.

Wegen der Aufregung und der Müdigkeit funktioniert mein Gehirn nur noch stockend.

Die Ärztin schließt Sarah an den Wehenschreiber an, studiert die Werte und erklärt uns, dass die Geburt erst in ein paar Stunden losgehen werde. Wahrscheinlich erst gegen Mittag. Weil es aber erst kurz nach Mitternacht ist, bekomme ich den Auftrag, nach Hause zu fahren, die Krankenhaustasche zu packen und mich mit dem Handy in der Hand schlafen zu legen. Sarah dagegen bekommt ein Zimmer auf der Geburtsstation und wird rund um die Uhr beobachtet. Gesagt, getan. Ich lasse sie jetzt zwar nur ungern allein, aber ein paar Stunden Schlaf könnten mir guttun. Schließlich werde ich heute noch Vater!

Krass. Heute. Vater. Auto. Autobahn. Parkplatz. Haustür. Treppe. Tasche. Bett. Schlafen.

Trotz meiner massiven Müdigkeit kann ich vor Aufregung natürlich nicht einschlafen. Siebenunddreißig Wochen hatte ich Zeit, mich emotional darauf vorzubereiten, bald ein Kind – mein Kind! – in den Armen zu halten, und doch haut es mich schon jetzt total um. Wie soll ich die Geburt bloß überstehen? Man hört ja die schlimmsten Geschichten von diesem Gemetzel. Hoffentlich kippe ich nicht um.

Quatsch, Möller, jetzt reiß dich zusammen, Sarah braucht dich!

Mit diesen Gedanken falle ich schließlich in einen traumlosen Tiefschlaf. Gefühlte fünf Minuten später klingelt mein Telefon. Sarah ist dran, sie klingt irgendwie komisch – als würde sie gleich ein Kind kriegen.

»Du musst herkommen!«

»Wie, jetzt schon? Ist ja nervig!«

Ich bin wohl noch nicht ganz wach.

»Mann, du Arsch, deine Tochter kommt gleich zur Welt, du kommst jetzt sofort her!«

»Schon gut, bin unterwegs!«

Ein Blick auf die Uhr verrät, dass ich weniger als zwei Stunden geschlafen habe. Immerhin.

Anziehen. Tasche. Schlüssel. Auto. Autobahn. Hundert. Bremsen. Blitzer. Stand im Geburtsratgeber: »Prüfen Sie die Strecke zum Krankenhaus auf Radarfallen!« Danke, Claus Hipp! Dann wieder Hundert. Ausfahrt. Sechzig. Storchenparkplatz. Krankenhaus verschlossen. Klingeln.

»Ich muss zu Sarah Lichtenstein, ich bin der Vater.«

»Wessen Vater?«

Die Stimme aus dem Lautsprecher klingt verwirrt.

»Na, von dem Kind«, erkläre ich ungeduldig. »Das wird gleich geboren, lassen Sie mich rein. Sofort!«

Da kommt der Lehrer wieder durch, aber bei einem Lautsprecher kann man sich schlecht entschuldigen. Die Tür summt, und ich kann endlich zu Sarah. Dann geht alles ganz schnell.

Wir werden in den rechteckigen Kreißsaal gebracht. Dort angekommen, erleben wir eine großartige Überraschung: Martina ist da. Das ist die Hebamme, die uns während der gesamten Schwangerschaft betreut und heute zufällig Dienst hat. Besser kann's ja wohl nicht laufen, freue ich mich, doch beim Anblick meiner schreienden Freundin fällt mir wieder ein, dass uns – nein: ihr! – der heftigste Teil noch bevorsteht.

Die folgenden Stunden vergehen im Flug.

Atmen. Pressen. Schreien. Hecheln. Pressen. Das ist das Wichtigste. Einleitungsphase vorbei. Austreibungsphase beginnt. Positionswechsel. Wieder pressen.

Inzwischen ist es bereits hell. Der Uhrzeiger rast auf zehn Uhr zu, als die Geburtsmannschaft, die nur aus Frauen besteht, den Eindruck macht, als wäre es gleich so weit. Ob es wohl auch männliche Hebammen gibt?

»Ja, ganz wenige«, erklärt unsere Hebamme auf meine Frage. »Aber jetzt muss ich mich wieder konzentrieren.«

Selbstverständlich, Entschuldigung!

Ich stell mich aber auch doof an. Na ja, ist ja immerhin die erste Geburt, die ich erlebe. Außer meiner eigenen, aber daran kann ich mich natürlich nicht erinnern. Niemand kann das, weil die neurologischen Strukturen für Erinnerungen in diesem Alter überhaupt noch nicht existieren. Trotzdem gibt es immer wieder Leute, die felsenfest behaupten, Erinnerungen an ihre eigene Geburt zu haben.

»Einbildung ist auch 'ne Bildung«, hat meine Oma in solchen Fällen immer gesagt.

Ein außergewöhnlich lauter Schrei reißt mich aus

meinen Gedanken. Noch einer. Noch lauter. Noch länger. Und dann höre ich neben Sarah eine zweite Stimme, schrill und kräftig.

Mir schießen umgehend die Freudentränen in die Augen. Ich traue mich kaum hinzusehen, kann aber ein kleines zappelndes Wesen entdecken: meine Tochter! Sarah hält noch immer meine Hand, während wir beide vor Freude heulen. Okay, bei ihr kommt wahrscheinlich noch die Erschöpfung dazu.

Nach einigen Handgriffen steht die Hebamme freudestrahlend vor uns und drückt Sarah unsere Tochter in den Arm. Begeistert von der unglaublichen Winzigkeit und Niedlichkeit dieses Wesen beobachten wir sie minutenlang und können uns vor Freude kaum einkriegen. Aus dem Hintergrund höre ich, wie die Hebammen den bürokratischen Kram erledigen.

»Am fünften Februar 2011, um 10:35 Uhr kam die kleine Klara Mathilda Lichtenstein zur Welt.«

Mit diesem Namen kriegt sie bestimmt gute Noten.

Als Klara ein paar Minuten später ihre erste Nahrungsaufnahme beendet hat, verschwindet Sarah unter der Dusche. Die Hebammenhelferin tupft das kleine Wesen ab und beginnt mit der Maßarbeit. Dann zeigt sie mir, wie man ein Baby trägt, anzieht und wickelt. Als Sarah aus der Dusche kommt, halte ich ein sauberes und angezogenes Neugeborenes auf dem Arm, das gerade mal so groß ist wie meine beiden Hände zusammen.

Weil die Geburt ohne weitere Komplikationen verlaufen ist und sowohl Tochter als auch Mutter wohlauf sind, wird uns empfohlen, nach Hause zu fahren. Bereits vier Stunden nach der Geburt sitzen wir also auf unserem Bett und halten unsere Tochter im Arm.

Unglaublich.

Den restlichen Samstag verbringen wir mit der Bewunderung dieses zuckersüßen Wesens, telefonieren mit der Familie und laden unsere nächsten Verwandten und engsten Freunde für den morgigen Sonntag ein. Wie es sich für einen frischgebackenen Papa gehört, filme und fotografiere ich die kleine Klara aus allen Winkeln und erkläre der leicht genervten Sarah, dass wir uns irgendwann darüber freuen werden.

Erst am frühen Abend erinnere ich mich wieder an mein normales Leben und greife zum Telefon. Meine Schulleiterin muss informiert werden, denn mit der war abgemacht, dass meine Elternzeit am Geburtstag meiner Tochter beginnt – und mit dem haben wir schließlich erst in drei Wochen gerechnet. Die Schule geht also am Montag ohne mich weiter, und das muss Frau Juhnke wissen. Sie gratuliert mir herzlich und zeigt viel Verständnis für meine frühzeitige Pause. Genauso viel Verständnis, wie sie dafür hatte, dass ich überhaupt Elternzeit nehme – was offensichtlich keine Selbstverständlichkeit ist.

»Du nimmst Elternzeit?«, fragte mich ein Freund, als ich ihm vor ein paar Monaten von meinen Plänen erzählte. Er befindet sich in der Facharztausbildung, und schon beim Gedanken an eine Elternzeit schüttelt er den Kopf. »Mein Chef würde mich umbringen!«

Auch andere männliche Freunde und Bekannte berichteten, dass sie mit einer Elternzeit die Ersten wären und dass sie nur vermuten könnten, wie ihre Vorgesetzten darauf reagieren würden.

Tja, liebe Chefs: willkommen im 21. Jahrhundert!

Nach dem Gespräch mit Frau Juhnke lege ich mein Telefon entspannt zur Seite und geselle mich schnell wieder zu meiner kleinen Familie. Nachdem Klaras Hunger gestillt wurde, kommt sie für das Bäuerchen auf meinen Arm, auf dem sie noch winziger wirkt. Sarah schmiert uns ein paar Brote, dann sitzen wir gemeinsam in der Küche, wo ich ihr davon berichte, dass meine Elternzeit trotz der verfrühten Geburt von Klara am Montag losgeht.

»Das ist so geil«, seufzt Sarah sichtlich erleichtert. »Jetzt haben wir zwei ganze Monate nur für uns.«

Angesichts des kleinen Wesens auf meinem Arm freuen wir uns während des Essens darüber, dass wir so viel Zeit für unseren Nachwuchs haben, und erinnern uns daran, wie bedeutend vor allem die ersten Lebensjahre für die Entwicklung eines Menschen sind. Nach all unseren Erfahrungen aus der Schule und der Uni sind wir uns aber auch einig darüber, dass dieses entwicklungspsychologische Basiswissen in bildungspolitischen Kreisen wohl noch nicht angekommen ist.

Während der pädagogische Einfluss auf Kinder in den ersten Lebensjahren am höchsten ist und dann tendenziell abnimmt, steht das Ausbildungs- und Entlohnungssystem für die Mitarbeiter unserer Bildungseinrichtungen auf dem Kopf: Erzieherinnen, deren Arbeit in der Entwicklung von Kleinkindern eine immense Rolle spielt, werden deutlich kürzer ausgebildet und viel schlechter bezahlt als beispielsweise Studienräte, bei denen die reine Vermittlung von Wissen im Vordergrund steht. Sarah und ich sind uns zwar einig darüber, dass die didaktische Kompetenz von Lehrern in der Oberstufe extrem wichtig ist, aber für die massiven Differenzen zwischen dem gesellschaftlichen Ansehen, der Dauer und der Qualität der Ausbildung und vor allem der Entlohnung bei Erzieherinnen und Lehrerinnen finden wir kein einziges vernünftiges Argument. Weil die erzieherische Leistung von Kindergärtnerinnen und Kleinkindpädagoginnen kaum zu überschätzen ist, wundern wir uns darüber, dass diese in der Hierarchie der Bildungsdienstleister ganz unten stehen. Meine Idee, deswegen nach Skandinavien auszuwandern, verwerfen wir zwar schnell wieder, dennoch sind wir der Meinung, dass man sich von diesem pädagogischen Selbstverständnis mehr als eine Scheibe abschneiden sollte.

»Dabei fällt mir ein«, unterbreche ich aufgeregt unsere Diskussion, »dass nach meiner Elternzeit schon fast wieder Osterferien sind!«

Klara ist inzwischen auf meinem Arm eingeschlafen, also legen wir sie in die Wiege im Schlafzimmer und suchen im Internet nach den Ferienterminen. Tatsächlich: Nach meiner Elternzeit muss ich nur zwei Wochen arbeiten, dann sind schon wieder zwei Wochen frei. Und die lächerlichen acht Wochen zwischen Oster- und Sommerferien sind auch schnell rum – zumal Pfingsten noch dazwischenliegt. Erfreut von diesem Zeitplan schleichen wir leise zu Klara und beobachten sie beim Schlafen.

»Das muss man schon sagen«, flüstert Sarah, »der Job ist verdammt familienfreundlich.«

»Und jetzt stell dir mal vor, wir wären beide Lehrer ...«

Der frühe Feierabend würde uns außergewöhnlich viel gemeinsame Zeit verschaffen, die Vor- und Nachbereitung könnten wir erledigen, wenn Klara schläft, und später hätten wir immer gleichzeitig mit ihr Ferien.

Wir setzen uns zum Nachtisch wieder in die Küche, wo ich Sarah begeistert von den wochenlangen Sommerurlauben mit meiner Lehrer-Familie erzähle. Mit dem Wohnmobil durch Europa fahren, ausgedehnte Campingurlaube auf Bornholm und dazu Herbst-, Weihnachts-, Winter- und Osterferien – besser geht es kaum! Mit einem ›normalen‹ Beruf, einem täglichen Feierabend um siebzehn Uhr und achtundzwanzig Urlaubstagen im Jahr sind solche Sachen unvorstellbar.

»So schwer mir der Beruf auch manchmal fällt«, sage ich beim Abräumen, »ich muss mich unbedingt darum kümmern, dauerhaft als Lehrer arbeiten zu können.«

Als wir im Bett liegen, dauert es nicht lange, bis Klara sich meldet und gestillt werden muss. Bei dem berührenden Anblick meiner neugeborenen Tochter stelle ich mir in aller Ruhe noch einmal die Frage nach meinen beruflichen Prioritäten. Wenn ich einmal alt bin, sage ich mir, dann blicke ich nicht darauf zurück, ein paar Hundert Euro mehr im Monat verdient zu haben, sondern ich blicke zurück auf ein Leben, in dem ich Zeit für die Dinge hatte, die mir wichtig sind: meine Familie, meine Freunde und meine Hobbys.

Diese Haltung überrascht mich, denn noch vor

zwei Jahren konnte ich mir nichts Besseres als eine Karriere in der Wirtschaft vorstellen. Ein fettes Jahresgehalt, schicke Anzüge und einen schnittigen Dienstwagen. Mein jetziges Traumauto bietet genug Platz für mindestens zwei Kinder und schneidet im Umwelttest deutlich besser ab als in der Beschleunigung von null auf hundert.

Die Elternzeit stellt sich schon in den ersten Wochen als Wohltat heraus. Trotz des wenigen Schlafs, den Sarah und ich in den ersten Wochen bekommen, genießen wir jede Minute mit unserer unglaublich süßen Tochter. Insgesamt fällt uns das Dasein als junge Eltern nicht schwer, und weil Klara weder Dreimonatskoliken noch irgendwelche anderen Wehwehchen hat, kommen wir schon bald zu halbwegs regelmäßigem Schlaf. Der anbrechende Frühling bringt wärmere Luft und etwas Sonnenschein nach Berlin, und so verbringen Sarah, Klara und ich viel Zeit mit langen Spaziergängen, die wir mit dem Treffen von Freunden im Café krönen.

Knapp drei Wochen nach Klaras Geburt kommt auch der Sohn unserer Freunde zur Welt, und sein Vater, einer meiner liebsten und ältesten Freunde, nimmt sich Urlaub. Die beste Freundin von Sarah ist ebenfalls schwanger, wodurch wir eine kleine Clique junger und werdender Eltern darstellen, die sich nahezu täglich trifft.

Auf meinem Konto macht sich langsam bemerkbar, dass mir ein Drittel des Nettogehaltes fehlt, und auch Sarahs finanzielle Situation leidet darunter, statt BAföG nur die deutlich niedrigeren Bezüge vom Jugendamt zu erhalten, doch obwohl uns dadurch knapp tausend Euro monatlich fehlen, sind wir rundum zufrieden.

Schon bald naht jedoch der Tag, an dem Klara zwei Monate alt wird. Langsam, aber sicher müssen wir uns wohl auf das Ende meiner Elternzeit einstellen.

LEBENSLÄNGLICH LEHRER?

An meinem ersten Arbeitstag klingelt der Wecker unnötig, denn Sarah, Klara und ich sind natürlich längst wach. Im Lehrerzimmer angekommen, werde ich herzlich von meinen Kollegen empfangen. Sie hätten sich sehr über das Foto von Klara gefreut, erklären sie mir, das ich kurz nach ihrer Geburt vorbeigebracht hatte. Auch die Schulleiterin freut sich sehr für mich, teilt mir mit, dass ich die erste Stunde frei habe, und bittet mich in ihr Büro.

»So, Herr Möller, herzlich willkommen zurück!«, beginnt sie gut gelaunt und bietet mir einen Platz an. Dann nimmt sie einen Zettel vom Schreibtisch und fragt mich mit ernster Miene, ob ich bereit sei. Wegen des hohen Krankenstandes im Kollegium, der teilweise bei knapp fünfzig Prozent gelegen habe, habe ein Großteil meiner Stunden ausfallen müssen, und nun habe sie ein Attentat auf mich vor.

Mal schauen, was diesmal kommt. Soll ich mit den Kids vielleicht eine Expedition zum Mond machen? Oder als Schulpsychologe arbeiten? Ist eine Stelle als Konrektor frei? Oder gar als Bundespräsident? Mich schockt hier gar nichts mehr …

Doch ganz so schlimm kommt es nicht. Aufgrund der Schwangerschaft einer Kollegin, für die Frau

Juhnke selbstverständlich keine Vertretung einstellen kann, ist der Deutschunterricht in Chrissis Klasse vermehrt ausgefallen. Und weil Chrissi inzwischen auch wieder die Fachbereichsleitung Englisch übernommen hat, hat sie sich die Klassenleitung mit der Deutschlehrerin geteilt.

»Ich soll also zweiter Klassenlehrer und Deutschlehrer in Chrissis Klasse werden, oder was?«, fasse ich ihre langen Ausführungen zusammen.

Sie nickt, und weil eine Hand bekanntlich die andere wäscht, stimme ich sofort zu.

»Aber wenn wir schon dabei sind«, sage ich lächelnd, »ich würde gern noch im nächsten Schuljahr hier arbeiten. Und im übernächsten, und …«

»Sie wollen Lehrer werden?«, unterbricht sie mich.

»Bleiben«, korrigiere ich sie mit einem frechen Lächeln.

Meine Anfrage scheint sie zu freuen. Sie erzählt, dass Tom und sie sich das bereits gedacht und sich daher zuverlässige Informationen zu meinen Weiterbildungsmöglichkeiten besorgt hätten. Und in der Tat: Wenn mein Vertrag nach den kommenden Sommerferien für ein drittes volles Schuljahr verlängert werden sollte, kann ich an einer Fortbildung teilnehmen, die ich mit dem Staatsexamen abschließen würde.

»Und wie steht es um eine solche Verlängerung?«, will ich gespannt wissen, doch wie üblich kann sie mir nur Hoffnungen machen, dass es gut aussieht. Nicht nur wegen meines Unterrichts, erklärt sie mir dann, sondern vor allem auch wegen meines Engagements für das Projekt Reformschule habe sie ein hohes Interesse an meinem Verbleib in der Schule. Trotzdem empfiehlt sie mir, mich vorsichtshalber bei der Agentur für Arbeit zu melden, da mein Vertrag in weniger als drei Monaten ausläuft. Bei diesen Worten erlebe ich einen Anflug von Enttäuschung, doch Frau Juhnke ist wohl noch nicht fertig.

»Aber wenn ich Sie hierbehalte«, fährt sie langsam fort, »dann richtig!«

Nach einer kurzen Kunstpause ihrerseits weiht sie mich in ihre Pläne ein, mich als Klassenlehrer einzusetzen.

Ich starre sie entgeistert an. Als Klassenlehrer? Ohne Staatsexamen? Nach nur zwei Jahren im Lehrerdienst?

Da sie scheinbar meine Gedanken lesen kann, versichert sie mir ihr vollstes Vertrauen in meine Arbeit und legt mir dann eine Klassenliste vor. Zu meinem Erstaunen handelt es sich dabei um die Sternenkinder aus Chrissis Klasse, die gemeinsam mit den Sternenkindern der zwei Nachbargruppen im nächsten Jahr eine der neuen Vierten bilden werden. Und ich soll der Boss dieser neuen Klasse werden. Wahnsinn!

»Herr Möller? Hallo?«

Frau Juhnke reißt mich aus meinen Gedanken und betont, dass die finale Entscheidung der Senatsverwaltung allerdings noch ausstehe. Alles, was sie danach sagt, nehme ich nur noch aus der Ferne wahr, dann verlasse ich geistesabwesend das Büro.

Ich als Klassenlehrer. Meine eigene Klasse. Deutsch. Mathe. Englisch. Klassenausflüge. Elternabende. Zeugnisse. Das volle Programm.

Krass.

Meine erste Stunde nach der Elternzeit ist eine Musikstunde bei den verrückten, aber liebenswerten Schülern von Herrn Schmitz. Die teilen mir mit, dass Herr Schmitz inzwischen von einem jungen Mann unterstützt werde, weil er sich deutlich mehr um die Schulgarten-AG kümmern wolle.

»Er heißt Herr Yilmaz, und er ist auch Türke, wie isch«, erklärt mir Mutlu.

»Und er ist richtig süß!«, fügt Aylin hinzu und wird daraufhin ganz rot, wofür sie die ganze Klasse auslacht.

Das sind doch mal gute Perspektiven! Wir wiederholen unsere Songs des letzten Jahres, und in der anschließenden großen Pause mache ich mich auf die Suche nach Geierchen, um ihm von meinem Gespräch mit Frau Juhnke zu erzählen. Als wir mit einer Zigarette hinter der Schule stehen, zeigt er sich jedoch wenig überrascht von meinen Neuigkeiten.

»Hammse dich am Sack, ick wusstet!«

»Was willste denn damit sagen?«

»Samma, merkst du noch wat?«, fragt er mich und scheint dabei echt sauer zu werden. »Wie oft hammwa darüber jetzt gesprochen, dass du dir wat anderet suchen musst? Du bist'n fauler Hund! Wie lange willste denn noch den Hilfslehrer hier spielen? Hä? Für Eins-Sechs? Ick denke, du hast jetzt 'ne Tochter?«

»Ja, aber …«

»Nüscht aber«, unterbricht er mich schroff. »Wie willste denn davon 'ne Familie ernähren? Dit is doch scheiße! Mann!« Verärgert wendet er sich ab.

Chrissi betritt die Szene.

»Jetzt hammsen am Sack!«, schmettert Geierchen ihr sofort entgegen.

»Du sollst nicht immer so ordinär sein, Rolf! Pfui!« Chrissi wendet sich mir zu und fragt mich nach einer herzlichen Begrüßung über meine Tochter aus.

»Klara wird bejeistert sein«, schaltet Geierchen sich wieder ein, »wenn se erfährt, dass ihr Fatta 'n armer Hilfslehrer is, der nur Eins-Sechs nach Hause bringt und seine Talente hier verschimmeln lässt!«

Chrissi setzt ein verwundertes Gesicht auf, also erzähle ich ihr vom Angebot der Schulleitung und meiner Entscheidung, dieses Angebot anzunehmen.

Aber was, wenn Rolf recht hat? Was, wenn ich meine eigentlichen Talente hier tatsächlich vergammeln lasse? Was, wenn ich in zwanzig Jahren wach werde und feststelle, dass ich zu Rolf geworden bin? Frustriert und ausgebrannt, inhaltlich unter- und emotional überfordert?

Als könnte er meine Gedanken lesen, schaut er mich fest an und sagt: »Ick, mein Lieber, bin verbeamtet und hab fast dit Doppelte raus wie du. Überleg's dir jut!«

Er schnipst seine Zigarette weg und lässt uns stehen. Abwesend zeige ich Chrissi ein paar Bilder von Klara und mache mich dann auf den Weg zum Unterricht.

27

GESCHICHTEN AUS DER PARALLELWELT

Mutlu aus der Vierten hat wirklich nicht zu viel versprochen, als er sagte, der neue Lehrer, Herr Yilmaz, sei »richtig cool«. Als ich das Lehrerzimmer betrete, fällt mir mein neuer Kollege sofort auf. Er ist ungefähr in meinem Alter, trägt Turnschuhe und macht insgesamt den Eindruck, als könnte er sich in meinem Freundeskreis herumtreiben. Ein bisschen erinnert er mich an Tayfun, meinen ersten besten Freund aus der Grundschule. In die Erinnerungen an meine eigene Grundschulzeit vertieft, wird mir plötzlich klar, was mir hier immer ein bisschen gefehlt hat: gleichaltrige Kollegen, mit denen man am Wochenende auch mal feiern gehen könnte.

Ja, ich weiß: Als Lehrer habe ich natürlich eine Vorbildfunktion – und weder Biergenuss noch der Besuch Berliner Clubs wollen so recht in das Image des braven Wissensvermittlers passen –, doch spätestens in der Oberschule haben wohl die meisten Schüler gelernt, dass auch Lehrer nur Menschen sind.

Mit einem lockeren Handschlag stellen wir uns einander vor und freuen uns offensichtlich beide darüber, einen U30-Kollegen zu treffen.

Nachdem er sich mir als Orkan vorgestellt hat, tauschen wir uns kurz über unsere jeweiligen Aufgabengebiete aus und stellen schnell fest, dass wir beide Quereinsteiger sind. Weil diese Gemeinsamkeit und die spontane Sympathie füreinander für einen gemeinsamen Kaffee ausreichen, verabreden wir uns für die nächste große Pause beim Bäcker. Auf meinem Weg nach draußen komme ich an Chrissi und Rolf vorbei, die uns freundlich zunicken.

Die folgenden zwei Stunden vergehen schnell, und nachdem Orkan in seiner Muttersprache bestellt hat, kommt er mit zwei Tassen Kaffee und zwei Stückchen türkischem Gebäck zu mir, die ihm die Bäckerin geschenkt hat. Weil die angenehme Frühlingssonne bereits scheint, habe ich uns einen Tisch im Freien gesucht und gebe dort kleinlaut zu, dass ich hier in zwei Jahren noch nie etwas geschenkt bekommen habe.

»Tja, wir Türken halten eben zusammen«, entgegnet er nur und zündet sich eine Zigarette an.

Dann erzählt er mir, dass er eigentlich gelernter Sozialarbeiter ist, wegen emotionaler Überlastung und schlechter Bezahlung aber nun auf den Lehrerberuf umsteigen möchte.

Ich verschlucke mich fast an meinem Kaffee, doch bevor ich ihn mit meinen Erfahrungen verjage, lenke ich lieber in eine andere Richtung: »Was war denn an dem Job so schlimm?«

Orkan sieht auf die Uhr. »Zwanzig Minuten reichen für die Story eigentlich nicht.«

Um eine Kurzversion gebeten, erklärt er mir, mit sozialen Härtefällen in muslimisch geprägten Einwanderungsmilieus gearbeitet zu haben, die aus seiner Sicht in einer vollkommen abgeschotteten Parallelwelt leben. Er berichtet von Zwangsehen, von riesigen Familienclans in winzigen Wohnungen und dem permanenten schulischen Scheitern der Kinder. Er spricht von Sprachbarrieren, Diskriminierung, dem Hass auf Deutsche und von Arbeitslosigkeit. Bei allem, was er erzählt, drückt er sich so differenziert aus, dass dabei nie ein einfaches Gut-Böse-Schema entsteht, und obwohl ihm einige Themen offensichtlich sehr nahegehen, schwingt in keinem seiner Sätze ein Vorwurf mit.

»Aber dann bin ich einfach krank geworden«, schließt er seine Geschichte resigniert ab. Auf meine Frage, ob es sich dabei um ein Burn-out gehandelt habe, nickt er langsam. Auch wenn dieses Syndrom sehr vielschichtig ist, wissen Betroffene und die behandelnden Ärzte meist genau, woher die Ermüdungserscheinungen stammen.

Wir beenden unsere gemeinsame Pause mit ein paar eher witzigen Bemerkungen über unser Kollegium und treten dann den Rückweg an. Dabei fällt mir ein, dass eine meiner Musikklassen mit meiner Hilfe eine Kinderdisco organisiert, und Orkan stimmt spontan zu, uns dabei Gesellschaft zu leisten.

»Hau rein«, meint er schließlich lächelnd, schwingt sich seine Tasche um und macht sich auf den Weg in seine Klasse.

Ein paar Tage später haben meine Sechstklässler die Aula zu einer Disco umfunktioniert und drücken sich nach einer Stunde noch immer erfolgreich vor der Hauptbeschäftigung, der in einer Disco üblicherweise nachgegangen wird. Orkan und ich amüsieren uns über die vorpubertären Allüren und machen es uns mit Cola und Chips auf einem Tisch am Rand der Aula gemütlich. Aus seinen Erzählungen geht schnell hervor, dass er weit in die muslimische Parallelgesellschaft vorgedrungen ist.

»Das Schlimmste war für mich zu beobachten, wie Frauen in manchen Clans behandelt werden.«

In einem seiner Berichte geht es tatsächlich um einen Ehrenmord, den ein junger Mann an seiner Cousine begehen sollte. Die Polizei konnte die Tat zwar noch früh genug verhindern, aber der Hass auf diese junge Frau, die sich gegen eine Zwangsheirat gewehrt hatte, beschäftigt Orkan offensichtlich noch heute. Immer wieder betont er, dass solche Vorfälle nicht alltäglich seien, aber die Dunkelziffer der Fälle, in denen die Selbstbestimmungsrechte von Frauen gebrochen werden, schätzt er sehr hoch ein.

Auf der gemeinsamen Suche nach Möglichkeiten der Prävention erinnern wir uns an den Fall von Hatun Sürücü, die von ihrem Bruder durch mehrere Kopfschüsse getötet wurde. Der Berliner Senat hatte damals außergewöhnlich konsequent reagiert und das Pflichtfach Ethik an allen Berliner Oberschulen eingeführt, in welchem Schüler aller Weltanschauungen ein gemeinsames Werteverständnis vermittelt werden soll, um solchen Taten langfristig entgegenzuwirken. Auch erinnern wir uns an die Initiative Pro Reli, die etwas später versuchte, die Einführung dieses Pflichtfaches per Volksentscheid wieder rückgängig zu machen. Damals scheiterte die Gottes-Lobby jedoch an dem Wunsch der Berliner nach ethischen Grundsätzen, die ohne Heilige Schriften, Dogmen, Propheten oder ähnlichen Zinnober auskommen. Orkan und ich werden uns darüber einig, dass es für Kinder und Jugendliche verschiedener Kulturen extrem wichtig ist, miteinander statt übereinander zu sprechen, und wünschen uns einen solchen Unterricht auch für die Grundschule.

Dann geht er auf die kulturellen Hintergründe ein, die nach seiner Einschätzung hinter Ehrenmorden und ähnlichen Verbrechen stecken. Er erklärt mir, dass in traditionellen Familien bereits die Kleinsten die Regeln verinnerlichten, die auch ihren Eltern und Großeltern schon beigebracht wurden. Dazu gehöre vor allem, dass die Gemeinschaft – die Umma – immer wichtiger sei als das Individuum. Frauen und Mädchen hätten dort praktisch keine Rechte, und das letzte Wort in allen Lebensbereichen habe stets der Imam.

»Er ist der Einzige, der in der Lage ist, die Suren des Koran richtig zu interpretieren«, erklärt er mir. »Dort ist festgelegt, was helal und was haram ist.«

Das Wort helal kenne ich zwar von den Gummibärchenpackungen aus dem türkischen Supermarkt, aber die genaue Bedeutung der Begriffe ist mir nicht klar.

Orkan erklärt: »Helal bedeutet erlaubt, haram bedeutet verboten.«

Als Beispiele für Verbote nennt er den Konsum von Schweinefleisch und Alkohol und fügt hinzu, dass andere Dinge, wie zum Beispiel Geburtstagsfeiern oder das Ablegen des Kopftuchs, im islamischen Rechtssystem heiß diskutiert würden.

»Kein Muslim trinkt Alkohol?«, frage ich ihn skeptisch.

»Quatsch, Alter!« Er lacht. »Es gibt natürlich einige Hardcore-Muslime, die sich daran halten, aber ich hab viele Männer gesehen, die das Koransymbol an ihrer Halskette unter dem T-Shirt verstecken, wenn sie Bier trinken oder einen Joint rauchen.«

Erwachsenen Menschen das Recht auf Rausch zu nehmen geht ja meist nach hinten los, merke ich an, will dann aber von ihm wissen, ob das Tragen des Kopftuchs für Muslimas tatsächlich Vorschrift sei. Er drückt sich etwas um die Antwort und findet dann eine elegante Lösung: »Sagen wir mal so: Die Gelehrten sind sich nicht ganz einig.«

Wie in der Bibel auch, meint er, sei vieles Auslegungssache, und obwohl auch er sich als Muslim verstehe, halte er sich nicht immer an alle Regeln.

»Das wäre auch echt übel«, stimme ich ihm kopfschüttelnd zu und frage ihn dann nach seiner Meinung zu der Aussage eines Muslims, der mir einmal klarmachen wollte, dass Frauen in muslimischen Familien meist das Sagen hätten.

Er zieht eine Augenbraue hoch und schüttelt dann entschieden den Kopf. An der Legende der starken muslimischen Frau, die dem Macho zu Hause die Leviten liest, sei nun wirklich gar nichts dran. Aber weil Orkan so sehr um eine ausgeglichene Darstellung bemüht ist, konfrontiert er mich mit der Tatsache, dass es auch unter Deutschen noch immer keine wirkliche Gleichbehandlung gebe. Dann zitiert er einen Satz, der mir auf unschöne Weise bekannt vorkommt.

»Die größte Ehre, die das Weib hat«, sagt er mit

tiefer Stimme, »ist, dass Männer durch sie geboren werden.«

Als mir auch nach einigem Überlegen der Urheber dieser Frechheit nicht einfällt, nennt er den Namen eines Mannes, nach dem hierzulande Straßen benannt werden: Martin Luther.

Ich stutze. Das hat Martin Luther gesagt? Nicht gerade aufgeklärt, der feine Herr Reformator.

Mir kommt die Kindererziehung in traditionell muslimischen Familien in den Sinn, und da fällt mir wieder ein, dass Orkan vorhin etwas von einem Verbot gesagt hat, den eigenen Geburtstag zu feiern. Als ich ihn danach frage, erwidert er, dass dies bei Weitem nicht für alle Familien gelte, dass aber Kinder streng traditioneller Familien praktisch keine Kindheit erlebten. Geburtstage würden nicht gefeiert, es gebe zu Hause kein Spielzeug, und sogar Lachen gelte bei einigen Hardlinern als haram.

»Was meinst du, warum manche Kids so ausflippen, wenn ihre Eltern weg sind?«, fragt er und stellt dann Vermutungen über meine Kindheit an: Fußball spielen, auf Bäume klettern, ein Zimmer voller Spielsachen, Sandkästen, Spielplätze, Baumhäuser, Freunde zu Besuch …

»Ja, klar«, unterbreche ich ihn, »artgerechte Haltung eben.«

Orkan lacht schallend und verschüttet dabei fast seine Cola. Mit diesem Wissen um die unterschiedlichen Bedingungen, unter denen Kinder aufwachsen, hätten viele Lehrer seiner Meinung nach mehr Verständnis für manche Schüler, weshalb er so oft wie möglich versuche, darüber zu sprechen.

Nach diesem kleinen Seminar über die Probleme

manch traditioneller muslimischer Familien möchte nun aber auch ich meinen Teil zu einer differenzierten Darstellung beitragen und erzähle ihm von den vielen verdammt netten, gebildeten und lockeren Menschen mit muslimischem Hintergrund, denen ich im Laufe meines Lebens begegnet bin. Ich erkläre ihm, dass sich meines Erachtens so mancher Deutscher etwas von der zwanglosen Art angewöhnen könnte, die salopp gern als südländisch bezeichnet wird, und schwärme von der Gastfreundschaft, der Musik und dem Essen. Ich räume ein, dass es einige kulturelle Elemente gebe, mit denen ich nichts anfangen könne, wie die rücksichtslosen, laut hupenden Autokorsos nach türkischen Hochzeiten, bin aber grundsätzlich der Meinung, dass jeder die Freiheit hat, seine Kultur auszuleben, solange er die Freiheiten anderer damit nicht einschränkt.

»Und genau da liegt das Problem«, wirft Orkan ein und regt sich dann furchtbar darüber auf, dass in Deutschland oft unverhältnismäßig Rücksicht genommen werde. »Toleranz ist gut«, meint er, doch diesmal kenne ich den Urheber seines Zitats und kann den Satz sogar vervollständigen.

»… aber nicht gegenüber der Intoleranz!«

Mit unseren Plastikbechern stoßen wir auf Wilhelm Busch an, und trotzdem fehlt mir in dieser Diskussion noch die Warnung vor den Leuten, die teilweise ähnliche Argumente haben wie wir, aber diese nur als Tarnung für ihre Fremdenfeindlichkeit verwenden.

»Wegen diesen rechten Idioten ist es für mich als Deutschen teilweise echt schwierig, solche Themen überhaupt anzusprechen.«

Orkan stimmt mir zu, doch auch hier findet er eine sehr gute Formulierung, mit der er sich gegen Populisten, Fundamentalisten und Faschisten jeder Art abgrenzt: »Wir leben in einem freien Land, und wenn wir wollen, dass es dabei bleibt, müssen wir uns gegen alle wehren, die diese Freiheiten zerstören wollen.«

»Worüber redet ihr?«, unterbricht uns Cassandra, ein aufgebrezeltes Mädchen aus der Sechsten.

Gute Frage …

»Über Freiheit«, erklärt ihr Orkan.

Gute Antwort!

Wir bemerken, dass immer noch niemand tanzt, und so macht sich Orkan auf, die Kids dazu zu animieren. Er stellt sich mutig auf die einsame Tanzfläche und zeigt, dass seine musikalische Heimat der Hip-Hop ist. Ich lasse so etwas besser – schließlich habe ich mir mein Image als strenger Lehrer nicht monatelang erarbeitet, um mich mit einer einzigen peinlichen Aktion als ungelenker Volltrottel zu outen! Und bei meinen Tanzkünsten ist ein Totalversagen ziemlich wahrscheinlich.

Nach ein paar Minuten lasse ich mich dann aber doch überzeugen und wage vor den gespannten Augen meiner Schüler ein paar unsichere Schritte auf dem Parkett. Was soll's! Die Kids können ruhig mal lernen, dass Lehrer auch nur Menschen sind – und dass nicht jeder Mensch gut tanzen kann.

Ein paar Momente der gefühlten Blamage später stellt sich allerdings heraus, dass Orkans Taktik aufgeht.

»Ist doch immer dasselbe«, ruft er mir zu, »irgendeiner muss den ersten Schritt machen.«

Als sich die Tanzfläche etwas gefüllt hat, machen wir uns langsam aus dem Staub und nehmen wieder unsere alte Sitzposition auf dem Tisch am Rand der Aula ein.

»Alter, jetzt hätte ich Bock auf 'n Drink«, sagt Orkan plötzlich, und weil ich ihn verwundert anstarre (immerhin ist er Muslim), erklärt er mir, dass er ein ganz normales Leben führe – bis auf die Tatsache, dass er seit zwei Jahren mit einem Mann zusammenlebe.

»Wie? So richtig zusammen?«, stottere ich.

»Ja, so richtig«, entgegnet er und lacht. »Wir lieben uns. Wir sind ein schwules Paar – was natürlich nicht heißt, dass du dir jetzt irgendwelche Sorgen machen musst!«

Er lacht laut und schlägt mir kumpelhaft auf die Schulter, was allerdings nichts daran ändert, dass ich mir aus irgendeinem Grund saudoof vorkomme. Auf seine Frage, ob ich damit ein Problem habe, schüttele ich schnell den Kopf und füge hinzu, dass ich schließlich auch mit Linkshändern oder Rothaarigen kein Problem habe.

»Was hat das denn miteinander zu tun?«, will er wissen, also verweise ich auf die Gemeinsamkeiten dieser Phänomene: Homosexualität, Linkshändigkeit und rote Haare sind das Resultat genetischer Voraussetzungen und hormoneller Prozesse, alle drei galten lange Zeit als das Werk böser Mächte und treten ungefähr gleich häufig auf.

»Ich hätte es bei dir bloß nicht gedacht«, gebe ich schließlich kleinlaut zu.

»Wieso? Weil ich mich nicht benehme wie die Vorzeigeschwulen aus dem Fernsehen?«

Ertappt. Ich werfe ihm einen verlegenen Blick zu und gestehe, dass ich tendenziell mehr Schwule getroffen hätte, die den gängigen Klischees entsprachen.

»Tendenziell ist übrigens eines meiner Lieblingswörter«, versuche ich mich für meine ungalante Ausdrucksweise zu entschuldigen und erkläre Orkan, dass unser Hirn eben auf Effizienz ausgelegt sei, weshalb es in seiner Umwelt nach wiederkehrenden Mustern suche, diese abspeichere und bei Bedarf ganz automatisch abrufe.

»Womit wir wieder beim Thema Vorurteile wären«, wirft er leicht resigniert ein.

»Wobei es zum Glück auch zahlreiche Nachurteile gibt«, sage ich.

»Vorurteile«, sinniert Orkan, »können in ihrer extremsten Form sogar lebensgefährlich sein. Und nicht nur bei denen, die sich vereinsmäßig diesem Schwachsinn verschreiben.«

Die Zugehörigkeit zu einer extremistischen Gruppe, halten wir dann fest, resultiere ohnehin meist aus Frustration, die mit dem tatsächlichen Verhalten der vermeintlichen Feinde nichts zu tun habe. Anfällig für die Teilhabe an solchen Gruppen sind oft sozial ausgegrenzte Personen, denen auf einmal eine Bedeutung zugewiesen wird, die sie bis dahin vermisst haben, und die definieren sich von da an vor allem über die Abgrenzung zu anderen Gruppen. Wir führen uns Beispiele von Hooligans rivalisierender Fußballklubs, von Zugehörigen verschiedener Nationalitäten oder Religionsgemeinschaften vor Augen, die »sich« von »den anderen« abgrenzen.

»Absurd wird es dann«, fällt Orkan ein, »wenn

zwei verfeindete Gruppen auf einen gemeinsamen Feind treffen und plötzlich ein vorübergehendes Bündnis eingehen.«

Als Beispiel erinnert er sich an einen Vorfall in Hannover, in dem Islamisten und Faschos gemeinsam auf Juden losgegangen sind. Auch bei der Hetze gegen Homosexuelle, fällt mir dabei ein, finden viele verfeindete Gruppen eine Gemeinsamkeit.

»Also sind wir uns einig«, sagt Orkan schließlich, »dieser extremistische Unsinn, ob nun rechtsradikal, linksradikal oder religiös motiviert, lässt sich nur stoppen, indem soziale Ausgrenzung verringert wird.«

»Genau!« Zustimmend hebe ich meinen Plastikbecher. »Außerdem begegnet man dem Gut-Böse-Denkschema solcher Ideologien am wirksamsten mit Bildung – und damit fangen wir am besten in den Schulen an.«

28

DER MORDSIMULATOR

Als ich heute Morgen unser Lehrerzimmer betrete, kommt Frau Uhle, die Deutschlehrerin meiner 6a, im Stechschritt auf mich zu. Sie gehört zu den Damen, die ich in der Abwesenheit von Schülern als ziemlich entspannt empfinde – tauchen jedoch Schüler auf, macht sie ein Gesicht, als hätte sie gerade in eine Zitrone gebissen. Ihr Pagenschnitt wackelt aufgeregt, als sie sich mir auf Hackenschuhen nähert.

»Meine Geduld ist am Ende!«, wettert sie und erzählt mir dann von Sebastian, der sie gestern mit Stiften beworfen und beschimpft habe. Ich würde sie liebend gerne an den Klassenlehrer, Geierchen, verweisen, doch der ist inzwischen seit knapp zwei Wochen krank, sodass ich mich der Sache wohl oder übel selbst annehmen muss.

Während sie mir darlegt, wie schwierig ihr Verhältnis zu dieser Klasse sei, erinnere ich mich an die Stunden, in denen ich ihren Deutschunterricht als Zweitlehrer mitverfolgen musste. Nachdem sich sogar die zurückhaltenden Kids meiner Klasse bei mir mehrfach über ihren Unterricht, vor allem aber über ihren Tonfall beschwert hatten, bat ich Frau Juhnke darum, mich ein paarmal als Zweitlehrer einzuteilen – und musste den Kids uneingeschränkt zustimmen. Klassischer Frontalunterricht, inhaltlich vollkommen an der Lebenswelt der Kinder vorbei und in einem Befehlston, der mich mehrmals hat zusammenzucken lassen! Auch ich würde schlechte Laune bekommen, wenn ich das Unterrichtsfach Deutsch bei Frau Uhle in meinem Stundenplan entdecken würde.

Eigentlich wollte ich Rolf diese Angelegenheit klären lassen, aber da die Lage nun akut wird, muss ich wohl etwas unternehmen.

»Was hat Sebastian denn gesagt?«, will ich von ihr wissen, doch sie presst die Lippen aufeinander und schaut betreten zu Boden.

Die Lage scheint mir verfahren. Frau Uhles Unterricht ist das beste Beispiel für eine weitverbreitete Lernkultur, die landläufig gern als Lernbulimie bezeichnet wird. Nach meinen Erfahrungen wird an unserer Schule zu großen Teilen so unterrichtet: Im Vorfeld einer Klassenarbeit verabreicht die Lehrerin den Schülern das Wissen, das diese zum Prüfungstermin brav wieder auskotzen müssen.

Während Frau Uhle weiter über die Schüler der 6a meckert, kommt mir eine Idee: In einer Nacht- und Nebelaktion könnte man den Eingang unserer Schule – und vermutlich auch vieler anderer schulischer Einrichtungen – mit den drei großen Buchstaben ILB verzieren: Institut für Lernbulimie. Als Werbeslogan würde ich dann noch darunterschreiben: REINFRESSEN, RAUSPRESSEN, VERGESSEN. HIER WIRD DER SPAß AM LERNEN GANZ KLEIN GESCHRIEBEN!

Dann wüssten wenigstens alle, was sie erwartet.

Mit diesem Vorgehen geschieht natürlich genau das, was nicht nur in den PISA-Studien stark bemängelt wurde: Nach den Prüfungen bleibt von dem hineingestopften Wissen nichts mehr übrig. Es scheint, als würden die Schüler nach der Klassenarbeit auf einen roten Knopf drücken und damit sämtliche auswendig gelernten Inhalte für immer von der Festplatte löschen. Der Grund dafür liegt auf der Hand. Im Zusammenhang mit dem Stress, der bei einem solchen Unterricht entsteht, entwickeln die Kids eine derart starke Aversion gegen die Lerninhalte, dass sie sich davon so schnell wie möglich wieder befreien wollen. Zu Recht, wie ich finde.

Frau Uhle geht in die Jammer-Endlosschleife, also lehne ich mich mit der Schulter an die Wand, nicke in regelmäßigen Abständen verständnisvoll und nutze diesen Moment, um die theoretischen Inhalte meiner Hirnforschungsseminare auf die Schulpraxis anzuwenden.

Interessanterweise gibt es nämlich Schüler, die in der Schule vollkommen versagen, aber bei sämtlichen Aktivitäten, die ihnen Spaß bereiten, zu Höchstleistungen auflaufen – seien es Computerspiele, Bundesligatabellen oder die Texte ihrer Lieblingssongs. Auch unser Haudegen Sebastian hat wahrscheinlich mindestens eine Fähigkeit, die im Deutschunterricht einfach noch nicht zum Vorschein kam. Die kognitiven Kapazitäten sind nämlich bei den meisten Kids vorhanden, doch schafft es althergebrachter Unterricht eben nicht mal ansatzweise, die emotionalen Voraussetzungen für Lernprozesse zu schaffen.

Dazu kommt, dass alle erworbenen Kenntnisse und erlernten Fähigkeiten wiederholt zur Anwendung kommen müssen, damit sie einen dauerhaften

Platz in den Tiefen unserer Hirnwindungen finden – was sich mit dem wunderbar kurzen und knackigen englischen Satz »Use it or lose it!« ausdrücken lässt, also: Benutz es oder vergiss es. Solche hirnphysiologischen Verknüpfungen lassen sich mit Spuren im Schnee vergleichen, die mit jedem Gang stärker zu sehen sind, irgendwann zu einem Trampelpfad und schließlich zu einem gut begehbaren Weg werden. Weil aber der Großteil des Wissens in unserem Schulsystem so weltfremd und zweckfrei erscheint, dass er von den Kids fast nie wiederholt wird, sind die Hirnpfade längst wieder zugeschneit, bevor sie eine Chance haben, sich zu Wegen zu entwickeln, die ihren Namen auch verdient haben.

Nun gut, all das sind zwar Erklärungen für das Desinteresse der Schüler, aber trotzdem muss etwas gegen deren Verhalten getan werden. Schließlich trägt auch eine Frau Uhle keine Schuld daran – denn dann müsste ich auch einem KFZ-Mechaniker den Vorwurf machen, dass er keine Elektromotoren reparieren kann. Die Anforderungen an den Lehrerberuf haben sich in den letzten Jahren offensichtlich so dramatisch geändert, dass viele Lehrkräfte angesichts der vorhandenen Unterrichtssituationen verständlicherweise überfordert sind. Doch in unserer politischen Klasse scheint auch dieser Umstand noch nicht registriert worden zu sein. Weder die finanzielle Ausstattung der Schulen noch die Aus- oder Weiterbildung von pädagogischem Personal wurde bisher an diese veränderten Bedingungen angepasst.

Vielleicht ist es also gar nicht schlecht, dass innerhalb der nächsten sechs Jahre über sechzig Prozent unseres Kollegiums in Rente gehen – vorausgesetzt, es rücken Lehrer nach, die über das nötige pädagogische Fingerspitzengefühl verfügen.

»Ich habe bereits mit Frau Juhnke darüber gesprochen«, sagt Frau Uhle plötzlich und gewinnt damit meine Aufmerksamkeit zurück. »Du wirst den Deutschunterricht ab sofort übernehmen.«

Ich? Soll ich vielleicht einfach alle Kinder auf einmal unterrichten und dazu die Posten des Hausmeisters und der Sekretärin übernehmen?

An die vollkommen unerwartete Weitergabe solcher Aufgaben an mich habe ich mich zwar langsam gewöhnt, aber noch ein Hauptfach in einer sechsten Klasse – ist das nicht ein bisschen zu viel des Guten?

Frau Uhle beruhigt mich jedoch: Das Niveau der Klasse, das wisse ich ja schließlich, liege so weit unter der zu erwartenden Norm, dass es eigentlich nur besser werden könne. Na gut.

Im Fall Sebastian schlage ich vor, dass wir ihn drei Tage vom Unterricht suspendieren und ihn an jedem dieser Tage mit so vielen Hausaufgaben versorgen, dass er gar nicht auf die Idee kommen kann, die Zeit als Urlaub zu verbuchen. Sie nickt und bedankt sich für meine Aufmerksamkeit, sodass ich mich direkt in den Deutschunterricht stürzen kann. Dafür fallen ab sofort zwar einige meiner Stunden als Zweitlehrer weg, aber das wird die Kollegin schon früh genug merken.

Als ich die 6a betrete, befindet sich Sebastian bereits wieder in einer Klopperei, die ich kurzerhand beende.

»Meine Mutter is keine Pennerin, klar?«, brüllt er mit Tränen in den Augen einen Mitschüler an und versucht, sich an mir vorbeizuschieben. Dass Sebastians Mutter Obdachlosenzeitungen in der S-Bahn verkauft, ist mittlerweile in der gesamten Schule bekannt.

Während ich ihn zu seinem Platz begleite, mustere ich ihn. Er hat dünnes Haar, und über seinem dürren Körper hängt schmutzige und abgetragene Kleidung. Sogar seine Schuhe sind zu groß und haben Löcher. Sein eigentlich sehr wacher Blick ist getrübt von Wut und Verzweiflung. Er schmeißt sich auf seinen Stuhl und schaut mich böse an. Sebastian ist immer noch vollkommen außer sich, als er sich nervös die trockenen Hände reibt und an seinen abgeknabberten Fingernägeln herumpult.

Ich schlage ihm vor, einen Schluck zur Beruhigung zu trinken, doch er hat nichts dabei. Auch kein Essen, auch kein Geld, um etwas zu kaufen. Keine gute Voraussetzung für einen Schultag. Seine Augen wirken müde und starren aus dunklen Höhlen an die Wand. Um halb zwei sei er im Bett gewesen, meint er, und auf meine Frage, was er bis dahin gemacht habe, leuchten seine Augen plötzlich.

»Computer gespielt. Leute abgeballert. Voll geil!«

Seiner Mutter ist das wohl egal, denn aus seinen Erzählungen geht deutlich hervor, dass ihr Alkoholpegel am frühen Abend meist hoch genug ist, um sie auf der Couch einschlafen zu lassen. Wo sein Vater ist, weiß er nicht, und seinen Bruder, den sieht er nur zu den Besuchszeiten im Jugendknast. Kein Funke Emotion schwingt bei seinen Erzählungen mit.

Ich dagegen atme tief durch und muss kurz gegen die Tränen ankämpfen. Als ich die Geschichten verwahrloster Kinder nur aus der Zeitung kannte, war mir nicht ansatzweise klar, wie es sich anfühlt, neben so einem Kerlchen zu sitzen und aus seinem Mund zu hören, in welcher Situation er sich befindet. Über sein Verhalten wundere ich mich schon lange nicht mehr, und nach seinem trostlosen Bericht kann ich meine Vorwürfe nun endgültig vergessen.

Ich erkläre ihm, dass ich um die schwierige Situation zwischen der gesamten Klasse und Frau Uhle wisse, mache ihm aber auch unmissverständlich klar, dass das kein Freibrief für sein Verhalten sei. Er nickt. Als er erfährt, dass ich ihn drei Tage vom Unterricht suspendieren werde, kommt Freude auf.

»Geil, dann kann isch den ganzen Tag zocken!«

Die Nachrichten über die Flut an Hausaufgaben, die ich ihm aufgeben werde, trübt seine Freude zwar etwas, doch richtig erschrocken reagiert er erst, als ich ihm mitteile, dass wir seine Mutter zu einem Gespräch mit der Schulleitung einladen werden.

Mit dieser Botschaft lasse ich ihn erst einmal sitzen und wende mich dann der Klasse zu. Ich zähle von drei runter: »Drei … zwei … eins!«

Dank meiner monatelangen Konsequenz, die mich noch immer viel Energie kostet, rennen die Kids schnell auf ihre Plätze. Als ich demonstrativ auf den Stundenplan gucke, scheint die Klasse eine leise Ahnung zu bekommen und blickt mich erwartungsvoll an. Nur Samira steht noch auf dem Schlauch.

»Ohaaaa, wo's Frau Uhle?«, ruft sie erstaunt.

Ich schaue suchend hinter die Tafel, in den Schrank und unter den Lehrertisch und erkläre Samira dann, dass ich sie nicht finden könne. Den Jubel auf die gute Nachricht, Frau Uhle als Deutschlehrerin losgeworden zu sein, unterbinde ich schnell mit den drei Kreisen an der Tafel und schärfe den Kids dann meine Regeln für den Deutschunterricht ein. Weil ich mir das Drohen abgewöhnen möchte, verzichte ich seit einer Weile ganz bewusst auf billige Wenn-dann-Formulierungen und teile den Schülern statt-dessen einfach mit, welches Verhalten ich von ihnen erwarte.

Wir beginnen den Deutschunterricht schließlich wie von Frau Uhle empfohlen mit Vorlesen. Zuerst lasse ich die Kids den Text zur Übung leise lesen und nehme dann Freiwillige dran. Die Ergebnisse sind in der Tat katastrophal. Unterm Strich könnte man sagen, dass die Buchstaben zwar in Laute un-geformt werden können, aber mit Lesen hat das nur wenig zu tun. Ein Großteil der Worte, die aus mehr als sechs Buchstaben bestehen, ist vielen Kids nicht bekannt, Interpunktionen werden vielfach ignoriert, und die Betonung ist entweder monoton oder falsch.

Auch der Sinn des Lesens scheint sich den Kids nicht zu erschließen: Wenn ich nach kurzen Passa-gen nachfrage, können mir gerade mal zwei Kinder erklären, was im Text passiert. Wieder einmal wird mir klar, dass auch der Migrationshintergrund dabei kaum eine Rolle spielt. Ob deutsch oder türkisch, arabisch oder kroatisch: Das Niveau ist länderüber-greifend unterirdisch.

Die Einzigen, deren Performance ich überhaupt als Lesen bezeichnen würde, sind wie vermutet Amir und Cai-Thao. Alle anderen stammeln so, dass man sie zum Lesenlernen eigentlich wieder in die erste Klasse schicken müsste – und das, obwohl ich mich in einer Sechsten befinde und das Buch offizi-ell für die Klassenstufe vier gestaltet wurde.

Ich bemühe mich, mir meine Verzweiflung nicht anmerken zu lassen – schließlich hilft das auch niemandem weiter. Stattdessen lobe ich alle, die sich überhaupt getraut haben, etwas vorzulesen. Kurz vor der Pause geschieht etwas absolut Außergewöhnliches: Sebastian meldet sich. Ich fordere ihn leicht verwundert zum Lesen auf und mache mich auf das Schlimmste gefasst.

Er räuspert sich kurz, beginnt mit dem Lesen und verschafft mir eine Art blaues Wunder – vielleicht das größte meiner bisherigen Lehrerkarriere. Bereits nach ein paar Worten wird klar: Er ist mit Abstand der beste Leser der gesamten Klasse! Mit Leichtigkeit liest er Zeile um Zeile, betont sämtliche Satzzeichen und verstellt sogar seine Stimme bei der wörtlichen Rede. Als er mit dem Absatz fertig ist, gucke ich ihn lobend an und trage ihm für seinen Vortrag eine Eins ins Klassenbuch ein. Ein Raunen geht durch die Klasse.

Als die Stunde vorbei ist, rauschen die Kids in die Pause und klopfen Sebastian anerkennend auf die Schulter. Der weiß immer noch nicht so recht, wie ihm geschieht. Gemeinsam gehen wir zum Pausencafé, wo ich ihm zwei Brote und eine Apfelschorle kaufe. Auf dem Weg ins Sekretariat stopft er die Brote hungrig in sich hinein und wartet dann vor dem Büro, bis ich ihn hineinbitte.

Drinnen drücke ich ihm den Telefonhörer und einen Zettel mit dem Termin für seine Mutter in die Hand und erinnere ihn daran, ihr auch von der guten Note zu erzählen.

Nach ein paar Klingeltönen hebt sie ab.

»Hallo Mama, ich bin's.«

Kurze Pause.

»Na, ich, Sebastian!«

Noch eine kurze Pause.

»Dein Sohn!«

Er verdreht die Augen und fordert seine Mutter auf, sich zusammenzureißen. Dann gibt er ihr den Termin durch und erzählt ihr von der Eins, was sie aber offensichtlich nicht mehr mitbekommt. Enttäuscht gibt er mir den Hörer zurück und flieht aus dem Sekretariat.

Nun schaltet sich die Sekretärin ein.

»Mensch, der Sebastian. Dit is'n armer Tropf, halt ebent. Ick habe schon oft mit der Mutter telefoniert ...« Sie macht eine Trinkbewegung mit der Hand und fügt dann hinzu: »Halt ebent!«

Als ich wenige Tage später die Schule betrete, stürmen drei Schülerinnen aufgeregt auf mich zu.

»Herr Mülla, ein Pennerin is in der Schule. Was macht sie hier?«

Noch verstehe ich den Zusammenhang nicht und versuche, die Mädels zu beruhigen, doch die versichern mir, auf den Fluren eine Frau gesehen zu haben, die in der U-Bahn Obdachlosenzeitungen verkauft.

Aha, Sebastians Mutter ist also schon da.

Ich kläre die drei auf und bitte sie, nicht mehr lauthals herumzubrüllen, dass sich eine Obdachlose in der Schule aufhält. Als ich am Sekretariat ankomme, sitzt eine kleine dürre Frau auf der Wartebank, die ich ohne Weiteres als Sebastians Mutter erkenne. Ihr Sohn ist ihr wie aus dem Gesicht geschnitten, doch in ihrem hat der Alkoholismus deutliche Spuren hinterlassen. Sie ist komplett in Jeansstoff gekleidet und trägt ausgelatschte Männerturnschuhe, deren Schnürsenkel sie wegen der falschen Größe sehr eng zugezogen hat.

Ich stelle mich ihr vor, und als sie mir die Hand schüttelt, fällt mir sofort das starke Zittern auf, das offensichtlich ihren gesamten Körper erschüttert. Noch habe ich keine genauere Vorstellung von den Ursachen, sondern kann nur vermuten, dass sie schwer alkoholkrank ist.

Ich bitte sie ins Büro der Schulleitung, wo sie zitternd Platz nimmt. Der Konrektor und ich haben uns darauf geeinigt, dass ich das Gespräch leite und er nur dann eingreift, wenn sie sich uneinsichtig zeigt. Das scheint allerdings nicht nötig zu sein.

»Ick sehe allet ein«, gibt sie in unterwürfigem Tonfall sofort zu und erklärt uns dann, dass sie ihr Bestes tun wird, um die Situation mit ihrem Sohn in den Griff zu bekommen. Während sie spricht, werden die Spuren des massiven Alkoholkonsums immer deutlicher, und als sie ihr Jeanshemd hochkrempelt, sind strichförmige Narben auf ihren Unterarmen zu sehen – Spuren des sogenannten Ritzens, eine besondere Form der Autoaggression. Ihr Gebiss weist zahlreiche Lücken auf, die übrigen Zähne sind in einem furchtbaren Zustand. Je länger sie spricht, desto mehr bekomme ich den Eindruck, dass sie nicht nur alkoholkrank ist, sondern im Laufe ihres Lebens auch mal an der Nadel hing. Oder hängt.

»Wissen se«, schließt sie ihre Ausführungen ab, »als der Jürjen noch dajewesen war, also dit is den Sebastian sein Papa, da war dit alles noch nich so schlimm jewesen.«

Ihrem Sohn fehle eine Vaterfigur, fährt sie fort, weshalb er zu Hause mache, was er will.

Den Eindruck habe ich auch. Ich erkläre ihr, dass Sebastian in den nächsten drei Tagen immer um acht Uhr morgens in die Schule kommen müsse, um sich seine Aufgaben abzuholen und die vom Vortag abzugeben. Ich bitte sie darum, am dritten und letzten Tag gemeinsam mit ihm die Aufgaben abzugeben, sodass wir ein abschließendes Gespräch mit der Schulleitung führen können. Außerdem teile ich ihr mit, dass ihr Sohn ein schlaues Kerlchen sei, ich aber vermute, ihm mangele es an Struktur. Dann spreche ich mit ihr über seine häufige Computernutzung.

Aus medienpsychologischen Untersuchungen geht deutlich hervor, dass Computerspiele ein Suchtmittel sein können – und weil Sebastian offensichtlich eine genetische Begünstigung für Suchtkrankheiten hat, möchte ich der Sache auf den Grund gehen. Auf die Ballerspiele angesprochen, die ihr Sohn nach eigener Aussage spielt, winkt sie verharmlosend ab, also muss ich vermutlich etwas konkreter werden.

»Sagt Ihnen der Begriff Ego-Shooter etwas?«

»Nee, wat is dit?«

Sie kratzt sich nervös und lange an der Schulter.

»Das sind Computerspiele, bei denen es darum geht, aus der Perspektive des Schützen so viele Menschen wie möglich zu töten«, erkläre ich ihr.

Dann zähle ich die Waffen auf, die zu diesem Zwecke virtuell zur Verfügung stehen, und ziehe einen Vergleich, den ich erst vor Kurzem in diesem Zusammenhang gelesen habe: Wenn Piloten während ihrer Ausbildung am Flugsimulator lernen, warum

sollten dann nicht auch Kinderhirne von den zig-
tausend Morden lernen, die sie im Laufe der vielen
Stunden vor dem Bildschirm begehen?

Den Verweis auf die Spiegelneuronen spare ich
mir, aber auch in diesem Zusammenhang spielen
diese natürlich eine zentrale Rolle: Bei jedem Kopf-
schuss, bei jeder aufgeschlitzten Kehle und jedem
abgesägten Arm simulieren Spiegelneuronen im
Hirn der Zocker eine abgeschwächte Version der
Gefühle, die bei diesen Handlungen entstehen. Je
öfter solche Tötungen also am Monitor ausgeführt werden, desto mehr gewöhnt sich das Hirn an diese Bilder, sodass eine Desensibilisierung gegenüber diesen gewalttätigen Handlungen entsteht.

Selbstverständlich wird nicht jeder Zocker zum
Mörder, aber je instabiler die Persönlichkeit eines
Menschen ist, je stärker ein Mensch ohnehin zu ag-
gressiven Handlungen neigt, desto höher ist die Gefahr einer Übertragung der digitalen Gewalt in die
analoge Welt. Bestes Beispiel: Sebastian, der in seiner Klasse damit allerdings nicht allein dasteht.

Das zeigte eine kleine Umfrage, die ich vor einigen Tagen in der 6a durchgeführt habe: Mehr als
sechzig Prozent der Schüler gaben an, mindestens
einen Teil der Filmreihe *Saw* gesehen zu haben. Dabei handelt es sich um ausgesprochen brutale Filme,
in denen psychische und physische Gewalt ausge-
übt und explizit dargestellt wird. Und obwohl diese
Filme mit FSK 18 eingestuft werden, gaben vier Kinder sogar an, sie im Beisein ihrer Eltern gesehen zu
haben.

In diesem Zusammenhang muss ich mir natürlich
klarmachen, dass auch ich nicht von Videospielen

oder Horrorfilmen verschont geblieben bin – aber im Vergleich zu Sebastian und unzähligen anderen Kindern gibt es dabei wesentliche Unterschiede: das Alter, die Häufigkeit und Dauer, die Qualität der Filme und Spiele und die damit verbundene Erlebnisintensität und – last, but not least – der soziale Hintergrund. Der statistische Zusammenhang liegt auf der Hand: Je instabiler die Verfassung eines Kindes oder Jugendlichen ist, desto weniger ist er oder sie in der Lage, die am Bildschirm beobachteten oder ausgeführten Taten zu verarbeiten. Oder anders gesagt: Wenn Menschen aus irgendwelchen Gründen eine erhöhte Gewaltbereitschaft zeigen, ist der Weg vom Online-Gemetzel zur Offline-Gewalt oft nicht weit.

Weil ich die Gefahren, die vor diesem Hintergrund teilweise jetzt schon von Sebastian ausgehen, als sehr hoch einschätze, entscheide ich mich dazu, seiner Mutter noch etwas stärker auf den hohlen Zahn zu fühlen. Als ich sie auf ihre häusliche Situation anspreche, wendet sie beschämt den Blick ab. Ich werfe also schnell ein, ihr daraus keineswegs einen Vorwurf zu machen – vor allem nicht für ihre Suchtkrankheiten. Sie zückt ein Taschentuch und tupft sich zitternd eine Träne von der Wange. In medizinischer Sicht können wir ihr zwar nicht weiterhelfen, aber bei der Erziehung ihres Sohnes schon. Deshalb spreche ich mit ihr eine Taktik ab, schicke sie nach draußen und bitte Sebastian ins Büro. Ich erkläre ihm, dass seine Mutter ihm für die nächsten drei Tage seine Tastatur und seine Maus wegnehmen wird. Das trifft ihn hart.

»Meine Mutter, diese F…«

»Sebastian, das war meine Entscheidung«, unterbreche ich ihn und schicke eine Warnung hinterher, welche die drohende Löschung seiner Festplatte beinhaltet. An meiner Wortwahl kann er erkennen, dass ich nicht nur bereit, sondern auch in der Lage bin, meine Drohung umzusetzen. Aus medienpädagogischer Perspektive dürfte die Ahnungslosigkeit vieler Eltern die größte Hürde im Umgang mit problematischen Medien sein.

Als ich Sebastian nach draußen auf den Flur begleite, erlebe ich die beiden dann erstmalig gemeinsam. Eine hilflose drogensüchtige Mutter und ihr perspektivloser computerspielsüchtiger Sohn. Innerlich bin ich immer wieder kurz davor, Sebastian und seine Mutter als hoffnungslosen Fall abzuschreiben – aber das wäre zynisch, und für Zynismus bin ich immer noch zu jung. Wieder im Büro angekommen, sieht mich Tom traurig an. Wir stehen uns einen Moment gegenüber und überlegen, was wir dazu noch sagen sollen – aber heute wird uns dazu nichts Sinnvolles mehr einfallen.

29

DANKE, DASS DU UNS DEUTSCH LERNST!

Wie vermutet hat Sebastian mit dem Erledigen der Hausaufgaben keinerlei Probleme. Abgesehen von seiner desaströsen Handschrift hat er alle Aufgaben fehlerfrei abgegeben, und auch das abschließende Gespräch mit ihm und seiner Mutter war erfreulicher als das vorherige. Und doch beschleicht mich bei der Verabschiedung das mulmige Gefühl, unsere Aktion könnte nur ein Tropfen auf den heißen Stein gewesen sein.

»Daran jewöhnste dich besser«, gibt mir Rolf zu verstehen. »Ick mach solche Spielchen jetzt lange genug mit. Am Ende ändert sich nüscht!«

Mein kurz aufflammender Frust verfliegt allerdings recht schnell, denn hier in der Schule läuft es wie in der weiten und schmutzigen Landschaft medialer Berichterstattung: Probleme werden nicht gelöst, sondern nur durch die nächsten verdrängt. Und die warten ganz sicher schon auf mich, denn heute beginnt nämlich mein kommissarischer Einstieg als Deutschlehrer in Chrissis Klasse.

Nachdem ich mir von ihr die Bücher habe erklären lassen und Teile eines anderen Buches provisorisch als Hausaufgabenhefte vorbereitet habe, wage ich mich an diese neue Herausforderung.

Die Kids sind furchtbar aufgeregt, als ich die Klasse betrete, denn offensichtlich haben sie schon von meiner neuen Funktion gehört. Nachdem ich ihnen mitgeteilt habe, dass ich ab sofort ihr neuer Deutschlehrer bin, fordere ich sie auf, ihre Deutschmaterialien zu bearbeiten, und so nimmt die Stunde schnell den üblichen Verlauf an: Die Kinder arbeiten an ihren Aufgaben, während die unterstützende Erzieherin und ich durch den Raum laufen und helfen. So sieht hier also der Deutschunterricht aus. Zwei fachfremde Personen unterstützen einen Haufen Kinder beim Erlernen der Landessprache, die sie größtenteils nur bruchstückhaft beherrschen.

Was bruchstückhaft in diesem Zusammenhang bedeutet, zeigt auch folgendes Gespräch, in das mich zwei Schüler mit türkischem Migrationshintergrund verwickelten.

»Herr Mülla, was bist du?«, fragt mich der kleine Birkan, als ich an seinem Tisch vorbeilaufe.

Mir wurden schon viele komplizierte Fragen gestellt, aber diese hat es echt in sich. Philosophische Abhandlungen über das menschliche Dasein in den unendlichen Weiten des Universums werden die Jungs wohl kaum verstehen, also muss ich anders an die Sache herangehen.

»Ich bin Herr Möller.«

»Nein, sch'meine …« Er nimmt den Zeigefinger in den Mund und überlegt. Nach einer kurzen Beratung mit seinem Tischnachbarn probiert er es noch einmal. »Also, Herr Mülla, kumma: Was bist du? Also, Dings, was bist du für eine Mensch?«

An meinem Blick erkennt er, dass ich keine Ahnung habe, wovon er redet. Dann hat sein Nachbar einen Geistesblitz, auf den er mit hektischen Gesten reagiert. Während Birkan noch vor sich hin redet, macht sein Nachbar uns klar, dass er die Frage jetzt endlich richtig formulieren kann.

»Kumma, kumma, kumma …«, wiederholt er so lange, bis er unsere ungeteilte Aufmerksamkeit genießt. »Kumma: Isch bin Fenerbahce, er ist Galatasaray, und meine Onkel, er is Beşiktaş – was bist du?«

Meine Kenntnisse über Fußball beschränken sich auf die Weltmeisterschaft 1990, die ich als Zehnjähriger genauestens verfolgt habe. Obwohl wir damals den Titel geholt haben, verlor ich nur wenige Monate später das Interesse an dieser Sportart. Aus meinem Besuch bei Freunden in Istanbul weiß ich aber, dass es sich bei dem, was Birkans Banknachbar gerade aufgezählt hat, um drei Istanbuler Bezirke und deren konkurrierende Fußballklubs handelt.

»Ich bin gar nichts«, sage ich lachend, woraufhin die beiden eine ratlose Miene aufsetzen. Offener Mund, Zunge leicht draußen, langsames Blinzeln, gerunzelte Stirn.

»Gar nix?«

Diese Antwort können sie nicht einordnen, also erkläre ich ihnen, dass ich kein Fußballfan bin, keine Lieblingsmannschaft habe und nur ganz selten Fußball gucke. Langsam wird ihnen klar, was ich meine, und nach einem ungefähr dreißigsekündigen Erkenntnisprozess bekommen sie einen Staunanfall.

»Ohaaaaaaa …«

»Züüüüüüüüüsch!«

»Abboooooo …«

»Er's ieberkrass!«

»Er hasst Fußball!«

»Vallaaaaaaaah …«

Ich verlasse kopfschüttelnd den Tisch und halte mir noch einmal vor Augen, wie eingeschränkt manche Kinder in ihrer Kommunikationsfähigkeit sind. Um herauszufinden, welche Fußballmannschaft ich favorisiere, fragen sie mich, was ich bin! Gut, die Jungs sind erst in der zweiten Klasse – aber ein solcher Sachverhalt sollte eigentlich im sprachlichen Horizont eines Kindergartenkindes liegen. Wer wundert sich bei solchen Beispielen noch darüber, dass unter diesen Kindern ständige Konflikte auftreten? Wie könnte man von ihnen erwarten, Streitigkeiten mit Worten auszutragen?

Als Nächstes bittet mich Tiffany um Hilfe, und das könnte noch spannender werden. Tiffany ist ungefähr doppelt so schwer wie die anderen Mädchen ihrer Entwicklungsstufe. Das liegt nicht nur an ihrem Übergewicht und ihrer Größe, sondern auch an ihrem Alter: Sie hinkt zwei Klassen hinterher. In der zweiten Klasse, wohlgemerkt. Über ihre Eltern weiß ich gar nichts, aber an Tiffanys Gebiss kann ich erkennen, dass Zahnarztbesuche zu den eher seltenen Aktivitäten der Familie gehören. Ihre riesigen Zähne stehen krumm und schief, teilweise in zwei Reihen, im Kiefer herum und machen nicht den Eindruck, als würden sie regelmäßig geputzt. In ihrem Alter sind es natürlich längst die zweiten, und ich bin mir nicht sicher, ob eine Zahnspange diesen

Wildwuchs noch begradigen kann. Zu allem Unglück gehört Tiffany außerdem zu den Kindern, die den Mund fast immer offen haben, meist mit einem Finger darin herumspielen oder mit der Zunge ihr Kinn ablecken. Im Sportunterricht mit dieser Klasse kann ich regelmäßig beobachten, wie sie ihren großen Körper mit den heftigen X-Beinen nur mit viel Mühe vorwärtsbewegt, wobei ihre Arme lustlos am Körper herunterhängen.

Jetzt sitzt sie ebenso lustlos am Tisch und versucht sich an den Deutschaufgaben der zweiten Klasse – obwohl sie altersmäßig bereits in der Vierten sein müsste.

»Herr Mülla, schie scheht daf? Manno – isch vaschtehs näsch!«

Und ich verstehe sie nicht. In der Tat. Bei fast jedem Satz von Tiffany muss ich nachfragen oder mir aus dem Kontext erschließen, was sie mir mitteilen möchte, und mit dem Finger in ihrem dentalen Schlachtfeld wird es noch schwieriger.

Als ich mich zu ihr setze, setzt sie eine verzweifelte und demotivierte Miene auf. Dann zeigt sie wortlos auf ihr Arbeitsheft, in dem Begriffe abgeschrieben werden sollen. Beim Betrachten ihrer bisherigen Arbeit fällt mir auf, dass ihr Schriftbild eher an Zeichnungen erinnert. Als sie unter meiner Anleitung mit dem Abschreiben fortfährt, wird klar, dass ihr jegliche Feinmotorik fehlt, um den Anforderungen des Schreibens gerecht zu werden. Ich helfe ihr noch ein paar Minuten, muss sie dann aber wieder ihrem Schicksal überlassen, auch wenn sie zu den vielen Fällen gehört, die eine ganztägige Einzelbetreuung bräuchten, um das Lernpensum unseres Schulsystems einigermaßen zu bewältigen. Schließlich gibt es neben Tiffany in dieser Klasse noch mehr als zwanzig andere Kinder, und nach einer vorsichtigen Einschätzung würde ich sagen, dass mindestens vier von ihnen ähnlich viel Hilfe in Anspruch nehmen würden wie sie. Doch bevor ich mich den anderen widme, trage ich meine Beobachtungen ins Klassenbuch ein: *Tiffany weist massive sprachliche, psychomotorische und kognitive Differenzen auf – Logopädie, Ergotherapie, zahnärztliche und kieferorthopädische Behandlung nötig?*

Dafür ist es zwar schon recht spät, aber nicht zu spät. Als ich mir den Satz noch einmal durchlese, frage ich mich jedoch, wer sich darum eigentlich kümmern soll. Ich bin doch jetzt auch Klassenlehrer hier – zumindest stellvertretender. Da muss wohl ein Gespräch mit den Eltern her. Aber wie vermittelt man denen so etwas? Ich stelle mir vor, wie ich mit Mama und Papa von Tiffany im Klassenraum sitze und denen die Arbeitsergebnisse ihrer Tochter zeige. Dann müsste ich ihnen erklären, wie es um Tiffany bestellt ist, was ungefähr so klingen würde: »Ihre Tochter ist zwar schon neun Jahre alt, aber leistungsmäßig auf dem Stand einer Zweitklässlerin – wenn überhaupt. Ihre Fortbewegung ist wegen der Beinstellung und ihres Übergewichts ziemlich eingeschränkt, ihre Feinmotorik reicht zum Schreiben nicht aus, und ihre sprachliche Entwicklung hat vor schätzungsweise fünf Jahren aufgehört. Zudem ist sie lernbehindert und weist große Motivationshemmungen auf. Bitte vereinbaren Sie Termine beim Logopäden, Psychologen und Ergotherapeuten. Ach ja: Sie müssen außerdem schleunigst mit ihr zum Zahnarzt und zum Kieferorthopäden.«

Wohl kaum.

Der nächste Schüler ruft mich. Auch er trägt den unglaublich häufigen Namen Ali und ist – das habe ich erst sehr spät bemerkt – der Bruder von Talibe aus meiner 6a. Gemeinsam mit ihren Eltern und weiteren fünf Geschwistern leben die beiden in einer kleinen Zweizimmerwohnung nahe der Schule. Ali ist ein verdammt lieber Kerl, der sich seit meinem Auftauchen in der Klasse immer wieder vertrauensvoll an mich wendet.

»Herr Müller, weisht du wash?«

Während viele andere Kids große Probleme mit dem weichen ›ch‹ haben, weshalb sie ›isch‹ statt ›ich‹ sagen, ist es bei ihm anders: Statt den Lauten ›s‹ und ›sch‹ verwendet er stets einen Ton, der sich kaum aufschreiben lässt. Es klingt ein bisschen wie das englische ›sh‹.

»Was denn, Ali?«

»Meine Mutter, shie kann heute nish kochen. Wegen shie ish shon wieder Krankenhaush!«

»Ist ihr etwas passiert? Warum ist sie denn im Krankenhaus?«, frage ich erschrocken.

Er lächelt mich verlegen an.

»Wegen shie ish schon wieder shwanger! Heute ish kriege noch eine Shweshter.«

Oh Mann. Nun wundert mich bei Ali und Talibe endgültig gar nichts mehr. Ich streichele ihm traurig durch seine verwuschelten Haare und gratuliere ihm zu seiner Schwester.

»Dann ish habe drei Shweshtern und vier Brüder.

Aber meine alteste Shweshter, shie hat auch shon tshwei Kinder.«

Ich schüttele den Kopf. Bei allem Respekt für das Recht auf reproduktive Selbstbestimmung frage ich mich immer wieder: Wie sollen zwei Menschen, die der deutschen Sprache nicht mächtig und arbeitslos sind, in einem Land, dessen Kultur aus ihrer Perspektive das reinste Freudenhaus darstellen muss, acht Kinder in einer Zweizimmerwohnung erziehen? Wie zur Hölle, die es nicht gibt, soll das funktionieren?

Als sich die Stunde dem Ende nähert, verteile ich die Hausaufgaben und entlasse die Schüler in die Pause. Nach dem Feierabend – der bei Lehrern korrekterweise Unterrichtsschluss heißt – suche ich Chrissi auf, die mir die Telefonnummern der Elternvertreter gibt. Also vereinbare ich mit der Mutter von Clara und dem Vater von Aşkın einen Termin, um den Fortgang des Deutschunterrichts zu besprechen.

Als wir zwei Tage später gemeinsam im Klassenraum auf winzigen Stühlen an winzigen Tischen sitzen, schütten mir die beiden ihr Elternherz aus. Seit der Schwangerschaft der bisherigen Deutschlehrerin sei der Unterricht nur sporadisch vertreten worden, sodass jegliche Kontinuität und damit auch jeder Lernfortschritt verloren gegangen seien.

»Kein Wunder«, stimme ich zu und bespreche mit ihnen, wie wir den Deutschunterricht nun konstruktiv fortsetzen, um in den wenigen verbleibenden Schulwochen zu retten, was noch zu retten ist. Schließlich vereinbaren wir noch einen Termin für das Sommerfest der Klasse, dessen Einladung Aşkıns Papa schreiben und mir schicken wird. Dass ich eventuell bald Klassenlehrer einiger Kids aus dieser JÜL-Gruppe sein werde, behalte ich dann aber doch besser noch für mich.

30

MACH DIR 'N BIER AUF

Am folgenden Tag begegne ich unserem Konrektor Tom, der mir freudestrahlend die Hand schüttelt. An seinem Blick meine ich zu erkennen, dass er gute Nachrichten für mich hat, muss mich aber von ihm noch ein bisschen auf die Folter spannen lassen. Erst als ich ihn ausreichend gelöchert habe, rückt er mit den Neuigkeiten raus: Mein nächster Vertrag ist von der Senatsverwaltung genehmigt worden! Zwar nur mündlich, aber dennoch fällt mir ein Stein vom Herzen.

Ich verbringe die nächsten Unterrichtsstunden in dem entspannten Wissen, ein weiteres Jahr meine Miete zahlen zu können – als junger Vater und momentaner Alleinverdiener gar nicht mal so schlecht. Dann eile ich ins Büro der Schulleiterin, um die Details zu erfahren.

»Ja, Herr Möller – wie gesagt: Wenn ich jemanden hierbehalten will, schaff ich es auch. Glückwunsch!«

Sie schüttelt mir die Hand und überreicht mir feierlich eine Klassenliste, auf der gerade mal siebzehn Namen stehen. Fünfzehn der Kinder kenne ich bereits persönlich. Vatergefühle erwachen in mir.

»Die Schüler wissen übrigens noch nichts«, ergänzt Frau Juhnke, »und die Eltern auch nicht. Am besten nutzen Sie das Sommerfest der Klasse für die Verkündung der guten Nachricht!«

Gute Idee.

Die nächsten Stunden fliegen an mir vorbei. In dem Wissen um den genehmigten Vertrag fällt mir der Unterricht gleich wieder viel leichter. Ob ich den Job nun tatsächlich ein Leben lang ausüben möchte, ist mir zwar immer noch nicht klar, aber die Perspektive auf mindestens ein weiteres Jahr beruflicher Sicherheit tut mir verdammt gut.

Das Sommerfest von Chrissis Klasse, das ich ein paar Tage später mit Sarah und Klara aufsuche, findet in der Gartenarbeitsschule statt. Nach einem langen Fußweg durch die kleinbürgerliche Idylle gepflegter Schrebergärten landen wir also in dieser Einrichtung des Berliner Gartenbauamts, die mit einem kleinen Fußballplatz, einer Spielburg, Kaninchengehegen und einem Hühnerstall aufwartet. Das Wetter spielt heute mit, und weil bei solchen Events eher die Eltern auftauchen, die an der pädagogischen Entwicklung ihres Kindes interessiert sind – also wenige –, erwartet Sarah, Klara und mich ein beschauliches Fleckchen Erde mit einer Handvoll spielender Kinder, ihren Eltern und einem leckeren Büffet. Die Szene ist so bilderbuchartig, dass sie auch aus dem Werbekatalog eines familienorientierten Reiseunternehmens oder einer Weltuntergangssekte stammen könnte.

»Außerschulischer Lernort heißt so etwas«, klärt mich Sarah auf. Im Gegensatz zu dem faden Wiederkauen theoretisch erworbenen Wissens soll den Kids hier draußen die Möglichkeit geboten werden, ausnahmsweise mal etwas über die echte Welt zu lernen. In unserem heutigen Schulsystem, das den Kindern den Spaß am Lernen in der Regel erfolgreich verdirbt, erscheint mir eine solche Gartenarbeitsschule als echter Lichtblick. Hier können die Kinder Pflanzensamen in der Erde verbuddeln, Torf riechen, das Wachstum des Gemüses Woche für Woche beobachten und in der Erntezeit erfahren, wie Lebensmittel schmecken, die nicht aus der Mikrowelle kommen und zwischen zwei Weizenbrötchenhälften liegen. Hier lernen sie mit allen Sinnen, hier gewinnen sie bleibende Eindrücke.

Nachdem Chrissi ihr Glas Orangensaft zum Toast gehoben und ein paar Worte an die Eltern gerichtet hat, übergibt sie mir das Wort, sodass ich – endlich! – meine frohe Botschaft mit denen teilen kann, für die sie relevant ist. Ich wende mich also an die Sternenkinder, die im nächsten Jahr in meine Klasse kommen, und teile ihnen feierlich mit, dass ich ihr Klassenlehrer sein werde. Die Eltern und Kinder freuen sich sehr und beglückwünschen mich zu der Stelle. Im selben Moment machen mir die Eltern aber auch klar, dass sie hohe Erwartungen haben – schließlich sei im letzten Schuljahr so einiges schiefgegangen. So viel Unterricht sei ausgefallen, so viele Lehrer seien durch die Klasse geschleust worden, dass die Kids einiges verpasst hätten. Sofort zücken engagierte Mütter ihre Telefone und speichern meine Kontaktdaten, damit sie mich bei Fragen direkt anrufen können.

An Sarahs Blick erkenne ich, dass sie noch nicht so recht weiß, was sie von der Sache halten soll. Langsam wird ihr wohl klar, dass ich demnächst die schulpädagogische Hauptverantwortung für siebzehn Kinder tragen werde – und mit ihrer Ungläubigkeit geht es ihr genau wie mir.

Doch jetzt, wo ich mich mit dieser Aufgabe konfrontiert sehe, scheint alles einen Sinn zu ergeben. Mein Studium, das ursprünglich zu einem anderen Beruf führen sollte, in dem ich aber vielleicht pädagogisch relevantere Dinge gelernt habe als in einem Lehramtsstudium; der Einstieg als Assistent der Schulleitung, der mir einen ersten Blick hinter die Kulissen der schulischen Arbeit gewährt hat; mein Quereinstieg in den Lehrerjob, in dem ich – ähnlich wie ein Referendar – brutal ins kalte Wasser gestoßen wurde und anhand wilder Erfahrungen lernen musste, erst einmal die richtigen Bedingungen für Unterricht zu schaffen, bevor ich mich den Lerninhalten widmen konnte; die Position als stellvertretender Klassenlehrer, in der ich ansatzweise einen Eindruck davon bekomme, was die Verantwortung für einen Haufen Kinder meist bildungsferner Eltern mit sich bringt; die kurzfristige Übernahme des Deutschunterrichts; und nicht zuletzt: die nun mehr als zweijährige Berufserfahrung als Lehrer, die mich Tag für Tag an meine Grenzen und darüber hinaus bringt. All das, so scheint es mir nun, findet in der Rolle des Klassenlehrers einen Sinn.

In den folgenden Schultagen schlagen mir die unterschiedlichsten Reaktionen entgegen. Die Schüler, vor allem die meiner zukünftigen Klasse, freuen sich riesig, und auch der Großteil meiner Kollegen spricht mir Glückwunsche für die Verlängerung und Lob für meine Entscheidung aus. Geierchen hält mich nach wie vor für komplett durchgeknallt, aber das beruht auf einer sehr angenehmen Gegenseitigkeit. Andere dagegen, zum Beispiel unsere Personalrätin, sind überhaupt nicht begeistert.

»Einen Quereinsteiger als Klassenlehrer? Jetzt geht's ja los!«, reagiert sie entrüstet und wirft dann schnell hinterher, ich solle diese Aussage nicht persönlich nehmen. Weil sie diese Entwicklung aber so furchtbar finde, erklärt sie mir, werde sie den Fall vor den Personalrat bringen.

Da der Vertrag immer noch nicht unterschrieben ist, macht sich ein sehr ungutes Gefühl in mir breit. Adrenalin, dieses hässliche und doch überlebenswichtige Stresshormon, wird in meinem Hirn innerhalb von Millisekunden kiloweise ausgeschüttet. Verstärkt wird es durch die Bemerkung der Personalrat-Tante, dass bisher keine einzige Vertragsverlängerung der Quereinsteiger genehmigt worden sei.

»Ganz abgesehen von Frau Juhnkes Fehlentscheidung, dich als Klassenlehrer einzustellen«, beendet sie ihre Hiobsbotschaft.

Jetzt reicht's mir aber!

»Mal ganz ehrlich«, entgegne ich leicht genervt. »Es gibt jede Menge Lehrer, die trotz Studium einen miserablen Job machen!«

Dann will ich von ihr wissen, was gegen die dauerhafte Einstellung bewährter Quereinsteiger spreche.

»Zahllose ausgebildete Lehrer, die keinen Job kriegen, weil der Senat Leute wie dich einstellt!«

Außerdem führt sie die schlechte Bezahlung der Quereinsteiger und deren kurze Vertragslaufzeiten als Argumente gegen eine solche Personalpolitik an, unter der aufgrund der mangelnden Kontinuität letztlich immer die Schüler leiden würden.

»Ich stimme dir zu, aber die Kontinuität wäre doch jetzt gegeben«, entgegne ich ungeduldig und zeichne meinen Weg der letzten zwei Jahre nach, der mich vom Assi der Schulleitung bis hin zum stellvertretenden Klassenlehrer geführt hat.

Doch ich habe keine Chance. Sie bleibt standhaft, und das macht mir ernsthaft Sorgen, sie könnte meinen Vertrag kippen.

Frau Juhnke dagegen beruhigt mich, als ich ihr nur wenige Minuten später von dem Gespräch erzähle. Der Vertrag sei fertig, sagt sie, und müsse nur noch von mir unterschrieben werden. Daran könne auch der Personalrat nichts mehr ändern.

Als dann die Listen mit den Klassenlehrern für das nächste Jahr ausgehängt und die Eltern schriftlich darüber informiert werden, entspanne ich mich. Wenn mein Name dort schwarz auf weiß zu lesen ist, kann ja wohl nichts mehr schiefgehen! Wie von der Schulleitung gewünscht setze ich also einen Brief auf, in dem ich mich den Kindern als ihr neuer Klassenlehrer vorstelle und ihnen mitteile, welche Materialien sie zum Schuljahresbeginn benötigen.

So plätschern die letzten Schulwochen dahin, und ich stürze mich in die Vorbereitungen auf meine neue Aufgabe. Gemeinsam mit meinen Kolleginnen des neuen *Team 4* bereiten wir Besuche in der Bücherei vor, recherchieren dort Literatur für die Schüler und lassen Leseausweise ausstellen. So sollen sie sich schon während der Ferien auf das Projekt vorbereiten, mit dem wir das nächste Schuljahr beginnen wollen.

Anhand des Themas Mittelalter wollen wir den Deutschunterricht mit Geschichte, Sachunterricht und Musik verbinden. Wir planen, das Thema erfahrbar zu machen, um vom ewig öden Frontalunterricht wegzukommen. Wir buchen Ausflüge ins Museum und auf Bauernhöfe, auf denen die Kinder erleben können, wie Menschen im Mittelalter gelebt haben. Nicht gerade das Goldene Zeitalter der Menschheitsgeschichte, aber ich beginne langsam, echten Spaß an der Unterrichtsvorbereitung zu entwickeln. Vor allem, weil wir im Team entscheiden können, wie der Stoff vermittelt werden soll, entwickele ich eine echte Begeisterung für meinen Job.

Als die letzte Schulwoche anbricht und die meisten schon in Ferienstimmung sind, kommt mal wieder das letzte Projekt des Schuljahres auf uns zu: das Sommerfest.

31

GEHST DU JETZT HARTZ IV?

»Frau Mülla?«

Ein kleines Mädchen aus der Dritten kommt auf mich zu. »Sch'ab gehört, du bist jetzt Klassenlehrer.«

Das ist nicht das erste Mal, dass eines der Kids mich mit Frau Müller anspricht. Am Anfang wollte ich noch protestieren, aber dann ist mir klar geworden, dass die Macht der Gewohnheit eben auch vor Kindern keinen Halt macht – Grundschullehrer sind in den Augen der Schüler eben immer Frauen.

Nachdem ich ihren Namen auf meiner Klassenliste nicht gefunden habe, stampft sie beleidigt davon. Ja, sorry – ich kann eben nur eine Klasse leiten. Auch wenn ich mich auf dem Höhepunkt meiner grundschulpädagogischen Selbstüberschätzung befinde und am liebsten alles gleichzeitig übernehmen würde! Nach der Planung für das nächste Schuljahr brenne ich schon förmlich darauf, die Projekte endlich umzusetzen. Auch meinen Klassenraum habe ich bereits inspiziert und mir vorgestellt, wie ich ihn umgestalten werde: Weg vom Kinoambiente hin zu einem offenen Raumkonzept. Weg von der Vorstellung, ich würde den Kindern einen Trichter auf den Kopf setzen, um das Wissen hineinzuschütten, hin zu meiner Rolle als Lerngastgeber, der es den Kindern ermöglicht, sich diese spannende Welt selbst zu erschließen. Weg von diesem schwachsinnigen Notensystem, das den Kindern beibringt, sich für eine möglichst geringe Ziffer ins Zeug zu legen – anstatt das zu lernen, was sie als zukünftige Mitglieder einer aufgeklärten Gesellschaft später einmal können sollten: ein selbstbestimmtes Leben führen.

Mit dem Kalligrafiefüller, den ich mir eigens für solche Zwecke gekauft habe, unterschreibe ich noch eben die Briefe an die Kinder, die heute, am Tag drei vor den Sommerferien, verschickt werden sollen. Weil meiner Klassenliste gestern doch noch ein Kind hinzugefügt wurde, mache ich mich auf den Weg ins Sekretariat, um mir die aktuelle Liste zu besorgen.

Doch als ich den Kopf durch die Tür ins Büro hereinstrecke und Orkan entdecke, der mit ausdrucksloser Miene am Tisch sitzt, schwant mir Übles. Auch der Gesichtsausdruck von Frau Juhnke sieht nicht gerade vielversprechend aus, und so wird mir schnell klar, dass wir uns wohl zu früh gefreut haben.

»Ich war heute Morgen bei der Senatsverwaltung«, beginnt Frau Juhnke paralysiert und berichtet dann von einer Entscheidung, die erst gestern getroffen wurde und nach der kein einziger Vertrag mit Quereinsteigern verlängert werden darf. Sie muss sich zusammenreißen, ihre Stimme zittert.

»Ich bringe es kaum über die Lippen«, stammelt sie und schaut uns dann endlich an. »Übermorgen wird definitiv Ihr letzter Tag an dieser Schule sein.«

Auf Orkans Stirn bildet sich eine steile Falte, doch ansonsten bleibt er reglos sitzen. Ich schließe die Augen und habe das Gefühl, in ein bodenloses, kilometertiefes Loch zu fallen. All die Arbeit, all die Hoffnung und all die Freude – alles umsonst.

Doch dann, nach einem Augenblick tiefster Enttäuschung und Verzweiflung, regt sich plötzlich etwas in mir, das ich erst später verstehen werde: Ich fühle mich auf einen Schlag erleichtert.

Ein Tritt in den Hintern, das weiß ich jetzt, tut zwar im ersten Moment weh, aber manchmal ist er eben nötig. Mit sofortiger Wirkung stellt sich die Gewissheit ein, dass meine Karriere als Hilfslehrer nun endgültig vorbei ist. Als Frau Juhnke vermutet, die Senatsverwaltung könne sich unser Gehalt über die Sommerferien wieder sparen wollen, falle ich ihr ins Wort.

»Und selbst, wenn es nicht so ist«, sage ich entschieden, »ich bin raus! Das war's. Nie wieder Schule.«

Während Frau Juhnke unbeirrt weiterredet, spüre ich, wie gut es mir tut, diese Sätze auszusprechen. Die ständige Unsicherheit, die mich seit mehr als zwei Jahren begleitet, die befristeten Verträge und keine Aussicht auf eine endgültige Verlängerung, das Auf und Ab meiner Gefühle für diesen vollkommen verrückten Job, die Konfrontation mit den verstörenden Sorgen der Kids, die verfahrene politische Situation, in der sich unser gesamtes Schulsystem befindet – das alles ist jetzt nicht mehr mein Problem!

Orkan bleibt stumm, aber ich spüre seine Enttäuschung. Als Tom das Büro betritt, reiße ich auch die letzten Brücken zu diesem Job ein, indem ich Frau Juhnke erkläre, dass die Senatsverwaltung sich jedes weitere Jobangebot an den Hut stecken könne. Ich erinnere sie daran, wie Orkan und ich uns in den letzten Monaten für das Wohlergehen der Schüler eingesetzt haben, und erhalte keine Antwort auf die Frage, ob diese schallende Ohrfeige der einzige Dank dafür sei. Nachdem ich auch meine Meinung über die Einstellung einiger Kollegen, über die dreckigen Toiletten, gewalttätige Schüler und alles andere losgeworden bin, das mich in den letzten zwei Jahren teilweise an den Rand der Verzweiflung getrieben hat, lehne ich mich zurück und überlege.

»Ehrlich gesagt«, fahre ich nach einem Moment der Stille fort, »hab ich genau diesen Tritt gebraucht.«

Als Orkan und Frau Juhnke den Plan schmieden, einen Brandbrief an den Bürgermeister aufzusetzen, zerreiße ich kopfschüttelnd die Schreiben an die Schüler und lasse sie auf meinem Weg nach draußen in den Papierkorb fallen. Nun habe ich endgültig den Elan verloren, weiter an diesem todkranken Patienten Schule herumzudoktern. Ich verlasse den OP mit dem Gefühl, das Problem nun wieder anderen Ärzten zu überlassen.

Sarah muss informiert werden. Sofort. Noch im Flur greife ich zum Telefon und rufe sie an. Nach kurzer Zeit geht sie ran und erkennt schon an meiner Stimme, dass etwas nicht stimmt. Während ich die Story erzähle, kann ich förmlich hören, wie in ihr die Wut hochkocht. Ich stelle mir vor, wie sie mit Klara auf dem Arm an der schreienden Sekretärin unserer Kultusministerkonferenz vorbeirennt, die

Eichentüren zum Sitzungssaal aufstößt und den feinen Herren und Damen so lange ungebremst ihre Meinung geigt, bis sie schreiend von Sicherheitskräften abtransportiert wird.

Doch Sarah beruhigt sich schnell wieder und meint ebenfalls, dass ich diesen Schubs offensichtlich gebraucht hätte.

Nach dem Gespräch eile ich in meine Klasse. Auch die Kids merken mir sofort an, dass etwas nicht stimmt. Ohne weitere Umschweife erzähle ich ihnen, was ich gerade erfahren habe.

»Ohaaa, gehst du jetzt Hartz IV?«, fragt mich Justin.

Dann erkläre ich ihm den Unterschied zwischen Arbeitslosengeld I und II und gebe offen und ehrlich zu, dass ich mich jetzt mächtig ins Zeug legen muss, um einen ordentlichen Job als Erwachsenenlehrer zu finden.

»Ganz ehrlisch?«, schaltet sich Khalim ein. »Das hättest du schon längst machen sollen!«

Recht hat er!

Trotzdem versuche ich noch einmal zaghaft, mir vor ihm die Vorteile des Lehrerberufs schönzureden. Aber er schüttelt den Kopf und bleibt bei seiner Position. Viel zu lange hätte ich mich mit Jungs wie ihm herumgeschlagen, räumt er ein, und nun werde es endlich Zeit, mich um meine Karriere zu kümmern.

»Wie auch immer«, fasse ich nach dem Dank für seine ehrliche Meinung zusammen, »ich bin raus!«

»Wir auch!«, freut sich Enis. »Nie wieder Grundschule!«

Wie auf Kommando bricht die gesamte Klasse

in beste Partylaune aus. Wir unterhalten uns während der restlichen Stunde darüber, welche neuen Dinge uns erwarten. Die Schüler gehen auf verschiedene Oberschulen und freuen sich darauf, endlich keine Grundschüler mehr zu sein. Ich dagegen kann es kaum erwarten, kein Grundschullehrer mehr zu sein!

»Der Geld wächst aber nisch auf Baum«, belehrt mich Ali, woraufhin mir nur einfällt: »Genau Ali – wie gewinnt, so zerrinnt!«

Die Kids lachen sich kringelig, und als es zur Pause klingelt, verlasse ich unter lautem Gegröle die Klasse.

Die Information über meinen jähen Abschied muss sich in der letzten Dreiviertelstunde wie ein Lauffeuer in der gesamten Schule verbreitet haben. Auf dem Flur rennen die ersten Kinder bereits auf mich zu und fragen wild durcheinander, warum ich mich von der Schule abgemeldet habe. So sieht das also in der Welt der Kinder aus: von der Schule abgemeldet. Süß.

Nach ein paar weiteren Stunden Spaßunterricht verlasse ich die Schule, leicht zerknickt, aber doch irgendwie erlöst. Am Ausgang treffe ich Geierchen, der offensichtlich auch schon Bescheid weiß.

»Da siehste, wat ick meine«, sagt er und schaut mich mit seinen stahlblauen Augen an. »Reißt dir zwee Jahre lang den Arsch uff – und wofür? Aber glaub mir: Et is besser so! Auf dich warten andere Dinge, nich dieser Scheiß hier! Noch zwee Tage, denn hastet jeschafft ...«

Zu Hause freue ich mich riesig über meine kleine Familie und beratschlage mit Sarah, wie die nächsten Monate aussehen könnten. Nach einem Telefonat mit einem Berater der Agentur für Arbeit steht wenigstens schon mal fest, dass die finanzielle Grundsicherung geregelt ist, und so verbringe ich mit meinen beiden Mädels einen wunderschönen Nachmittag im Park und erfreue mich der neu gewonnenen Freiheiten – und des Zwangs, nun endlich einen ›richtigen‹ Job finden zu müssen! Offensichtlich gehöre ich zu den Typen, die erst unter Druck funktionieren …

Am liebsten würde ich die wilde Idee mit dem Buch weiterverfolgen, die mich irgendwann in den letzten beiden Jahren einmal heimgesucht und seitdem nicht mehr losgelassen hat, und mich gemeinsam mit anderen empörten Aktivisten auf öffentlicher Ebene dafür starkmachen, dass den Worten der Bildungs- und Kultusminister auch endlich Taten folgen – und finanzielle Mittel.

»Kann man denn mit einem Buch eine Familie ernähren?«, fragt Sarah skeptisch.

Kann ich mir eigentlich nicht vorstellen …

Am nächsten Schultag mache ich meinen Kollegen klar, dass ich mich mit der kurzfristigen Absage schnell abgefunden habe, und erkläre unmissverständlich, dass ich – auch im Falle eines erneuten Jobangebotes nach den Ferien – *nie wieder* als Lehrer arbeiten will. Das ist zwar etwas hoch gepokert, aber ich muss mit dem Thema endlich abschließen.

Auch Chrissi, die mir in den letzten Jahren wirklich ans Herz gewachsen ist, hält die Entscheidung für vollkommen richtig.

Nach meinem Termin bei der Agentur für Arbeit komme ich mit einem Stapel Unterlagen nach

Hause, die ich am Abend, als Klara friedlich schläft, ausfülle. Danach lasse ich mit Sarah den Abend bei einem Glas Wein auf dem Balkon ausklingen und freue mich wie verrückt auf morgen: meinen allerletzten Tag als Lehrer!

32

LIEBER EIN ENDE MIT SCHRECKEN ...

Die Vorbereitungen für das Schulfest sind bereits in vollem Gange, als ich am Freitagnachmittag unseren Schulhof betrete. Traurige, anerkennende und mitfühlende Blicke werden mir von allen, die mich sehen, entgegengebracht, und Frau Juhnke traut sich kaum, mir in die Augen zu blicken. Nur die Kollegin vom Personalrat zeigt immer noch wenig Mitgefühl. Für mich persönlich tue es ihr zwar leid, erklärt sie trocken, aber insgesamt begrüße sie die Entscheidung der Senatsverwaltung sehr.

Das Gespräch macht mir keinen Spaß, also lasse ich sie mit einem müden Lächeln stehen und sammle die Kids aus Chrissis Klasse ein. Mit denen führe ich heute noch zwei Lieder von Rolf Zuckowski auf, was Frau Juhnke mir hoch anrechnet. Nach dem Auftritt streife ich den Gitarrengurt ab und verbeuge mich vor dem Publikum, was ich in diesem Moment als symbolischen Akt des Abschieds empfinde.

Ich verbeuge mich vor den Lehrern, die diesen Job weitermachen müssen, obwohl er nur noch wenigen Freude bereitet. Vor diesen Menschen, deren berufliche Anforderungen seit ihrem Einstieg so immens gestiegen sind, dass jeglicher Vorwurf an sie wie ein schlechter Scherz erscheint. Mit einer Mischung aus Verärgerung und Mitgefühl verneige ich mich auch vor denjenigen unter ihnen, die zu diesem Job nicht mehr in der Lage sind – oder es nie waren. Und natürlich vor denen, die trotz aller Widerstände, trotz der politischen Kontraproduktivität, trotz bildungsferner Elternhäuser und scheinbar hoffnungsloser Kinder nie vergessen haben, warum sie sich einst für diesen Job entschieden haben. Sie werden sich noch lange mit Reformen herumschlagen müssen, die entweder vollkommen an der Realität der Schulen vorbeigehen oder aber – wie JÜL und die Idee der Reformschule – nur dann sinnvoll umgesetzt werden können, wenn die finanziellen und personellen Rahmenbedingungen dafür geschaffen werden. Davon ist die Schule momentan weit entfernt, und so steht zu befürchten, dass auch diese klugen Konzepte in ihrer Umsetzung an der sträflichen Vernachlässigung der Bildung seitens der Politik scheitern werden.

Ich verbeuge mich vor den Kindern, die in den nächsten Jahren ihres Lebens ein Schulsystem durchlaufen werden, das den Anforderungen unserer Zeit schon lange nicht mehr gerecht wird. Auf viele von ihnen wird nach dieser Schulzeit eine Welt warten, auf die sie in mehreren Tausend Stunden Unterricht nicht vorbereitet wurden. Vor allem aber verbeuge ich mich vor den Kindern, die wegen ihrer sozialen Herkunft, rein statistisch gesehen, kaum eine Chance auf gesellschaftliche Teilhabe bekommen werden.

Ich verbeuge mich auch vor den Erziehern, die sich für einen Hungerlohn von manchen Kindern terrorisieren und von einigen Eltern und vielen Lehrern minderwertig behandeln lassen müssen – bis sie sich entscheiden, den Beruf zu wechseln. Siebenundsechzigjährige Erzieherinnen, die nach einem ganzen Berufsleben in Rente gehen, habe ich jedenfalls nicht kennengelernt.

Ich verbeuge mich auch vor der Schulleitung, in deren Arbeit ich tiefe Einblicke gewonnen habe, und wünsche Frau Juhnke und Herrn Springer viel Kraft. Die werden sie brauchen, wenn sie sich der längst überfälligen Herausforderung stellen, diese Schule in den nächsten Jahren zu einer Reformschule umzubauen. Gegen den Widerstand vieler Lehrer, die von Reformen endgültig die Schnauze voll haben; auf Befehl der Senatsverwaltung, aber ohne ausreichende Unterstützung; mit vielen Eltern, denen ein tiefergelegtes Auto mehr wert ist als die Bildung ihrer Kinder; in einem Einzugsgebiet, das bildungsaffine Eltern fluchtartig verlassen; und mit Schülern, deren Gewaltpotenzial deutlich höher ist als ihre Frustrationstoleranz.

Als das Sommerfest vorbei ist und ich mit einigen Kollegen noch ein Abschiedsbier getrunken habe, stehe ich einen Moment lang vor dem Zaun und werde ein wenig rührselig. Eines steht nach den siebenundzwanzig Monaten, die ich nun hier gearbeitet habe, ganz sicher fest: Langweilig wird es an einer solchen Schule nie. Wer sich in seinem Beruf Action wünscht, wer gern Verantwortung für Heranwachsende unterschiedlichster Herkunft übernimmt, wer emotionale Herausforderungen sucht und über eine hohe Widerstandskraft verfügt – der ist hier genau richtig.

Alle anderen lassen es lieber bleiben.

NACHWORT

Liebe Leserin, lieber Leser,

nachdem Sie auf den vergangenen Seiten miterleben konnten, wie es mir als Lehrer ergangen ist, möchte ich diese wichtigen letzten Zeilen nutzen, um einige Dinge mit ihnen zu teilen, die mir ganz besonders am Herzen liegen.

Zuerst werde ich Ihnen verraten, was mir maßgeblich dabei geholfen hat, Gelassenheit zu bewahren, ohne dabei jedoch die Probleme der Kids aus den Augen zu verlieren. Dann möchte ich Ihnen mitteilen, was mich dazu bewegt hat, meine ungeschminkten Erfahrungen zu veröffentlichen und was ich mir von dem Buch erhoffe. Abschließend möchte ich Sie daran erinnern, wovon unser Gesellschaftssystem lebt – denn von nichts kommt bekanntlich nichts!

Nachdem Sie mich nun ganz gut kennen gelernt haben, wird es Sie nicht weiter wundern, dass ich auch meinen letzten Teil mit einer kurzen Geschichte beginne.

Als ich eines Tages nach Unterrichtsschluss die Schule verließ, hatte sich am Ausgang eine Gruppe Kinder um eine Frau im Trainingsanzug geschart.

»Ihr kleenen Schlampen!«, schimpfte sie lauthals auf ein paar Mädels ein und hielt inne, als sie – langsam aber sicher – meine Anwesenheit bemerkte. Mit viel Mühe konnte ich sie aus der Menge der Kinder befreien und dabei auch einen der Gründe für ihre Aufregung erschnuppern: Schnaps.

»Was ist denn passiert?«, fragte ich sie schließlich unter vier Augen, woraufhin sie mir unter Verwendung verschiedener Kraftausdrücke aufgebracht erklärte, was passiert war. Ein paar Mädels, die mit ihrer Tochter verfeindet waren, hatten wohl das Passwort des Facebook-Accounts der Frau herausbekommen und daraufhin zahlreiche Beschimpfungen und Peinlichkeiten verschickt. Nur mit viel Geduld konnte ich die Dame, die auf Socken zur Schule gekommen war, schließlich dazu bringen, die Sache – nüchtern! – mit Hilfe der Klassenlehrerin zu klären. Was ich beim Anblick der Tochter empfunden habe, die nach der Szene mit ihrer Mutter bitterlich weinend auf der Eingangstreppe saß, können Sie sich wahrscheinlich lebhaft vorstellen.

Es wäre mir ein Leichtes gewesen, mich furchtbar über solche Eltern aufzuregen, und auch angesichts der Schülerinnen und Schüler hätte ich das täglich tun können. Konfrontiert mit ADHS, massiven sprachlichen Defiziten, mit Lese-Rechtschreib-Schwäche, Dyskalkulie, Schuldistanz, der offenen Diskriminierung von Frauen und Mädchen, geringer Frustrationstoleranz, hoher Gewaltbereitschaft und verschiedensten emotional-sozialen Störungen wie Kontaktschwierigkeiten, Angstzuständen oder mangelnder Empathie, bestand für mich jeden Tag die Gefahr, am Schulalltag zu verzweifeln. Ich erinnere mich noch gut an eine Studie[1], die wir im ersten Semester an der Uni besprochen hatten. Das erschreckende Ergebnis lautete, dass sich in fast vierzig Prozent der über 1.300 untersuchten Grundschulklassen mindestens drei Kinder befanden, deren Verhaltensauffälligkeiten so stark waren, dass geregelter Unterricht dort kaum noch möglich war.

Wenn man solchen Eltern begegnet wie der Frau, von der ich Ihnen eben erzählt habe – was läge da für einen Lehrer näher, als den Eltern die Schuld für das Verhalten ihrer Kinder in die Schuhe zu schieben? Schließlich stehen Eltern nach wie vor in der Pflicht, ihre Kinder zu erziehen. Und das heißt auch, sie auf die Schule vorzubereiten, damit ihr Verhalten einen weitgehend reibungslosen Unterricht ermöglicht.

Oder etwa nicht?

Selbstverständlich! Doch aus allem, was ich während meines Studiums, vor allem aber während meiner Arbeit für die Giordano-Bruno-Stiftung[2] über menschliches Verhalten gelernt habe, folgt eine Erkenntnis, für die ich bei vielen Kollegen oft Unverständnis geerntet habe:

Eltern waren auch mal Kinder.

Warum ist dieser etwas banal klingende Satz so wichtig? Als ich während meines Studiums das

---

[1] http://opus4.kobv.de/opus4-bamberg/files/37/bergtisg.pdf; Stand: 04.07.2012

[2] Die Giordano-Bruno-Stiftung zur Förderung des evolutionären Humanismus ist eine Denkfabrik für Humanismus und Aufklärung, der zahlreiche Wissenschaftler, Philosophen und Künstler angehören, siehe auch: www.giordano-bruno-stiftung.de.

»Manifest der Hirnforschung«[3] in die Hände bekam, ging mir ein echtes Licht auf, denn dort fassten die führenden Neurowissenschaftler unserer Zeit die bahnbrechenden Erkenntnisse ihres Forschungsfeldes zusammen: All unsere individuellen Eigenschaften, unsere Einstellungen, Gefühle und Wünsche, alle verschiedenen Formen unserer Intelligenz, unsere Emotionen, Interessen, Neigungen und Abneigungen, kurz gesagt: unsere gesamte Persönlichkeit, so hielten sie dort fest, sei im Gehirn verankert. Der Zustand dieses Organs wiederum hinge in seiner kaum fassbaren Komplexität von zwei Faktoren ab: unseren genetischen Voraussetzungen und der Umwelt, in die wir hineingeboren werden.

Schließlich stieß ich noch auf eines der wichtigsten Bücher meiner ganz persönlichen Biografie, nämlich Steven Pinkers *Das unbeschriebene Blatt*[4]. Auf über 700 Seiten zeigt er dort, wie drei vollkommen falsche Annahmen unser Menschenbild noch bis zum heutigen Tag prägen: Die erste falsche Annahme geht davon aus, dass wir Menschen als unbeschriebenes Blatt auf die Welt kommen und ausschließlich durch unsere Umwelt geprägt werden.[5] Der zweite Irrtum ist laut Pinker der sogenannte Dualismus, der von der Existenz einer Seele ausgeht, die wie ein »Geist in der Maschine« lebt und unab-

---

[3] Unter dem Titel »Das Manifest« erschien im Juni 2004 die Ausgabe des Magazins *Gehirn und Geist*. Weitere Informatione dazu finden Sie unter www.gehirn-und-geist.de/alias/dachzeile/das-manifest/852357; Stand: 04.07.2012.

[4] Pinker, Steven (2003): *Das unbeschriebene Blatt. Die moderne Leugnung der menschlichen Natur.* Berlin: Berlin Verlag.

[5] Eine Aussage, auf die ich bereits auf S. 74 eingegangen bin.

hängig von unserem Körper existieren kann. Der dritte Denkfehler, den Pinker aufdeckt, ist, dass der Mensch von Geburt an gut, also quasi ein »edler Wilder« sei, der erst durch die Verführungen seiner Umwelt verdorben wird.

So weit, so falsch.

An genau dieser Stelle, an der Frage nach dem Guten und dem Bösen im Menschen, setzt nun Michael Schmidt-Salomon an, den ich kurz nach Abschluss meines Studiums kennenlernte und an dessen Seite ich mich seitdem in der Giordano-Bruno-Stiftung engagiere. In seinem Buch *Jenseits von Gut und Böse*[6] führt er unter anderem die eben genannten Erkenntnisse über die Entwicklung der menschlichen Psyche zusammen und schlussfolgert à la Schopenhauer, dass der Mensch zwar machen kann, was er will – aber nicht wollen kann, was er will. Im Licht all dessen, was ich Ihnen soeben geschildert habe, ist diese Erkenntnis für mich die einzig logische Konsequenz.

Wenn nämlich unsere gesamte Persönlichkeit von der unüberschaubaren Wechselwirkung aus unseren Genen und unserer Umwelt geprägt wird, und wir uns für keinen der beiden Faktoren jemals aktiv entschieden haben – wie könnten wir dann Schuld daran tragen, der Mensch zu sein, der wir nun einmal sind? Wie könnten wir Schuld daran sein, unsere Kinder so zu erziehen, wie wir es selbst gelernt haben? Und selbst, wenn wir es anders machen wol-

---

[6] Schmidt-Salomon, Michael (2009): *Jenseits von Gut und Böse. Warum wir ohne Moral die besseren Menschen sind.* München; Zürich: Pendo.

len als unsere Eltern, haben wir uns auch für diesen Umstand nicht freiwillig entschieden! Der Begriff »freiwillig« ist, nach Schmidt-Salomon und Schopenhauer, also ein Widerspruch in sich, denn im Idealfall sind wir zwar in unseren Handlungen frei, unser Wille aber ist niemals frei von Ursachen – und auf diese Ursachen haben wir keinen Einfluss.

Diese (zugegebenermaßen etwas schwer verdauliche) Position beschäftigte mich lange. Ich brauchte einige Zeit, um zu verstehen, was das für meinen Alltag bedeutete. Im Zusammenhang mit den Kids fiel es mir noch recht leicht, das zu akzeptieren – doch bis ich begriffen hatte, dass auch der achtzehnte Geburtstag eines Menschen nichts an diesen Tatsachen ändert, verging einige Zeit.

Erst durch den Vorfall mit der betrunkenen Mutter begriff ich, was Michael Schmidt-Salomon in seinem Buch ausführlich beschrieben hatte: Wenn wir akzeptieren, dass jeder Mensch immer nur der sein kann, der er zu einem bestimmten Zeitpunkt durch die Umstände nun einmal sein muss, erlangen wir ein nie dagewesenes Maß an Verständnis für das Verhalten unserer Mitmenschen.

Und das betraf nicht nur das Verhalten anderer, sondern auch mein eigenes. Weil ich verstanden hatte, dass auch ich unter anderen Umständen eine vollkommen andere Persönlichkeit entwickelt hätte, wurde aus meinem Stolz Zufriedenheit und aus meinen Selbstvorwürfen Akzeptanz. Nur die kleinste Änderung in meiner frühkindlichen Biografie, und ich wäre in einer vollkommen anderen Umwelt zu einem ganz anderen Menschen herangewachsen. Wie sollte ich vor diesem Hintergrund also noch stolz auf das sein, was ich kann? Und auf welcher Grundlage könnte ich mir Vorwürfe dafür machen, der zu sein, der ich zwangsweise geworden bin? Wie könnte man aus dieser Sicht einem Alkoholiker ernsthaft Vorwürfe für seine Krankheit machen, wenn er sich niemals aktiv dafür entschieden hat, Trinker zu werden? Was berechtigt uns also dazu, schlechter situierte Mitmenschen zu verachten?

Diese Einsicht, die schon Albert Einstein als »eine unerschöpfliche Quelle der Toleranz«[7] beschrieb, gilt auch für mich als große Bereicherung und verhilft mir zu Gelassenheit und Humor.

Einigen meiner Leser wird all das nicht neu sein, anderen wiederum mag es im ersten Moment höchst ungewöhnlich erscheinen und wieder andere werden mir heftig widersprechen. Wie auch immer Sie damit umgehen mögen – ich habe Verständnis dafür, denn an Ihrer Stelle würde es mir zwangsweise ganz genauso gehen.

Auf einen sehr wichtigen Punkt sei noch hingewiesen: Trotzdem wir Menschen im philosophischen Sinn nicht Schuld an unseren Taten sind, sind wir nach wie vor dafür verantwortlich! Aus dieser Argumentation sollte kein Fatalismus erwachsen, der uns zu Sklaven unserer Gehirne macht. Die Einsicht in die Tatsache, dass unser Handeln auf Ursachen zurückgeht, auf die wir keinen Einfluss haben, macht auch unser Rechtssystem keineswegs überflüssig, sondert verbessert es. Aus der Rache an Tätern, die

---

[7] Einstein, Albert (ohne Jahr). »Wie ich die Welt sehe«; in: Einstein, Albert: *Mein Weltbild*. Gütersloh, S. 7 (zitiert nach Schmidt-Salomon, Michael: a. a. O.)

sich »aus freien Stücken für das Böse entschieden haben« wird eine ethische Perspektive, die in unser Rechtssystem – Mensch sei Dank! – schon lange übernommen wurde: Strafe hat einen pädagogischen Zweck und dient der Aufrechterhaltung des sozialen Friedens. In diesem Zusammenhang unterscheidet Schmidt-Salomon auch die Begriffe Ethik und Moral voneinander: Für einen Ethiker sei es demnach egal, ob eine Handlung als moralisch gut oder böse erscheint – entscheidend sei vielmehr, ob durch diese Handlung die Rechte oder Interessen anderer verletzt würden oder nicht. »Warum wir ohne Moral die besseren Menschen sind« lautet daher auch der treffende Untertitel von Schmidt-Salomons Buch.

Weil mir genau diese Einsicht entscheidend dabei geholfen hat, in den teils heftigen Situationen mit Verständnis und Zuversicht zu handeln, statt mit Wut und Verzweiflung, wünsche ich mir ihre weite Verbreitung.

Doch wenn alles so ist, wie es ist – warum dann noch ein Buch zur Schulmisere? In erster Linie bin ich nach meinen Erfahrungen und den Erzählungen von Lehrern anderer Schulen tief bestürzt über das dramatische Ausmaß unserer Bildungskatastrophe. Mit der schonungslosen Beschreibung schulischer Realität möchte ich einen lautstarken Warnruf abgeben: Wenn wir der Bildung nicht schnellstens eine deutlich höhere Priorität einräumen, werden wir vermutlich bald alle unter den Folgen der steigenden Bildungsarmut leiden. Und dabei ist es nicht nur mangelnde Bildung, sondern auch emotionale Armut, die mancherorts schon jetzt für ein kühles soziales Klima sorgt. Wenn es an den Schulen so weitergeht wie bisher, droht uns eine geistige und emotionale Eiszeit.

Aus zahlreichen Gesprächen mit Pädagogen jeglicher Fach- und Himmelsrichtungen weiß ich außerdem, dass ich mit meinen Erfahrungen durchaus nicht alleine bin. Um zu erfahren, wie viele betroffene Lehrer, Schüler und Eltern es gibt, haben Sie auf www.ischgehschulhof.de die Möglichkeit, anonym eigene (hoffentlich auch gegenteilige!) Erfahrungsberichte zu veröffentlichen. Außerdem werde ich auf dieser Website zu relevanten Berichten aus der Bildungslandschaft verlinken und Sie regelmäßig über meine Aktivitäten und Lesetermine informieren.

Das Problem, das mein Buch antreibt, ist bekanntlich kein Neues. Bereits im Jahr 2000 hat die berühmt-berüchtigte PISA-Studie[8] erstmalig ungeschminkt vor Augen gehalten, dass Deutschland im Vergleich der Industrienationen über eines der schlechtesten und ungerechtesten Bildungssysteme verfügt. Seitdem reißt die Flut an entsprechenden Nachrichten nicht mehr ab. Zuletzt war es der Bericht »Bildung in Deutschland 2012«[9], der zwar

---

[8] PISA steht als Abkürzung für »Programme for International Student Assessment« (Programm zur internationalen Schülerbewertung) und wird im Auftrag der Organisation für wirtschaftliche Zusammenarbeit und Entwicklung (OECD) seit 2000 alle drei Jahre durchgeführt. Eine Übersicht über die Ergebnisse der Studie »OECD-PISA 2000« stellt das Max-Planck-Institut für Bildungsforschung, das maßgeblich an der Studie beteiligt war, zur Verfügung: www.mpib-berlin.mpg.de/Pisa/ergebnisse.html; Stand: 04.07.2012.

[9] Die wichtigsten Ergebnisse des Berichts sowie sämtliche Informationen zu den Herausgebern finden sie unter www.bildungsbericht.de/daten2012/wichtige_ergebnisse_presse2012.pdf; Stand: 04.07.2012.

kleine Teilerfolge verzeichnet, unterm Strich aber deutlich macht, wie schlecht es nach wie vor um die Bildung in unserem Land bestellt ist. Außerdem konnten wir aus verschiedenen Bestsellern erschütterter und belustigter Lehrkräfte lernen, wie (aber-)witzig der Alltag eines Lehrers sein kann.

Der rasante Bildungsrückgang ist also längst kein Geheimnis mehr – und doch scheint es an den verantwortlichen Stellen entweder keine Kompetenz oder keine Bereitschaft zu geben, erfolgreiche Gegenmaßnahmen einzuleiten.

Dieser traurige und gefährliche Umstand gab mir einen weiteren Grund, dieses Buch zu veröffentlichen: Es soll einen erneuten Impuls geben, Schulen endlich nachhaltig zu verbessern. Es soll dazu ermutigen, über unsere beschränkten pädagogischen Grenzen hinauszudenken und Bildung einen deutlich höheren Stellenwert zuzuschreiben. Deutschland gehört zu einem der reichsten und fortschrittlichsten Länder weltweit, und obwohl wir genug Geld und Know-how für ein funktionierendes Bildungssystem hätten, leben wir in einem pädagogischen Schwellenland!

Ein weiteres Motiv für die Veröffentlichung meiner Erfahrungen ist die äußerst unkluge Debattenkultur, mit der gesellschaftliche Gräben hierzulande immer weiter vertieft werden. *Isch geh Schulhof* will dazu ermutigen, Probleme mit Solidarität, Verständnis und Verstand anzugehen – statt mit Wut, Ausgrenzung oder Ignoranz. Einige meiner Geschichten von sozial benachteiligten Kindern haben sicherlich ein komisches Moment, doch in erster Linie sollten sie uns dazu bewegen, Energie in die Verbesserung der Situation dieser Kinder zu stecken. Speziell die Entweder-oder-Debatten um Thilo Sarrazins Positionen[10] haben gezeigt, dass es jenseits offener Fremdenfeindlichkeit auf der einen Seite und dem Tabuisieren real existierender Probleme auf der anderen leider kaum konstruktive Diskussionsbeiträge gab. »Für oder gegen Sarrazin?« – auf diese ziellose Frage wurden Diskurse um Migration und Integration verkürzt. Und nur für den Fall, dass Sie trotz meiner differenzierten Darstellungen und trotz meiner Worte zur Willensfreiheit noch immer einen herablassenden oder gar fremdenfeindlichen Unterton in meinen Zeilen lesen: Ich distanziere mich von jeglichen rechtspopulistischen Positionen. Sowohl rechtspopulistischer Hass als auch die elitäre Vorwurfshaltung gegenüber Benachteiligten verschärfen die Situation massiv. Im Gegenteil spreche ich mich dafür aus, prekäre Verhältnisse, unter denen Menschen jedweder nationaler Herkunft leiden, mit allen Mitteln zu bekämpfen.

Mein subjektiver Erfahrungsbericht mag nun an der ein oder anderen Stelle vielleicht etwas naiv daherkommen, und er ist in keinem Falle eine wissenschaftliche Abhandlung! Dennoch erhoffe ich mir, mit der Schilderung meiner Erlebnisse einen konstruktiven Beitrag zur Diskussion um die Zustände des Bildungssystems zu leisten. Verharmlosung oder Stigmatisierung bestehender Probleme wird über die gesellschaftlichen Gräben zwischen Arm und

---

[10] Damit sind v.a. Sarrazins Aussagen in Kapitel 7 (»Zuwanderung und Integration – Mehr erwarten, weniger bieten«) seines Buches *Deutschland schafft sich ab. Wie wir unser Land aufs Spiel setzen* gemeint (2010, München: DVA).

Reich, bildungsnah und bildungsfern oder zwischen Menschen mit und Menschen ohne Migrationshintergrund keine Brücken schlagen können.

Für den Bau solcher Brücken ist nämlich vor allem eines wichtig: Wir brauchen intakte Schulen, in denen Kinder und Jugendliche zu selbstbestimmten, selbstbewussten und rücksichtsvollen Menschen heranwachsen können. Wir müssen Kindern nicht vermitteln, dass sie Fakten in sich hineinfressen sollen, um sie später wieder zu erbrechen[11], sondern ihnen die Fähigkeit geben, sich in dieser Welt dauerhaft zurechtzufinden. Wir müssen ihnen auch nicht beibringen, was sie denken sollen, sondern sie lehren, wie selbständiges Denken funktioniert.

Die von Dr. Reinhard Kahl ins Leben gerufene Initiative »Archiv der Zukunft«[12] hat bereits eine sehenswerte Sammlung positiver Beispiele zusammengestellt, die uns eine Idee davon vermitteln, wie Schule – auch unter schwierigen Bedingungen – gelingen kann. Denn natürlich sollten wir nicht vergessen, dass es bereits sehr vieles gibt, was zum Gelingen des deutschen Schulwesens beitragen kann. Dazu bedarf es jedoch stets des Engagements aller Beteiligten, und dieses Engagement lohnt sich! Schulen sind eine der wichtigsten Institutionen un-

---

[11] Vgl. Michael Schmidt-Salomon (2011). *Keine Macht den Doofen!* München: Piper, S. 97f. Schmidt-Salomon gebrauchte den Begriff »Lernbulimie« bereits Mitte der 1990er Jahre in seinen Pädagogik-Seminaren an der Universität Trier. Populär wurde der Begriff 2004 durch ein Interview mit dem Hirnforscher Gerald Hüther zum 5. Göttinger Bildungskongress. Mittlerweile zählt »Lernbulimie« zum festen Wortschatz gestresster Schülerinnen und Schüler in Deutschland.

[12] www.archiv-der-zukunft.de/; Stand: 04.07.2012.

serer Demokratie, und Demokratie ist keine Selbstverständlichkeit, sondern ein zerbrechliches Gut.

Und jetzt ist es an Ihnen. Denn ob Sie's glauben oder nicht – Sie können Bildungsprozesse auf Ihre Weise mitgestalten. »Der Staat«, das sind nicht ausschließlich machtfixierte Menschen in teuren Klamotten, sondern wir alle! Wenn also auch Sie der Meinung sind, dass Bildung in Deutschland nicht länger sträflich vernachlässigt werden darf, setzen Sie gemeinsam mit mir und anderen ein deutliches Zeichen: für Bildung, für soziale Gerechtigkeit, für emotionale Gesundheit und Vernunft. Alle Informationen dazu finden Sie ebenfalls im Internet unter: www.ischgehschulhof.de.

Mein geschätzter Kollege Herr Geier pflegte stets zu sagen: »Schule ist immer ein Spiegel der Gesellschaft.« Tragen wir also unseren Teil dazu bei, dass dieses Spiegelbild verbessert wird.

Und zwar besser heute als morgen.

Philipp Möller
Berlin, im Juli 2012

DANKE

Ein Kopf denkt nie allein, wie Karlheinz Deschner sagt, und so konnte auch dieses Buch nur unter Mitwirkung vieler Menschen entstehen.

Bedanken möchte ich mich zuerst bei allen Schülerinnen und Schülern, die mir im Laufe meiner Zeit als Lehrer begegnet sind. Die Arbeit mit euch war nicht immer leicht, doch hat sie meinen Horizont krass erweitert und mein Leben stark bereichert. Ich wünsche jedem und jeder Einzelnen von euch ein möglichst sorgenfreies und erfülltes Leben, dessen Wandel nur ihr selbst bestimmt.

Meinen ehemaligen Vorgesetzten danke ich für das Vertrauen in meine pädagogische Arbeit und für die damit verbundenen Entwicklungsmöglichkeiten. Ohne sie stände ich heute an einer ganz anderen Stelle meines Lebens.

Auch sei den meisten meiner Kolleginnen und Kollegen mein herzlichster Dank für die Hilfsbereitschaft sowie für die anregenden und teils kontroversen Diskussionen ausgesprochen. Die Zeit mit euch war einzigartig.

Ein ganz besonderer Dank gilt natürlich denjenigen Personen, mit denen ich mich als Lehrer angefreundet habe, mit denen ich viel Zeit verbracht, viel

Leid und Freud geteilt und viel Kaffee getrunken habe. Ihr fehlt mir.

Doch auch außerhalb der Schule gibt es viele Personen, die mich in meiner Arbeit unterstützt haben und es bis heute tun.

An dieser Stelle ist zuerst meine Lektorin zu nennen, die mich über lange Zeit dazu animiert hat, dieses Buch zu verfassen, und die mich seit der aktiven Arbeit am Manuskript bestens betreut, berät und mit Deadlines versorgt. Dieses Buch bei dir zu schreiben war eine der besten Entscheidungen meines bisherigen Lebens.

Meiner Verlobten und meiner Tochter danke ich für den bedingungslosen und liebevollen Rückhalt, den sie mir vor allem während meiner Zeit als Lehrer und während meiner ersten Erfahrungen als Autor gegeben haben. Meine Liebe für euch beide lässt sich nicht in Worte fassen.

Meinen Eltern und meinen Geschwistern, sowie allen anderen Mitgliedern meiner Familie, danke ich für eine ausgesprochen glückliche Kindheit und Jugend und für das Vertrauen, das sie – auch in schwierigeren Phasen – stets in mich hatten. Könnte ich mir meine Familie aussuchen: Ich würde immer wieder euch nehmen!

Meinen Freunden danke ich für die anregenden Zeiten, für die ausschweifenden Abende mit vielen anregenden Gesprächen und für das elementare und gute Gefühl, mich bei euch stets in bester Gesellschaft zu befinden.

Ein weiterer Dank gilt Dr. Joachim Stary, der mich während meines gesamten Studiums gefordert und gefördert hat, mit dem ich bis heute kulinarische

Ausflüge genieße und dabei nicht nur die brennenden Fragen unserer Zeit diskutiere.

Zum Schluss möchte ich dem Personenkreis danken, ohne den das Verfassen eines Buches sowie der Kontakt zu Verlagen undenkbar und ohne den meine Auseinandersetzung mit Hirnforschung, Willensfreiheit oder kritischem Rationalismus unwahrscheinlicher gewesen wäre: den Menschen in der Giordano-Bruno-Stiftung, in erster Linie Herbert Steffen, der mich bis heute motiviert, erheitert und finanziell unterstützt, und Dr. Michael Schmidt-Salomon, dessen scharfsinnige, plausible und außergewöhnliche Gedanken mich bis heute faszinieren und beeinflussen. Auch meine Begleiter aus der Buskampagne sowie zahlreiche andere Menschen, die ich durch mein Engagement für Vernunft und Menschenrechte kennengelernt habe, seien hier – wenn auch ohne Namen – dankend erwähnt. Gemeinsam können wir etwas ändern!

Der Teenager – das unbekannte Wesen

Fabian Hintzen
DER KLÜGERE
KIPPT NACH
Ein Teenager erklärt
die Welt
256 Seiten
ISBN 978-3-404-60346-6

Bei ihrem Anblick wird auch berufsjugendlichen Mittdreißigern klar: Wir werden alt. Egal ob es ums Arschfax geht oder die Oma nach ihrer Abwrackprämie gefragt wird – wir verstehen nur Bahnhof.

Comedian Fabian Hintzen schafft Abhilfe! Er erklärt uns »alten Säcken«, was im Kopf eines Teenagers wirklich vorgeht. Dabei nimmt er nicht nur die hysterischen Eltern, bekloppten Lehrer und nervenden Rentner aufs Korn, sondern auch sich selbst. Und sämtliche Klischees über seine Generation, die ja angeblich nur Chillen, Pornos und Komasaufen im Sinn hat.

Bastei Lübbe Taschenbuch

Sind die Amis noch zu retten?

Eric T. Hansen
PLANET AMERICA
Ein Ami erklärt sein Land
416 Seiten
ISBN 978-3-404-60692-4

Warum glauben die Amis bloß, dass sich alles nur um sie dreht? Weshalb dulden sie im reichsten Land der Welt so viel Armut und haben nicht mal eine vernünftige Krankenversorgung? Und wieso sind sie überhaupt so dick, dumm und dreist? Wenn Sie auch glauben, dass die Amis spinnen, verrate ich Ihnen ein Geheimnis: Sie haben Recht. Und es ist noch viel schlimmer, als Sie denken. Wir sind sogar stolz darauf!

Hawaiianer, Satiriker und Bestsellerautor Eric T. Hansen nimmt Sie mit ins Land der unbegrenzten Merkwürdigkeiten – bissig, unterhaltsam, unverblümt. So haben Sie das Land hinter dem großen Teich noch nie gesehen!

Bastei Lübbe Taschenbuch

Dieses Buch macht glücklich! Danke!
BASTIAN PASTEWKA

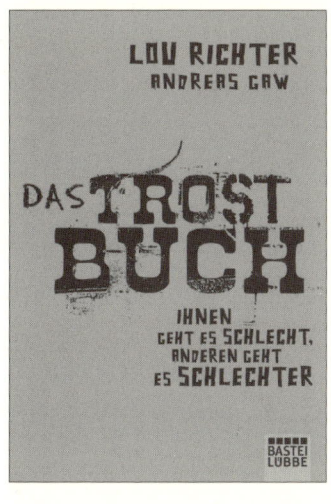

Lou Richter/Andreas Gaw
DAS TROSTBUCH
Ihnen geht es schlecht,
anderen geht es schlechter
128 Seiten
ISBN 978-3-404-60673-3

Schon wieder sind Sie nicht zum Topmodel-Casting eingladen
worden, die Karriere als Fußballprofi oder Vorstandsvorsitzender
lässt auf sich warten und noch nicht einmal die Lottozahlen
haben gestimmt?
Herzlichen Glückwunsch, das ist das Beste, was Ihnen passieren
kann! Denn alle Traumberufe haben ihre Schattenseiten, und
zwar nicht zu knapp. Das Trostbuch offenbart die nüchterne
Wahrheit über erfüllte Träume und zeigt, dass das Normalo-
dasein gar nicht so schlecht ist wie sein Ruf.

Bastei Lübbe Taschenbuch

Babys – auf diese Kleinen können Sie bauen!

Sonya Kraus
BAUSTELLE BABY
Ein Aufklärungsreport
320 Seiten
ISBN 978-3-404-60689-4

Nämlich dann, wenn es darum geht, dem bisher bekannten Leben die Abrissbirne zu verpassen. Mama Sonya redet hemmungslos Tacheles über Männer in der Schwangerschaft, Sex währenddessen und danach, Renovierungsarbeiten am Love-Channel, den hauseigenen Molkereibetrieb und die stärkste Droge der Welt: Mamahormone!
Ein brüllend komisches Buch, in dem sich alle Mamas und zukünftigen Mamas wiederfinden. Und alle Frauen, die sich insgeheim oder ganz offen die Kinder-Frage stellen, wissen nach der zutiefst erhellenden Lektüre, welche Antwort für sie die richtige ist: Ja, nein oder vielleicht doch lieber erst später.

Bastei Lübbe Taschenbuch

Die Freakshow des Fortschritts

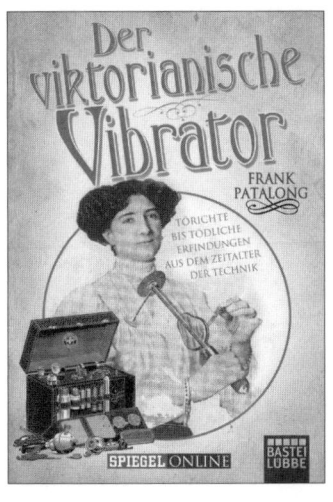

Frank Patalong
DER VIKTORIANISCHE
VIBRATOR
Törichte bis tödliche
Erfindungen aus dem
Zeitalter der Technik
288 Seiten
mit zahlreichen
Abbildungen
ISBN 978-3-404-60722-8

Das frühe 20. Jahrhundert war das goldene Zeitalter der Technik: Erfinder und Tüftler warfen alles auf den Markt, was Phantasie und Produktionsmöglichkeiten hergaben. Das Tempo des Fortschritts war atemberaubend. Ob Transport, Kommunikation, Medizin oder Unterhaltung – neben vielen nützlichen Dingen dachten sich unsere Vorfahren auch eine Menge Blödsinn aus. Auf den Spuren des Fortschritts begegnen uns unglaubliche Geschichten ebenso wie haarsträubende Abenteuer. Über welche unserer heutigen technischen Errungenschaften werden wohl unsere Nachfahren eines Tages lachen? Begeben Sie sich auf eine Zeitreise der besonderen Art!

//www.viktorianischervibrator.de/:www.viktorianischervibrator.de
www.patalong.info

Bastei Lübbe Taschenbuch